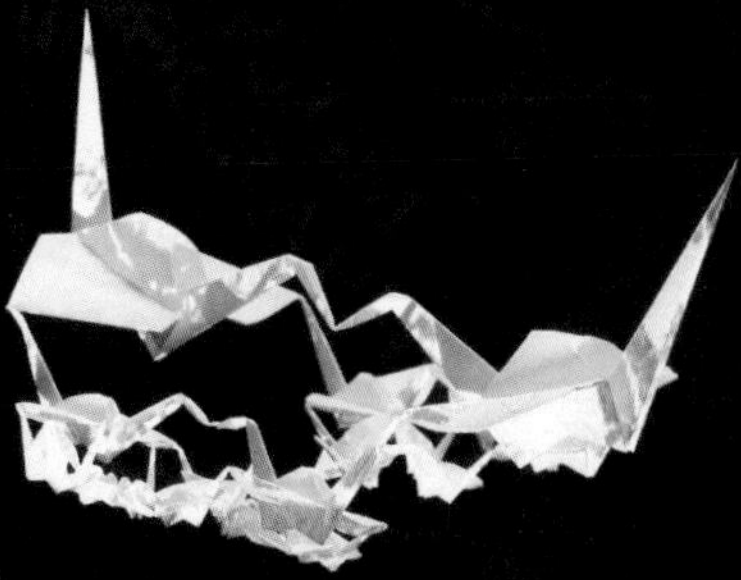

一枚の紙を多折《たお》って夜を食《は》む

玄月

edit gallery

幾何級数的つなぎ折鶴：折り紙創作　前川淳

撮影　熊谷聖司

千夜千冊エディション

宇宙と素粒子

松岡正剛

角川文庫
22225

千夜千冊
EDITION

松岡正剛

宇宙と素粒子

前口上

宇宙はまわっている。地球も月も太陽も銀河も銀河団も、
電子も原子も花粉も木の根っこもウイルスも、みんな絡んでいる。
ビッグバンが素粒子をつくり、素粒子が物質をつくってきた。
でも、時間をめぐる「三つの矢」の区別も、
「四つの力」の重力量子化も、ゲージ理論の効用も、
結着がつかないままにある。万事、香ばしくも悩ましい。

目次

第三章　宇宙と物理する

第一章　天体のめざめ

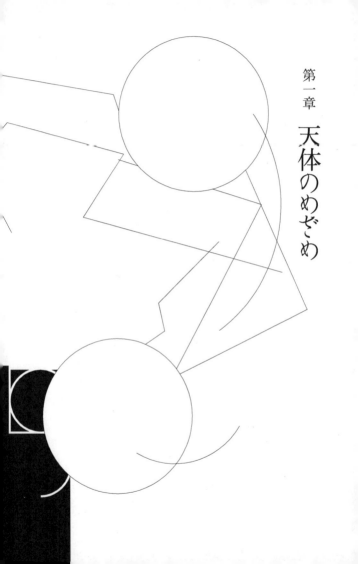

ガリレオ・ガリレイ『星界の報告』
ヨハネス・ケプラー『宇宙の神秘』
エドウィン・ハッブル『銀河の世界』
渡部潤一『新しい太陽系』
佐伯和人『月はすごい』
佐治晴夫『宇宙の不思議』

「落体の実験」から「相対性原理」へ。

何もかもがガリレオの細長い望遠鏡に始まった。

ガリレオ・ガリレイ

星界の報告

山田慶児・谷泰訳　岩波文庫　一九七六　／　伊藤和行訳　講談社学術文庫　二〇一七
Galileo Galilei : Sidereus Nuncius 1610

京都初音中学二年の夏休み。妹を連れて誰もいない校舎の屋上に上がり、落体の実験をした。校庭にバケツをおき、一定の間隔をあけて幾つもの石ころを括《くく》り付けた長い紐《ひも》を屋上から下に落とすというものだ。石の間隔を変えた紐も何本か用意した。

バケツのそばには妹がストップウォッチをもって立つ。タン・タン・タン・タン・タン。カン・カン・カン・カン。ゴン・ゴン・ゴン・ゴン・ゴン。

石ころはバケツに当たって音を立てるけれど、何度やってみても、速すぎて間隔などカウントなどできない。「お兄ちゃん、測《はか》られへんよ。むりやわ」と、小学六年生の妹は泣きそうになっていた。何度も三階建ての屋上まで階段を昇り降りして「石ころ紐」をもってきてくれた妹である。でもうまくいかなかった。誠文堂新光社の「子供の科学」の色付きページのガイド通りのことをしたのに、ダメだったのである。ガリレオになりそこねた夏の半日だった。

岩波文庫の『星界の報告』（山田慶児・谷泰訳）を読んでみて、科学者というものはこんなにも厳密に実験をするのかと思ったことがあった。また測定器具がいかに大事かということを思い知らされた。それとともに、なにより月や星を観察して描いたガリレオのスケッチが美しいのにも驚いた。「見ながら思い描く」という力だ。

たんに「見ながら思い描く」ということなら、古代このかた植物や動物や人体の観察を通してそういうエクササイズをしてきた者たちはいっぱい、いた。その積み重ねが解剖学者ガレノスからレオナルド・ダ・ヴィンチに及んだのである。では、それが天体に向かうとどうなるのか。それはティコ・ブラーエ、ケプラー、ガリレオの時代に初めておこったことである。

なかで望遠鏡という武器を手にしたのはガリレオだけだった。ガリレオを読むということは、ガリレオに宿ったこの「天体を見ながら宇宙を思い描く」という劇的な体験を追想することなのだろうと思った。ぼくが小学生の妹とともにやるべきは「落体の実験」ではなくて、天体望遠鏡を覗《のぞ》きながら宇宙に思いを馳《は》せることだったのである。

今夜は伊藤和行の新訳の『星界の報告』（講談社学術文庫）を傍《かたわ》らにおいて、いったい天体や星界を眺めるとは「何を、どうしたいこと」だったのかということを、少々ふりかえってみたい。寺田寅彦の戯《ざ》れ歌なら「好きなもの　いちご　珈琲　花美人　懐手《ふところで》して宇宙見物」でいいのだけれど、今夜はもう少しガリレオっぽくしたい。

憶《おも》えば、ぼくが本格的な天体望遠鏡を覗いたのは、京都から転校して東京の九段高校に入ってからだった。屋上のドームは山岳部の部室とも化していたのだが、顧問の先生に頼んで仲間たちと月と土星をドキドキしながら見た。土星のぼうっとした輪っかがとても不思議で、いまもそのときの体のむずむずした感触を思い出せる。

天文とか物候とかと言われてきた。天体を眺め、その特徴のあれこれに言及することは、古代からさかんなことだった。

エジプトで一年を三六〇日と端数エパゴメン（付加日）五日で数えたのも、バビロニアが三日月の観測で閏月《うるうづき》を発見したのも、古代中国が「蓋天《がいてん》と渾天《こんてん》と宣夜《せんや》」によって宇宙像を描いたのも、インドが二十八宿星座ナクシャトラの法則を確立し、ギリシア人がゾディアック（黄道）十二宮で天と人心とをつないだのも、いずれも天文学であり、物候学の賜物《たまもの》なのである。「見ながら思い描く」の成果だったのである。

なぜ古代文明の発生期にそんなふうになれたかといえば、おそらく約一万年前に最後の氷河期がおわり、ヒプシサーマル（温暖期）がやってきて、農耕や牧畜を始めたのち、ふたたび寒冷と乾燥がすすんだ時期に、天空がよく見え、治水や農作業の計画と星の運行とが結びついたせいだったろう。

そのうち「天体の構造」を想定する連中が登場してきた。それが古代ギリシアに集中していたのはさすがなものと唸《うな》らせる。「天体の運動は図形であらわされる」としたピタゴラス派のフィロラオス、「恒星天が回転するように見えるのは地球の回転によるみかけにすぎない」としたエクパントスなどは、プラトンやアリストテレスに先行していた。その後のサモスのアリスタルコス、ポントスのヘラクレイデス、ロードス島のヒッパルコスは離心円と回転円による運動モデル思考を始めた。

古代ギリシアの自然哲学的宇宙観は、このあとのプトレマイオスが大著『アルマゲスト』（恒星社厚生閣）に記した天動説型の宇宙観によって普遍を求めようとしていたのに対して、ずっと動的で、ずっと本来的な宇宙観をもっていた。ヒッパルコスなどは紀元前一三四年にさそり座にあらわれた新星に注目して、アリストテレスの「恒星界は不滅なり」をぐらぐらとゆるがしたのである。

しかし、ヨーロッパ中世の一千年間は、普遍というか不変というか、地上を動かさない天動説とキリスト教的宇宙観にとらわれて、静的宇宙観にどっぷりはまってしまっていた。ヨーロッパ中世は、こと宇宙観についてはなんら新機軸をもたらさなかったのだ。だいたいユークリッドの『ストイケイア（幾何学原論）』（共立出版→中央公論社）を、読みもしなかった。

これをふたたび動かしたのはイスラム圏の天文学者と物候学者と、ニコラウス・コペルニクスである。ポーランドのクラクフ大学からイタリアに赴き、ボローニャ、パドヴァの大学で医学とギリシア語を習得したコペルニクスは、古代ギリシアの天文学のほうがプトレマイオスよりずっと革新的だったことに気づき、一五四三年に『天体の回転について』（岩波文庫・みすず書房『天球回転論』）を著して大胆きわまる思いの丈をぶちまけ、出版の二ヵ月後に没した。

コペルニクスの地動説にピンときた者は多くない。それどころかカトリック教会のすべて、それに不満をもつマルティン・ルターたち、さらには安寧宇宙を貪《むさぼ》っていた大半の科学者たちから、激越な批判を浴びた。

なかでニコラウス・クザーヌスとジョルダーノ・ブルーノがこれを多重宇宙観として育《はぐ》くみ、ヨハネス・ケプラーがティコ・ブラーエの観測データにもとづいて地動説から惑星の運動法則を導き出したことが特筆される。けれどもブルーノは火あぶりになり、ここで宗教宇宙と地動説宇宙とは決裂してしまったのである。

コペルニクスからティコを挟んでケプラーに及んだバロック天文学の未曾有《みぞう》の進展については、かのトマス・クーンが『コペルニクス革命』(講談社学術文庫)に「コペルニクス的転回」の意味を詳述している。参考にはなったけれど、クーンの議論は退屈だった。ぼくがガリレオに感じたいことには、ほとんど言及していなかった。

地動説を天体望遠鏡で確認したのはガリレオが最初だ。ひたすら実際の眼で天体現象を捉《とら》えた。ガリレオはケプラーの七歳年上であるが、ケプラーが惑星の法則を書きこんだ『新天文学』刊行の翌年の一六一〇年、オランダのレンズ職人が作った望遠鏡をヒントに自身で製作した二〇倍の倍率をもつ望遠鏡によって観察した天体現象について、その驚くべき事実を『星界の報告』にまとめた。四六歳だった。

きっとガリレオ・ガリレイはたいそう魅力的な職人気質《かたぎ》の男で、頑健で意志が強く、手先がめっぽう器用で粘り強く、それでいて歴史の浪漫《ロマン》に夢中になるタイプだったのだろうと思う。生涯でいちばん耽読《たんどく》したのがダンテの『神曲』なのである。このことを知ったときの、ぼくなりの合点と得心はそうとうに香ばしい。

一五六四年にトスカーナのピサで生まれた。父親はフィレンツェ生まれの音楽家で、仕立て屋も営んでいた。音響学を研究して数学的な分析を好んだらしく、この得意技がガリレオに影響を与えたとおぼしい。ガリレオにとっては、身近な父親がピタゴラスだったのだ。

ピサ大学に学んで、宮廷数学官のオスティリオ・リッチにユークリッド幾何学とアルキメデスの数学を教わったガリレオは、すぐに天秤《てんびん》などの測定器具に関心をもつ。ピサ大学とパドヴァ大学で数学を教えるかたわら、測定器具の工夫を始めている。「幾何学的・軍事的コンパス」と名付けられた測定器が遺《のこ》されているのだが、実に興味深い複合的な計測計算装置である。おそらくこれを両手で掲げて天体に向かえば、かなりの測定値が得られたのだろうと思う。

そんなところへ、オランダで望遠鏡が発明されたというニュースが入ってきた。さっそく見本を手に入れたガリレオは望遠鏡製作に夢中になった。六倍の、八倍の、一四倍の望遠鏡を次々に作り、やがてもっと大きな二〇倍の倍率で月や木星がまざまざと見える望遠鏡を製作して、その成果をラテン語で『星界の報告』にまとめた。

日本の文庫本でも僅《わず》か八〇ページほどの小冊子だが、自分がつくった望遠鏡の話、月を眺めたときの誇り高い観察記、望遠鏡を星に転じて自由天界に参入したときの印象、木星の四つの衛星に出会った劇的な高揚など、どきどきするものがある。

『星界の報告』はフィレンツェの若き嗣子コジモ・デ・メディチ二世に捧《ささ》げられた。木星の衛星にも「メディチ星」の名を冠した。ガリレオにとってメディチ家のパトロネージュはどうしても欠かせない勲章のようなものだったらしく、それとともにフィレンツェへの凱旋《がいせん》も果たしたいことだったようだ。

しかし、フィレンツェには地動説に肯《がえ》んじない連中(イエズス会士など)がごっそり待ち構えていたし、ガリレオの成功を認めたがらない知識人の連中も手ぐすねひいて攻撃の準備をしていた。そこでガリレオはトスカーナで大学教授や宮廷人を集めた惑星講義を開き、パドヴァで月や木星に関する講義を三度開いて、その勢いでフィレンツェに乗り込むことにした。こういうところは用意周到なのである。

しかし、友人たちは心配した。世の中、そんなに甘くないというのだ。それでもフィレンツェに乗り込みたかったガリレオは、まずケプラーに試作した望遠鏡と『星界の報告』を送り、同意を求めた。ケプラーはすぐさまガリレオの成果に応じ、木星の衛星がありうることを認めた。

ガリレオは土星も観測したが、土星の環《わ》を見分けられるほどの望遠鏡の性能ではなかったため、いくつかの衛星があるという程度にとどめた。金星については、月と同じように満ち欠けがあるという重要な発見をしている。この知らせはケプラーにアナグラムの文章で送ったようだが、ぼくはこのときガリレオとケプラーがアナグラムをコードブレイクしながら天体について交信している場面を想像して、いたく感激したものだ。

ぼくには自分が何かに到達したり、何か自信のある成果にさしかかったりしたときは、それを誇大に知らせるのは気がすすまず、むしろ半ばミステリアスにしたり暗示的なものにしたいと思う傾向があるのだが、それはこのガリレオとケプラーのアナグラム交信の影響があるのかもしれない。ぼくのばあいはアナグラムというより、俳諧《はいかい》数句を添えるという感じなのだけれど。

フィレンツェに乗り込んだガリレオが痛い目にあっていったことについては、多くのエピソードが語られてきた。ガリレオが来たらこっぴどくやっつけようと、ベラルミーノ枢機卿《すうききよう》らは異端審問所にさまざまな訴状を送る準備をしていたのである。

それでもガリレオは楽観していたようだ。ローマ教皇パウルス五世に謁見《えつけん》したときは教皇は親しく接してきたし、ローマで知識人サロンを開いていたチェシ侯爵も好意的だった。一六一三年、コジモ二世の息子の洗礼を祝うパレードでは、メディチ星をあしらった山車《だし》が町を巡回してくれた。自分が罠《わな》に落ちることはない。ガリレオはタカをくくっていた。しかし、ガリレオを異端者として裁判にかける用意は裏側で着々と進んでいたのだ。

一六一五年、ドミニコ修道士のロリーニがガリレオ攻撃の弾丸を発射した。論争になった。ガリレオは大いに気を吐いて応じた。意気軒昂《けんこう》である。翌年、第一回異端審問所の審査がおこなわれ、ローマ教皇庁検邪聖省（検察庁のようなもの）から、地動説を唱えないことを誓約すれば大目に見ると通達された。担当判事はベラルミーノである。ガリレオはとりあわず、このときも平然たる気分でいた。直後、コペルニクスの『天体の回転について』が閲覧禁止処分になった。

少し動揺したガリレオはフィレンツェ郊外のアルチェトリ修道院の近くの別荘に移り、ここで一念発起、『天文対話』（岩波文庫）を書いて出版した。天動説と地動説の両方を仮説として、それをそれぞれ主張する二人の論者と中立論者との鼎談《ていだん》方式によって、注意深く綴《つづ》った。これでガリレオは裁判には勝てるだろうと見積もった。

一六三二年、ローマに出頭を命じられ、翌年、二回目の異端審問所審査が開かれた。検邪聖省はガリレオの地動説に関する言説と信念を有罪とし、終身刑を言い渡した。さすがにガリレオは呆然《ぼうぜん》としたが、そのどこかで「それでも地球は動いている」（E pur si muove）と呟《つぶや》いたということになっている。その直後にトスカーナのローマ大使館での軟禁刑に減刑され、半年後には釈放されフィレンツェ近郊の自宅に戻ることを許された。そらそら、こんな程度じゃないかとガリレオは思ったはずだ。

失明しつつあったガリレオはこのあとの短い余生を蟄居《ちっきょ》しながら暮らし、最後の『新科学対話』（上下・岩波文庫）を口述する。サグレドとサルヴィアチとシムプリチオの会話で進む遺著だ。シムプリチオは〝単純野郎〟といった意味で、教会を揶揄《やゆ》していた。

ベルトルト・ブレヒトに『ガリレイの生涯』(岩波文庫)がある。ぼくは千田是也《せんだこれや》による演出の舞台を俳優座で見たが、おもしろくなかった。ガリレオが苦悩しすぎていた。権力に阿《おも》ねる姿も描いていたが、これも阿ねたというより、交渉権を保持したというのに近かったのではないかと思う。

イタロ・カルヴィーノは『なぜ古典を読むのか』(みすず書房→河出文庫)、および『カルヴィーノの文学講義』(朝日新聞社→岩波文庫)で、ホメロス、ディケンズ、トルストイ、ヘミングウェイらと並べてガリレオの書物をとりあげ、その文体こそ科学的文章力として文人たちが学ぶべきだとした。何かが諄々《じゅんじゅん》として明示されていく文章の模範だとも書いている。ヴァレリーがそこを踏襲したとも見た。

ガリレオの評伝では、「世界の名著」(中公バックス)二六の『ガリレオ』に豊田利幸が付した長い解説が、ぼくが読んだ最初の評伝だった。気合が入っていた。その後、ジャン＝ピエール・モーリの『ガリレオ』(創元社)、田中一郎『ガリレオ』(中公新書)、伊東俊太郎の『ガリレオ』(人類の知的遺産・講談社)、オーウェン・ギンガリッチの『ガリレオ・ガリレイ』(大月書店)などに目を通したが、フランクリンやゴッホやキュリー夫人の伝記のように、同じハンコがいくつも捺《お》されているような似たり寄ったりの印象だった。

ガリレオはもうちょっと愉快なのではないかと思う。だから、もっと変ちくりんなガリレオ論があってもいいはずなのだ。たとえばカラヴァッジョやスピノザやモーツァルトについての評伝のように。

ところで、ガリレオが相対性原理を確立したということについて、あまり強調されてこなかったのはなぜだろうか。とくに万人向けのガリレオ案内にこそ不可欠であるはずなのだ。

どんな慣性系（inertial system）においても同じ物理法則が成り立ちうるというのが、相対性原理（principle of relativity）である。ガリレオはこれをのちにネーミングされた「ガリレイ変換」という数学的操作によって成立しうることを示した。ガリレイ変換の前後でニュートンの運動方程式は不変を保ったのである。

ガリレオの相対性原理は、いいなおせば「等速運動をしている系の中では、同じ運動の法則が成り立つ」ということである。運動場でボールを落としても、走っている電車の中でボールを落としても、同じく真下に落ちる。この電車の中の出来事を外から眺めたら、電車内で落としたボールは電車の進んでいる方向に進んで落ちるように見える。この両者の運動は観測者によってどう見えようとも、運動力学現象としては等価であることを示したのが「ガリレオの相対性原理」である。ガリレイ変換とよばれる数学的操作で、そのように両者の運動が説明できることを保証した。

この原理はニュートン力学が及ぶすべての座標系で成り立つ。われわれが回転する地球の上でその回転を感じられないのも、地上のどんな運動も地球の動きの影響を受けていないように見えるのも、この原理のおかげだ。あらゆる機械工学による動きも、それがどんなに複雑になろうとも、この原理のもとに成り立っている。

ところが、このボールが光速ほどの速さになると、驚くべき変化がおこる。それを明らかにしたのがアインシュタインの特殊相対性理論で、ガリレオの原理を光速度の世界に拡張したものだ。このばあいはガリレイ変換ではなく、ローレンツ変換をする。

ぼくの最初の本は『自然学曼陀羅』(工作舎)という。最初の対談集は津島秀彦との『二十一世紀精神』(工作舎)である。いずれも自然界の速度と場所に対する知覚の持ち方をめぐったものだった。

当時、ぼくは座標系(coordinate system)という考え方に痺《しび》れていた。どんなことも、それを知覚するには座標系の場所を無視しては語れないと感じていた。「座」はその場所に何かがくっついてあることを、「標」はその場所の目印のことである。そういう座標系のおもしろさを刻印してくれたのがガリレオとアインシュタインと、そしてデザイナーの杉浦康平だった。杉浦さんのイメージマップは座標変換によって、どのように知覚像が変《へん》貌《ぼう》するのかを見せていた。いまは懐かしい「遊」創刊前後の話だ。創刊号に「場所と屍《し》体《たい》」「自然学曼陀羅《まんだら》」を載せ、杉浦イメージマップを折り込んだのは、中学二年の夏休みにガリレオになりそこねたことへのリベンジだったのかもしれない。

第一七三四夜　二〇二〇年三月五日

参照千夜

三七七夜：ケプラー『宇宙の神秘』　六六〇夜：寺田寅彦『俳句と地球物理』　七九九夜：プラトン『国家』　二九一夜：アリストテレス『形而上学』　九一三夜：ダンテ『神曲』　九二三夜：イタロ・カルヴィーノ『冬の夜ひとりの旅人が』　九九九夜：ホメロス『オデュッセイアー』　四〇七夜：ディケンズ『デイヴィッド・コパフィールド』　五八〇夜：トルストイ『アンナ・カレーニナ』　一一六六夜：ヘミングウェイ『キリマンジャロの雪』　一二夜：ヴァレリー『テスト氏』　一四九七夜：宮下規久朗『カラヴァッジョ』　八四二夜：スピノザ『エチカ』　五七〇夜：アインシュタイン『わが相対性理論』　九八一夜：杉浦康平『かたち誕生』

宇宙の立体幾何学モデルが美しい。
「ケプラーのバロック」が天体を楕円もどきに掃いたのだ。

ヨハネス・ケプラー
宇宙の神秘

大槻真一郎・岸本良彦訳　工作舎　一九八二
Johannes Kepler: Mysterium Cosmographicum 1596

およそ一冊の書物において、その大半が誤った推論なのに、最後の数章で二〇〇〇年におよんだ停滞を打ち破る逆転科学が発現するなどということがありうるだろうか。それがヨハネス・ケプラーには可能だったのである。

もうひとつ、ある。九〇パーセントの誤った推論のほうが、残り一〇パーセントの真実の萌芽《ほうが》にもましてチャーミングだということがありえるのだろうか。すなわち、大半の推論が今日の科学からみればあまりにも逸脱したものであるにもかかわらず、その逸脱の天体幾何学こそがヨーロッパ二〇〇〇年の夢を別様に体現するということはありうるのだろうか。ありうる。ヨハネス・ケプラーにおいては可能であった。そういう一冊の書物が、この『宇宙の神秘』なのである。

信じがたいかもしれないが、ケプラーは二五歳で『宇宙の神秘』を書いた。一五七一年のクリスマス過ぎ、シュトゥットガルト近くの居酒屋で生まれ、ラテン語学校やテューピンゲン大学神学科をへてグラーツの高等学校で数学と天文学を教えるようになってすぐ執筆しているから、一五九六年の著作だ。

しかし、この書物で試みた前代未聞の仮説は、今日の天文学からみれば大半が妄想の科学ともいうべきものに近かった。

若きケプラーは「太陽が宇宙の中心だ」というコペルニクスの大胆な仮説に、七歳年長のガリレオがなおその仮説の同意に迷っている時期に、いちはやく賛成する。ここまではすぐれた科学者の資質のままである。そしてすぐさま、では、その太陽をめぐる惑星系において、惑星が十個や百個ではなくてきっかり六個だけになっているのはなぜなのかということに着目した。そして、その理由を考えはじめたのだ。

最初、ケプラーは惑星の一つの軌道の大きさが他の軌道の二倍、三倍になっているのではないかと計算してみたが、これはあいにくダメだった。そこで、ピタゴラスやプラトンがそのあまりに神秘的な対称性ゆえに感動していた正立体がこの世に五つしかないことに注目し、惑星軌道の間隙《かんげき》が五つであることと関係があるのではないかと考えた。このあたりの推理は充分に科学っぽい。

ところがその直後、あの有名な五つのプラトン立体と六つの惑星が奇跡のように組み合わさった宇宙立体幾何学モデルが、突如として着想されたのだ。実際の太陽系はあきらかにこんなふうになってはいない。残念ながらケプラーのモデルは天体モデルとしては完全にまちがっていた。どこからか科学の推論は非科学の推論にすり替わったのだろうか。飛躍なのか、陥穽《かんせい》なのか。

ところが、また、ところが、である。この誤解がなければケプラーの第一法則も第二法則もけっして生まれなかった。というよりも、この逸脱の幾何学こそが科学史上最初の宇宙に関する法則、すなわちケプラーの法則を生んだのだ。そうだとすれば、誤謬《ごびゅう》の仮説が新たな真実の科学をつくったという、この信じがたい逆転をおこした『宇宙の神秘』こそはケプラーの科学の萌芽を物語るすべての鍵《かぎ》になる。


ぼくが最初にケプラーを読んだのは『ソムニウム』（Somnium）だった。「夢」という意味だ。『ケプラーの夢』（講談社学術文庫）として翻訳されている。幻想小説仕立ての驚くべき内容で、ティコ・ブラーエの弟子のドゥラコトゥスを主人公にして、その母が謎の天体レヴァニアと精霊を通して交信するという話になっていた。読んでいくうちに、レヴァニアが人類にとっての「もうひとつの月」であることがわかってくる。

これですっかりケプラーに惚《ほ》れた。『ソムニウム』はぼくにとっては最も上質なSFだったのだ。たんなるSFではない。当時は本物の錬金術師や魔術師がごろごろいて、かれらも日夜、天体を占っていた。そういう渦中のケプラーの推論の文章はどぎまぎするものがある。ぼくはこのケプラーの周辺をもうちょっと読みたいと思った。それからアーサー・ケストラーの『ヨハネス・ケプラー』(河出書房新社→ちくま学芸文庫)を読んだのかと思う。大作『夢遊病者たち』(未訳)の一部を訳出したものだったが、快作だった。ますますケプラーに惚れた。

次にケプラーの本をつくりたいと思った。高橋秀元が大槻真一郎さんを口説き、十川治江に編集にあたってもらった。そうやって出来たのが、この『宇宙の神秘』日本版である。本邦初訳だ。ぼくが工作舎を去る直前の仕事だった。

おおむね次のように『宇宙の神秘』は進む。よくぞ二五歳がこれほどに宇宙を思考一本で動かしたとおもう。

第一章はコペルニクスの天体回転論をおおいに評価するという内容で、これが出発点になる。第二章は本書の全体概要をのべながら、プラトン、アリストテレス、ユークリッド、クザーヌスらが円・直線・正立体の神秘に執心したこと、すなわち「イデアを宇宙に刻みこむ」ことを、自分が総じて引き継ぐのだという壮大な決意が吐露される。このときすでにケプラーは「クォンタム」（どれほど）という言葉を何度かつかって、いわば宇宙的勇み肌になっている。幾何学とクォンタム。この二つを連動させたいという決意がまさにプラトン継承者としての気概になっているわけだ。

　第三章では五つの正立体を二つのグループ、すなわち「立方体・正四面体・正十二面体」と「正八面体・正二十面体」とに分けるという有名な仕訳をしてみせる。ここはコペルニクスの六つの軌道の間隙に正立体をあてはめるにはどうするかという前準備にあたる。ついで第四章から第九章までをつかって、木星と火星のあいだに正四面体を、金星と水星のあいだに正八面体を内接させるといったアクロバティックな工夫をのべる。このあたり、文章は簡潔だが、ケプラーの断固たる天体幻想が截然《せつぜん》と進捗《しんちょく》するところで、あたかも〝幻想の数学〟の折り紙を次々に見るかのような趣きがある。

　第十章からは、数がたんなるイデアではなくて幾何学的な量であること、その数と星位が互いに結びあえること、正立体に内接あるいは外接する球がありうること、さらにその計算のしかたなどの確認に入り、第十四章からその実証や保証を加えていく。

　だいたいはこんな手順で仮説を組み立て、綿密な論議を進めるのだが、これがまことに美しい。その美しさは現代数学がもつエレガンスではなくて、無謀な幻想を数学的な手続きにフィックスさせていく美しさなのである。こういう感動は、ニュートン力学が完成してからの天文学にはなかなか見られない。

第二十章をすぎて、ケプラーはそれまでの仮説が観測事実とどのように合致するかという補正を試みる。そうすると、なんと惑星は太陽のまわりを円を描いているのではなく楕円《だえん》を描いているにちがいないということに気がついた。ここにこそ逸脱の幾何学が真実の幾何学を生む瞬間だ。

さらにケプラーは推理の翼をのばした。惑星がこんなふうな軌道を描けるのは、太陽から放射されている力のようなものがあるからだろうという推理だ。そして、この駆動力は「光の力と同じように」、きっと距離に比例して弱くなっているのであろうから、外側の惑星ほどゆっくり運動するはずだと考えた。こうして、本書こそが太陽系に初めて惑星軌道を発見する〝母書〟となったのである。

逸脱が真実を生むということは、ケプラーにばかりおこっているわけではない。おそらく多くの科学史はそうした逸脱の歴史で満ち満ちているはずである。

ぼくが科学史の詳細に分け入ったのは二十代の後半からであるが、そのような領域にぼくを駆り立てたのは、科学には「正論から逸脱へ」という道があるのではなく、むしろ「逸脱から正論へ」という道こそが中央にあることに意義を感じたからだった。その出発点のひとつがケプラーだったのである。ぼくはこのあとあらためて、コペルニクスへ、クザーヌスへ、さらにはダンテのほうへと降りていった。ケプラーはバロックに属し、ニュートンは近代に属するのである。

ケプラーのバロックは、一六〇〇年にティコ・ブラーエの助手としてプラハに赴いたところから始まっている。

ティコは当代きっての天体観測者で、すでに二一年間にわたってデンマークのヴェン島にウラニボリ天文台を建設して天空観測を敢行していた。デンマーク王フレゼリク二世の庇護《ひご》によるものだ。稀《まれ》にみる観測力の持ち主だったようで、地上のウラニボリの観測精度がおもわしくないと、すぐに地下のスターニボリ（「星の城」という意味）を増設するようなところがあった。ティコは若いときに決闘で鼻を失ったので付け鼻をしていたのだが、こちらも金銀細工をほどこした増設だったようだ。

デンマーク王がクリスチャン四世に代わって、ティコは王と不和になり、ボヘミア王兼神聖ローマ帝国皇帝ルドルフ二世からプラハに招かれた。このとき、さっそく天文台を建設してケプラーを助手に雇ったのである。

ティコは一年半後に病没した。ケプラーは当代きっての魔術的帝王たるルドルフ二世の宮廷占星術師となった。こうしてティコの遺した厖大《ぼうだい》な観測データをまとめ（これがのちの『ルドルフ表』)、バロックな日々のなか、かの『新天文学』(工作舎)をまとめたのである。第一法則と第二法則が示されている。

いまさらであろうが、ケプラーの第一法則とは、惑星の運動は「歪んだ円」もしくは「楕円」を描くというものである。これはコペルニクスの円運動説を大きく修正するものだった。まさに天体におけるバロック軌道の誕生だった。ティコの観測データに火星の軌道が詳しく読みとれて、それがもとになって第一法則が生まれた。

第二法則は、惑星と太陽を結ぶ線分が同じ時間に描く面積は等しいというもので、「面積速度一定の法則」と言われる。しかし、この二つの法則でケプラーは満足しなかった。

一六一二年にパトロンだったルドルフ二世が亡くなり、プラハを離れてリンツに移ったケプラーは数学官となって、また推理をしつづけ、一六一九年に『宇宙の調和』(これも工作舎)を書いて第三法則を発表した。「惑星の太陽からの距離の三乗と惑星の公転周期の二乗の比は一定で、これはすべての惑星にあてはまる」というものだ。

ケプラーの法則は、「惑星は距離の二乗に反比例した力によって太陽に引っぱられている」というニュートンの万有引力の法則を、あらかた示唆していた。おそらく本人もそこまで推理を届かせたかったにちがいないが、そうはいかなくなった。『宇宙の調和』

刊行の翌年、母のカタリーナが魔女裁判にかけられ、裁判と弁護に奔走せざるをえなくなったのである。
このような経緯に従ってみると、ティコといい、ルドルフ二世といい、お母さんの魔女ぶりといい、ケプラーの生涯は「科学のソムニウム」の銀粉でキラキラしていたとおぼしい。天文学はかくあるべし、バロックやネオバロックたらんとすべし、である。

第三七七夜　二〇〇一年九月十二日

参照千夜

一七三四夜：ガリレオ『星界の報告』　七九九夜：プラトン『国家』　九四六夜：アーサー・ケストラー『ユダヤ人とは誰か』　二九一夜：アリストテレス『形而上学』　九一三夜：ダンテ『神曲』

ニュートン宇宙からハーシェル銀河系へ。
ガモフの「火の玉宇宙」から「ハッブルの法則」へ

エドウィン・ハッブル
銀河の世界

戎崎俊一訳　岩波文庫　一九九九
Edwin Powell Hubble: The Realm of the Nebulae 1936

ニュートンの万有引力の法則とロバート・フックの重力についての考察は、たいへんよく似ている。いずれも「引力（重力）が距離の二乗に反比例する」という逆二乗の法則を示した。二人は手紙のやりとりを頻繁にしていたので、フックが逆二乗の法則は自分がニュートンに与えたヒントにもとづいていると言っても、証拠だてられるものはないのだが、ニュートンとフック以降の力学や天体物理学の象徴的二面性が集約されているようにも思われた。

ニュートンの『プリンキピア』（一六八七）とフックの『ミクログラフィア』（一六六五）が今日の自然科学の基台をつくった。ニュートンの光の粒子説とフックやホイヘンスの光の波動性は、今日の素粒子論を先駆した。そう思うとこの時代の科学者たちの議論や論争から目が離せなくなるのだが、同時代でニュートンの天体力学をいちはやく体現したのはエドマンド・ハリーだった。ハレー彗星《すいせい》の発見者だ。

その後もニュートン宇宙を数々の天文学者や数学者たちが全知を傾けて追いかけた。ダランベール、クレロー、オイラー、ラグランジュ、ラプラスが支援者で、天王星を発見したウィリアム・ハーシェルや、ボーデの法則（惑星軌道の配列に関する法則）をもとに海王星を発見したルヴェリエやアダムズがその体現者だった。

ニュートン宇宙をシンプルな運動模型にしてみせたのはコリオリの力を発見したレオン・フーコーである。上野の国立科学博物館で「フーコーの振り子」が悠然と動いているのを見たときは、われらが内外なるハイパーノスタルジーを感じて、しばし佇《たたず》まざるをえなかった。

ハーシェル以降の天体観測にとって重要になってくるのは、光行差《こうこうさ》の研究、年周視差の研究、統計的手法の開発と、そして大型望遠鏡と写真技術であろう。いずれも近代科学技術の先駆けとなった。

そこに加わってくるのが分光学で、スペクトル分析による赤外線・紫外線の発見、フラウンホーファー線の発見、ブンゼンとキルヒホフによる分光器開発などが、めざましい成果をもたらした。今日では太陽が白熱の高温天体であることなど誰もが知っているが、キルヒホフが太陽光スペクトルと実験分光器のスペクトルを比較して、太陽に含まれる化学元素を特定するまで、そんなことはわからなかった。

こうして「星の正体」が少しずつ明らかになってきた。天体写真撮影が精度を増し、巨大天文台と巨大天体望遠鏡が連動するようになると、天文学は星の一生の解明と、銀河にひそむ相互関係の解明に向かっていく。

星の一生(星の進化)については、ヘルツシュプルングとラッセルによる「ＨＲ図」が大きな寄与をもたらした。星のスペクトル型(色指数・色温度)と星の距離から求められる絶対等級(光度・星の放射エネルギー)の相関性がプロットできるようになったのである。ぼくは京大の林忠四郎《ちゅうしろう》先生からＨＲ図のイロハを教わった。

ドップラー効果が星の運動や方向に適用されたのも大きかった。星がどのように遠ざかっているのか、その星が出しているスペクトル分析がものを言った。

二十世紀に入ると、相対性理論と量子力学が出現して、ニュートン力学による宇宙像をぐらぐらとゆさぶっていった。空間と時間が「時空連続体」としてつながり、極大の宇宙と極小の素粒子が組み合わさり、天体観測の原理に「光速度から眺める」とか「波動関数から粒子を眺める」とかという見方が導入されるようになったのだ。

もっと驚くべきは宇宙の誕生についての仮説が出現したことだ。ビッグバン仮説である。宇宙は一〇〇億年くらい前に小さな「火の玉」が爆発して、その直後の三分間ほどで今日の宇宙の構成要素の大半をつくってしまった。あとは宇宙はひたすら膨張して今日のような姿になったというのである。

膨張する宇宙をさかのぼっていくと、一点の時空に行きつく。一点の時空が爆発すると、むくむくと今日の時空宇宙があらわれる。この仮説をめぐって、ジョージ・ガモフの「火の玉」モデルを中心に、アインシュタインやフリードマンやド・ジッターによる宇宙像モデルが提出されたのだが、いずれもどこかに矛盾があるか、欠陥が生じることがわかってきた。そんなとき、今夜の主人公であるエドウィン・ハッブルが颯爽《さっそう》と登場してきたのである。

いま新聞やテレビでハッブルという名前が出てくれば、それはたいてい宇宙を飛んでいるハッブル宇宙望遠鏡のことである。刻々と息を呑《の》むほどすばらしい宇宙の光景が送られてくる。が、ぼくの時代は、ハッブルといえば「ハッブルの法則」か「ハッブル定数」のことだった。

そのころはハッブルという名前を聞くだけで神々しかった。天体ファンにとって天文学者は誰だって光っているのだが、なかでもハッブルはピカイチだった。ハッブルが天文学の中央舞台に登場したのは、宇宙像をめぐる次のような事情によっていた。今日の宇宙像の基本原理をめぐる劇的な仮説交代劇である。

ごくかいつまんで説明することにするが、アインシュタインが一九一六年に発表した一般相対性理論を宇宙像にあてはめようとしたところから、いろいろな仮説があらわれていた。

当のアインシュタインは自分が提出した宇宙モデルではどうしても「潰《つぶ》れてしまう宇宙」しか出てこないので、これはおかしいと思ってわざわざ宇宙項λ《ラムダ》というものを付け足した。引力だけがはたらく宇宙はぺしゃんこに潰れてしまうので、そこに斥力《せきりょく》を導入してみたのである。これを「静止する宇宙」「閉じた宇宙」あるいは「アインシュタインの宇宙模型」という。

しかし「静止する宇宙」とか「閉じた宇宙」というのはいかにもあやしい。アインシュタインはどうも自分の方程式の扱い方をまちがえた。自分の方程式というのはアインシュタイン方程式（重力場方程式）とよばれるものをいうのだが、それなら他の方法でこの方程式を解けばなんとかなるのではないかという機運が天文学者や天体力学者や数学者のあいだに出てきた。

オランダのド・ジッターは膨張宇宙の解がありうることを発表して、宇宙はじっとしているのではなく、「運動する宇宙」のほうがほんとうの姿ではないかと言い出した。有名な「ド・ジッターの宇宙模型」だ（稲垣足穂の『遠方では時計が遅れる』や『僕の〝ユリーカ〟』はこの宇宙模型へのキラキラとした憧れで綴られた）。

　ところが、ド・ジッターの宇宙模型は物質が何もない「真空の宇宙」であることがわかってきて、これはたんなる数学上の解にすぎないと言われはじめた。物質のない宇宙はありえない。どこかがおかしい。ひょっとしたら数学の扱いにも問題があるかもしれない。案の定、一九二二年にアレクサンドル・フリードマンがアインシュタイン方程式に新しい解を見つけた。これは「物質の詰まった宇宙」であった。これで天文学界の大勢が「運動する宇宙」に傾き、いよいよ証拠捜しが始まった。

　このとき、古代ギリシア以来の華麗なアンドロメダ伝説をひっさげて登場してきたのがエドウィン・ハッブルなのである。

　ハッブルは一九一七年に完成したウィルソン山天文台の口径二・五メートルの、当時はお化けのようにばかでかいとよばれた天体望遠鏡を徹底駆使して、ひたすら星雲の観測をしていた。本書にも報告されているのだが、やがてその中からアンドロメダ星雲にセファイド型変光星があることを発見すると、その周期と絶対光度の関係から、アンドロメダまでの距離を七五万光年と推定した（現在は二三〇万光年くらいと考えられている）。

この発見が新しい宇宙像にとっての大事件となった。七五万光年という距離は当時想定されていた銀河系の大きさをはるかに超えていたからだ。ハッブルの計算にもとづいてみるとアンドロメダ星雲は銀河系の外にある天体だということになった。突然、宇宙が二倍以上になったのだ。

ハッブルの発見は、宇宙の一角は星が一〇〇〇億個ほど集まった銀河でできていること、宇宙にはそのような銀河がもっといくつもあるはずだということを告げた。本書の『銀河の世界』はこのことを高らかに象徴するタイトルになっている。

話はこれだけでは終わらない。アンドロメダ星雲のスペクトル観測をずっと続けていたスライファーが、光のドップラー効果の大きさから視線方向の速度を綿密に計算して、星雲は秒速一〇〇キロの速さで近づいているのではないかと言い始めた。別の研究者たちは、アンドロメダ以外の他の星雲の大半はわれわれから遠ざかっているのではないかと推測した。でも、遠ざかっている理由やそのことが地上から観測できる理由はわからない。

ここでふたたびハッブルが登場する。ハッブルはスライファーの視線速度の方向に注目して、互いに独立していそうな銀河のセファイド型変光星の周期を詳細に調べあげ、この二つの観測を結びつけた。こうして到達したのが「ハッブルの法則」（現在は「ハッブル＝ルメートルの法則」）である。すなわち、われわれが見ている銀河の大半はわれわれから遠ざかっている、その速度は距離に比例するというもの、宇宙像をすっかり塗り替えた法則だ。

ハッブルの法則を満足させる解釈はたったひとつしかなかった。それは宇宙は一様に、膨張しているということだった。かくて膨張宇宙論というまったく新たな宇宙像が全世界の科学者の前に提示されることになっていく……。

この劇的な交代劇は本書の第八章に集約されている。が、本書が読みごたえがあるのは、そこまでにいたる観測結果による仮説の組み立てにある。いまではすっかり定説になったビッグバン理論に走る前に、宇宙風船を膨らますことになったエドウィン・ハッブルを堪能《たんのう》してほしい。

第一六七夜　二〇〇〇年十一月九日

参照千夜

一八〇夜：ディドロ&ダランベール『百科全書』　一〇〇九夜：ラプラス『確率の哲学的試論』　七六八夜：ジョージ・ガモフ『不思議の国のトムキンス』　五七〇夜：アインシュタイン『わが相対性理論』　八七九夜：稲垣足穂『一千一秒物語』

スイキンチカモク・ドッテン・カイエリ?
太陽系はじっとしていない。

渡部潤一
新しい太陽系
新潮新書　二〇〇七

スイキンチカモク・ドッテン・カイメイ。スイキンの出だしがとてもよく、チカモクは何かがだんだん近づいてきているようで、その次のドッテンはめちゃくちゃおもしろい。それからカイメイで全部が全部すうっと消えていく。晦冥《かいめい》だ。これって序破急や起承転結があるじゃんか。

小学何年のときのどんな授業で教えられたのかは忘れたが、歩きながら何度も大きな声で、スイキンチカモク・ドッテン・カイメイを叫んだものだ。とくにドッテン・カイメイのときにドッテンと大声で言って体を大きく曲げるのが愉快だった。水・金・地・火・木・土・天・海・冥。スイキンチカモク・ドッテン・カイメイ。太陽と、この九個の惑星が太陽系の親子なのだ。ずっとこれで通ってきたはずだった。

ところがそれなのに、ごく最近になって（二〇〇五）、冥王星よりも大きなエリスという天体が冥王星の手前に〝いる〟ことがわかったのである。えっ、エリスって誰だよ。どこから来たのかよ。萩尾望都の「11人いる！」ではないが、急に知らない子が家族に入ってきたようなものだった。なんとも落ち着かない。ぼくは鷗外の『舞姫』のエリスが突如として侵入してきように感じた。

話はそれでは終わらなかった。それからわずか半年ほどで、今度は「冥王星を惑星から外す」という衝撃的なニュースが流れた（二〇〇六）。朝日新聞には「冥王星、降格」とあって、「惑星は八個、新定義」という見出しが躍っていた。えっ、海王星の次がエリスなの？　そうすると、スイキンチカモク・ドッテン・カイエリ？

国際天文学連合（IAU）の厳《おごそ》かな決定だったそうである。冥王星のファンが怒らないわけはなかった。冥王星がなくなるの？　冥王星は惑星ではなかったの？　ぼくのまわりの連中もどうにも納得できないらしい。なにしろプルートーを冥王星という和名にしたのは、われらが野尻抱影《ほうえい》なのである。

いつか、こういう不名誉な日がくることは予想されていた。一九九二年の夏、ハワイ大学天文学研究所のデービッド・ジューイットらが、冥王星より遠方にある小天体を発見していたからだ。これは1992QB1という味気ない名の小惑星で（現在は15760

アルビオンという名になっている）、これをきっかけに冥王星の周辺に嫌というほどたくさんの小惑星が発見されていったのだ。

ＣＣＤ素子のせいだった。ＣＣＤ（Charge Coupled Device）というのは半導体をつかった受光素子のことで、日本では電荷結合素子とよばれる。光を写真のような化学変化の蓄積ではなく、そのまま電子に変えるためのもので、いまやデジカメにもケータイにもビデオカメラにも入っている。これのチョー性能のいいヤツを天体にしっかり向けるようになって、いままではとうてい捉《とら》えきれなかった小粒の天体が次々にキャッチできるようになったのだ。１９９２ＱＢ１も近日点距離が四一天文単位で、明るさ二三等のチビである。

こうして不幸な冥王星のあたり、つまりは太陽系外縁部あたりに、あっというまに約一〇〇〇個の小惑星が発見された（かなりのチビも入れれば数十万個になるらしい）。この区域は、これらのチビの存在を予告したケネス・エッジワースとジェラルド・カイパーの名前をとって「エッジワース・カイパーベルト」（ＥＫＢＯ）と呼ばれ、またこのチビたちをまとめて「トランス・ネプチュニアン天体」（ＴＮＯ）ということになった。ネプチューンとは海王星のことである。日本では「太陽系外縁天体」とも言っている。

では、それで冥王星がどうなったかというと、ドッテン・カイメイのメイだけが黙ってなくなるわけがないから、断固として存在を主張できるはずである。けれども事態はそうはいかなかった。天文学者たちの判定はそうならなかったのだ。

一言でいうのなら、冥王星はこれらのエッジワース・カイパー帯に埋没してしまったのである！　いいかえれば、冥王星はもともとエッジワース・カイパー帯の外縁天体のひとつにすぎなかったということになったのだ。

これが冥王星が不名誉な仕打ちを受けた主な理由なのだが、それにしても冥王星は小粒たちのTNOよりずっと立派なはずだから、あいかわらずドッテン・カイメイの掉尾《ちょうび》を飾っていてもよさそうだった。だが、そこに例の舞姫エリスが現れたのだ。冥王星の半径は一一五〇キロ、エリスは一二〇〇キロと、小さいながらも冥王星を上回る天体だった。これでは、冥王星に勝ち目はない。「スイキンチカモク・ドッテン・カイエリ」か、「スイキンチカモク・ドッテン・カイエリ・TNOメイ含み」なのである。うーん、言いにくい（注：現在ではエリスは冥王星より小さいとされている）。

本書は国立天文台の天文情報センターのリーダーで、かつ日本人でただ一人、国際天文学連合（IAU）の「惑星定義委員会」のメンバーとなった渡部潤一さんの新太陽系論である。小著ながらも重要なことはほとんど書いてある。

冥王星降格をめぐるインサイドレポートめいた報告書を期待してもいいが、その期待は裏切られる。渡部さんはできるだけセンセーショナルにならないように綴《つづ》っている。騒ぎ立てているのは、科学ジャーナリストと今夜のぼくなのだ。それでも「惑星定義委員会」がどんなふうに苦労して冥王星を降格させ、新たな惑星の定義にとりくんでいったのか、その経緯はよくわかる。

二〇〇三年にIAU総会がシドニーで開かれた。天文学者の国連総会のようなもので、三年に一度開かれる。二〇〇〇人から三〇〇〇人が集まるそうだ。ここで新しい執行部が選出され、それを機会に惑星の定義をめぐるチームが秘密裏に動き出したのである。それまでに1992QB1をはじめとするTNOが次々に発見されていったことは、さっきのべた。事態は猶予ならなくなっていたわけだ。

チームは第三部会というもので、イギリスのイワン・ウィリアムズがリーダーとなって一九人のメンバーが選ばれた。すでに多数のTNOの発見を通して、エッジワース・カイパー帯に変な小天体が集まっているらしいことはわかっていた。これらは、プチ冥王星型のプルチノ族、海王星の軌道の外側にリング状に分布するキュビワノ族（クラシカル・オブジェクト）、歪《ゆが》んだ楕円軌道をもっている散乱ディスク天体（スキャッタード・ディスク・オブジェクト）といったふうに、まるでトールキンの『指輪物語』や半村良の伝奇小説の小部族たちのように呼ばれていた。

チームは、このままでは冥王星を惑星と認めるわけにはいかなくなるが、さてどうしたものかと鳩首《きゅうしゅ》をつらねて策を練った。けれどもその決断力は鈍っていた。鈍った理由は、第一には冥王星が惑星というラベルであろうが、そうでなかろうが、学問上の障害とはならなかったこと、第二にはいまさら冥王星を第九惑星からはずすのはしのびないという天体人情がはたらいたこと、第三には、よく検討してみると、実はこれまでちゃんと惑星の定義をしてこなかったことがわかったからだった。

長らくのあいだ、惑星《プラネット》とは、「太陽の周囲をまわる比較的大きな天体」という程度の軟弱きわまりない定義だった。比較的大きな天体という定義はあいまいだったけれど、惑星とか遊星というネーミングにはこの不明瞭《ふめいりょう》はふさわしかった。しかも幸か不幸か、スイキンチカモク・ドッテン・カイメイの九個いずれもが他の衛星や小惑星よりはるかに図体《ずうたい》が大きくて、他の星と区別するのにわかりやすかった。

ただ、天文学者たちは不安をもっていた。心配もしていた。この九個の惑星のなかでは冥王星がいささか小さすぎるのと、もしも小惑星で冥王星よりも大きなものが見つかったらどうするかという懸念だった。

これまで最大の小惑星は一八〇一年に発見されたケレスである。その直径は一〇〇〇キロ以下で、他はすべてケレスより小さい。ところが二〇〇〇年にケレスを超えるヴァルナがＴＮＯに発見された。さらに翌年にヴァルナよりも大きいイクシオンが見つかった。これではおっつけ冥王星は抜かれるだろうという心配があったのだ。

第三部会はこっそり対策を練っていたのだが、二〇〇五年夏に、ついにエリス（2003UB313）が〝実在〟することになってしまったのだ。「はたして第十惑星か」というニュースもかけめぐったが、安易にそうするわけにはいかない。新たに「惑星定義委員会」を設けて、決定打を出すことにした。その七人の一人にアジア地区代表として渡部さんが選ばれたのだ。

惑星の議論は難航したが、パリ天文台で集中検討した結果、ひとまず「自己重力が固体にはたらく他の力に打ち勝って、まるくなっている衛星以外の天体」というものになった。ただ、これだけでは冥王星やケレスもあてはまるので、スイキンチカモク・ドッテン・カイまでの八個を「古典的惑星」とし、それ以外を「準惑星」とすることにした。

こうすれば、太陽系は「古典的惑星」と「準惑星」と「小天体」とによって構成されているということになる。これで、冥王星も準惑星ではありながら、なんとか惑星の枠組に入ったのである。いわゆる「惑星一二個案」だ。

提案は二〇〇六年のプラハでのIAU総会に提出された。しかし総会では八個だけを惑星とする本案と、八個の古典的惑星に準星（冥王星・エリス・ケレス）を加える修正案とが残って、決選投票になった。で、どうなったのか。本案のほうが決議されたのである。この瞬間、冥王星は惑星から降格されたのだ！

惑星というのは正体がはっきりしない星たちだ。ギリシア語の「さまようもの」(planētēs) があてがわれたことを裏切らず、いまもってその謎の大半を隠したままにある。

水星（マーキュリー）は小さくとも密度が高く、磁場があり、昼夜の温度差が極端に激しい。金星（ヴィーナス）は全面がぴかぴかした厚い雲に覆われていて、その下はたいへんな高温高圧になっている。かつては火山活動が活発だったはずだ。ヴェリコフスキー以来、地球との双子関係も取り沙汰《ざた》されているけれど、まだ決着はついていない。

これらは似ても似つかないけれど、なかでも地球（アース）は一番変な星である。他の惑星と異なる際立った特徴は表面に水があることではあるが、そのことが「負のエントロピー」を食べて生命を生んだことについては、まだ誰も正確な説明ができないままになっている。

火星（マース）は大気が薄く、水が少ないというだけでなく、いつもとんでもない想像をもって語られてきた。いまなお地下に水の対流が隠されているという説があるほどだ。アンモニアの雲をかぶっている木星（ジュピター）は、相当の熱エネルギーと重力エネルギーを放出して、いまもゆっくりと縮んでいる。中心部には液体金属水素があるらしい。しかも、あの大赤斑《せきはん》はソリトン（粒子性をもつ波のこと）なのである。

土星（サターン）は輪っかをもっているのが特徴だとされてきたけれど、いまや木星も天王星も輪をもっているので、これは天文学的にはたいした自慢にならないのだが、その美しさはいまもって随一だ。ずっと正体不明の熱を出しつづけていることも知られている。そのため《ブレードランナー》の酸性雨ならぬ「ヘリウムの雨」がしきりに降りつづけているらしい。

ウィリアム・ハーシェルが発見した天王星（ウラヌス）は、自転軸がほぼ水平に倒れている。他の惑星は太陽をまわる軌道面に対して自転軸が垂直に近いか、地球のようにやや傾いているだけだ（二三・四度）。何かが衝突したせいだという仮説があるが、これだけでは説明にはなっていない。おまけに磁場も自転軸に対して六〇度も傾いている。

海王星（ネプチューン）は極寒だ。摂氏マイナス二二〇度。極寒だが、太陽から四五億キロ離れているわりには、温度があるともいうべきで、これは内部になんらかの熱源があるだろうことをあらわしている。そうだとすれば不気味。やはりどんな星なのかは、ほとんどわかっていない。

そして、エリスや冥王星のことになるわけだが、冥王星のことはもはやあまりに不憫《ふびん》で、その特徴を説明するのも可哀想である。けれどもいまのところは、その一番の謎は衛星カロンと二重星になっている可能性もあるということだ。

これらの惑星にいろいろ衛星がくっついて、そして惑星間にはかなりの小惑星がまわっている。こんな太陽系の一隅にわれわれは居住しているわけなのだから、まあ、じたばたしないほうがいいに決まっている。
ところで今夜、この本をとりあげたのは、われわれはときには「内側の周辺」についてナイーブ・フィジックスに感じるようにもするべきで、そのときは、そのサイズをたまには太陽系くらいに拡張してもいいんじゃないかということを暗示したかったからだった。むろんクォークくらいに縮めるのもいいのだが……。では、今夜はこれくらい。スイキンチカモク・ドッテン・カイメイ。スイキンチ・カモク・ドテンカイ・エリメイ。スイ・キンチカ・モクド・テンカイ・エリ・トランス冥王星。

第一二三一夜　二〇〇八年四月三日

参照千夜

三四八夜：野尻抱影『日本の星』　九八九夜：半村良『産霊山秘録』　八四八夜：渡辺慎介『ソリトン――非線形のふしぎ』

ディアーナとタルホから「かぐや」へ。「月の美学」と「月の実学」が混在する。

佐伯和人

月はすごい

中公新書　二〇一九

ああ、月！　月がぼくにつきまとう
何かよい薬はないものか（ジュール・ラフォルグ）

ドストエフスキーの『罪と罰』（岩波文庫・新潮文庫ほか）に、老婆を殺害したラスコーリニコフが自室に戻ったところ、部屋に月の光がキラキラと満ちていて「大きな丸い銅紅色の月」が窓から覗《のぞ》いていたという場面が出てくる。ラスコーリニコフは呟《つぶや》く、「月はいま、きっと謎をかけているんだ」。

ぼくが月に憧《あこが》れたのは『罪と罰』を読んだあとの高校時代、リーダーズ・ダイジェスト社の月球儀を手にしたときからで、部屋の中のどこに置こうか吊《つ》るそうかとその位置をいろいろ変えながら、こんなに美しいものはないというほどに心を奪われた。それから如何《いかん》ともしがたい「月狂い」が始まった。ポール・デルヴォーの夜の操車場の月からキリコの形而《けいじ》都市の昼の月まで、西行の月の歌から梶井基次郎の『Kの昇天』まで、花王石鹼のマークから一九〇三年開場のコニーアイランドのルナパークの資料まで、月めくものなら何でもコピーをしたりメモにしたりした。

すぐお気にいりになったのは稲垣足穂の『一千一秒物語』(新潮文庫)、ジュール・ラフォルグの『聖母なる月のまねび』(平凡社)、牧野信一の『吊籠と月光と』(創元社・青空文庫)、イタロ・カルヴィーノの『柔かい月』(河出文庫)だった。そのうちアルテミスやセレーネやツクヨミ(月読命)などの月の神話や月の民俗学の収集がおもしろくなって、洋の東西の詩歌にあらわれた月を片っ端からノートに写していた。

驚くべき話がいっぱいだった。たとえば月の雄牛として知られるアピスが月に子供を生ませた王で、ミノタウロスが「月の生物」を意味するミノスから派生した月牛神で、クレタ文明ミノス朝では歴代の王がみんな月女神パシパエーと婚姻して月まみれになっていただなんて、ちっとも知らなかった。

オシリスとイシスに大きく月がかかわっていることが印象的で、そのわりに日本のツクヨミがあまり活躍していないのが残念だった。

ロマンチックな話ばかりではない。最後にやってきたのが「月の科学」全般で、こちらはケプラーからツィオルコフスキーまで、ニュートンの林檎《りんご》からエルンスト・マッハの回転バケツまで、お月さまはなんであんなふうなところで回っているのか、いろいろ調べたり考えたりしたかったのだが、突然に「話の特集」から連載依頼がきて、「松岡さん流の月の話をエンサイクロペディックに自由に広げてほしい」と言われた。それで翌月から一年間にわたって、『月の遊学譜』を毎月書くことになった。

これは愉《たの》しかった。のちに加藤郁美というとびきりフェチな編集者に煽《あお》られて、連載をもとにかなり加筆充溢させた『ルナティックス』（作品社→中公文庫）というお気にいりの本にしたのも、すこぶるスリリングな仕事になった。

星もなく赤き弦月ただひとり
空を落ちゆくは只ごとならず（宮沢賢治）

『ルナティックス』はぼくの「月狂い」の集大成となった。自分で言うのもなんだけれど、そうとうにユニークな構成の一冊だろうと思う。できるかぎり多彩な角度から「月知学」（ルナティシズム）というものがありうることを強調した。

月球派宣言をすべく、古今東西の月知感覚をこれでもかこれでもかというつもりで磨《と》ぎ澄ませて仕上げたものだ。文庫になったときは鎌田東二君がキラッとした解説を書いてくれた。鎌田君はかつてぼくがまりの・るうにい、長新太、楠田枝里子らとともにジャパン・ルナソサエティを催していたときのメンバーでもある。

しかしいくら上等とはいえ、一連のフェチな執筆のなかで「月の科学」については少ししか取り組めなかったのである。なにしろぼくが加担した月知学は「太陽は野暮で、月だけが極上である」という、ひどい偏見にもとづいたものなのだから、太陽系をベースにした自然科学からは逸脱していたのだ。けれども月を科学するとなると、そうは言ってられない。太陽と地球と月の「関係」を公平に見なければならない。

というわけで、今夜はちょっぴり「月の科学」を補うことにしたのだが、さてそうなると、話はやはり二〇〇七年に日本が勇躍打ち上げた「かぐや」以降の話題が中心になってくる。今夜とりあげた佐伯和人の『月はすごい』（中公新書）をはじめ、青木満の『月の科学』（ベレ出版）、渡部潤一の『最新・月の科学』（NHK出版）などは、いずれも「かぐや」以降の太陽と地球と月の関係を追っている。

スフィンクス「外の世界にもうひとつの世界があるとしたら、何か」
キューピッド「それは解決ずみのこと、月にある新世界」（ベン・ジョンソン）

ＪＡＸＡ（宇宙航空研究開発機構）が打ち上げた「かぐや」はとても日本らしい月探索観測衛星だった。二〇〇七年九月十四日十時三一分一秒に打ち上げられた。主衛星と二つの子衛星、リレー衛星「おきな」とＶＲＡＤ衛星「おうな」を引き連れ、小粒ながらも一六種類の最新機器を稼働させてかなりのミッションに挑んだ。

従来の観測探査技術やリモートセンシング技術のレベルをヒトケタ変えるものばかりで、とくに蛍光エックス線分光計、ガンマ線分光計、マルチバンドイメージャ、スペクトロプロファイラー、月磁場観測装置、粒子線計測器などは、計画発表時から話題を集めた。ＮＨＫのハイビジョンカメラも搭載されて「アース・ライズ」（月の出ならぬ地球の出）を撮影した。ＶＲＡＤ衛星とは、ＶＬＢＩ（Very Long Baseline Interferometer）によって電波源の位置を精密に計測するシステムを搭載した子衛星のことをいう。

二一世紀の月探査はリモートセンシング主導になっている。すでにＮＡＳＡの「クレメンタイン」や「ルナ・プロスペクター」に始まっていて、「かぐや」の一ヵ月後に打ち上げられた中国の「嫦娥《じょうが》」一号、その一年後のインドの「チャンドラヤーン」一号、さらにはアメリカの「ルナー・リコネサンス・オービター」などがこれらに続いて、時ならぬルナティック・テクノロジー競争期（激戦期）にも突入している。

いささか過熱気味でもある。月旅行の実現が近いという臆測《おくそく》がとびかっていて、こうなるとアメリカのスペースＸの廉価探索ロケットもヴァージン・ギャラクティックの宇宙旅行ビジネス喧伝《けんでん》も、元ZOZO前澤友作君と剛力彩芽ちゃんの彦星織姫の噂も一緒くたになって、「月の科学」の真の全貌《ぜんぼう》など実はみんなの関心事になってはいないということになる。ニュートンの林檎は忘れられているわけだ。

月は大いなる輝かしい中枢神経である（D・H・ロレンス）

「月の科学」のことをまとめてセレノグラフィ（selenography）という。ぼくは好んで「月究学」と名付けているのだが、その根幹はニュートンの『プリンキピア』をどう読むかということに始まる。エドマンド・ハリーに捧《ささ》げたすばらしい献辞に始まる大著で（ハリーはハレー彗星の発見者）、最初に「哲学することの諸規則」が提示される。

規則一の「自然を解明するには現象を説明するために必要な説明以上のものを求めてはいけない」から、「帰納的に推論された実験哲学の命題はそれがくつがえされるまでは真理とよばれるべきである」とした規則四まで、のちの科学の大道はここで決まったようなものだった。しかし、命題二二・定理一八の「月のあらゆる運動、およびそれらの運動のあらゆる不平等性は、提示された諸原理から既決される」あたりから、俄然《がぜん》、セレノグラフィックになっていく。

命題二五・問題六は「太陽が月の運動を乱す力を見いだすこと」で、命題二七・問題八が「月の時運動により、月の地球からの距離を見いだすこと」、そして命題三七・問題一八になると「海を動かす月の力を見いだすこと」となり、ついに命題三八・問題一九で「月の本体の形を見いだすこと」に向かうのである。とくに命題三九の補助定理として「彗星《すいせい》は月よりも上にあり、惑星の領域内に運行すること」について切り込んでいくあたり、読んでいるだけでキリキリと興奮させられた。

それでニュートンは何を見通したかというと、背の高い木から落ちようとしていたリンゴは、地面に落下する前に地球の周期軌道をまわるようになって、そのまま月になったと解いたのだ。リンゴが月になったと解いたのである。ということは、地球もリンゴになったということだった。万有引力の法則とはこのことである。

「おや、地球は？」「そら、そこさ」
「へえ、あの薄っぺらな銀色の三日月かい？」（ジュール・ヴェルヌ）

ニュートンの自然哲学の意図はセレノグラフィからだけで導かれたものではない。十八世紀に特有なトマス・バーネットの創造自然、アンソニー・シャフツベリの神格自然、ジョセフ・バトラーの自然道徳、デヴィッド・ヒュームの精神自然の要請に応《こた》えるものでもあった。月のことを考えるとは、人類の自然哲学をどう考えるかということと同義だったのである。

加えて、デヴィッド・ハートリーの振動にもとづく自然教育のありかた、ジョゼフ・プリーストリーの月光共鳴型の敬虔《けいけん》自然の波及にも応えていた。プリーストリーはルナ・ソサエティの提唱者でもある。

だから、その後の「月の科学」にはこうしたニュートンの自然哲学的配慮がずっとつきまとってよかったはずなのだが、残念ながらそうならなかった。ぼくは凧《たこ》と月が好きなヴィトゲンシュタインと、最初期のロケット工学者のツィオルコフスキーにはその後も継力を瑞々《みずみず》しく感じたけれど、多くの「月の科学」はそういうスピリットを忘れていったようだ。

それでどうなったかというと、ルナティック・セレノグラフィではなくて、すこぶる実用的なプラクティカル・セレノグラフィが確立していった。おそらくぼくが好むような本格的なルナティック・セレノグラフィは今日ではニール・カミンズの『もしも月がなかったら』『もしも月が2つあったなら』（東京書籍）くらいにしか横溢《おういつ》していないのではないかと思われる。

今夜の本書もそのプラクティカル・セレノグラフィのほうの一例だ。サブタイトルに「資源・開発・移住」とあるように「月をめぐる実学」にとりくんでいる。著者は惑星地質学の研究者で、すでに『世界はなぜ月をめざすのか』（講談社ブルーバックス）の著書もあり、ホリエモンらを興奮させた。JAXAの「はやぶさ」や「かぐや」の世代にあたる研究者だ。

読んでみて、あの『ルナティックス』を書いたころからすると、月をめぐる事情に隔世の感が出ていることを痛感した。ただし「かぐや」をしても、まだまだわかっていないことが多い。

月は後向きになって
煙を吐いて留守になる（藤富保男）

月は地球から三八万キロのところに浮かんでいるナチュラル・サテライト（衛星）である。地球のまわりを公転周期二七・三日で回っている。自転もまったく同じ周期なので、地球からは裏側（ファーサイド）が見えない。これを「月の動きが地球にロックされている」と言うのだが、その詳しい理由を科学はあきらかにしていない。

月が地球の子供なのか、兄弟なのか、それともどこかからやってきて地球の重力圏にとらえられた他人なのかも、まだわかっていない。

兄弟説は、地球ができたときに月も一緒にできたという説で、地球は直径一〇キロくらいの小天体が集まってできたと想定されているのだが、同じように月もそのときに別にできたのだろうというものだ。そうだとすると地球と月は同じ材料でできたということになり、それなら密度も同じになるはずなのだが、地球の密度は五・五一g／㎤、月は三・三四g／㎤なので、月が小さすぎる。

月が三八万キロのところまで遠のいた理由もうまく説明できない。いっとき岩波新書に古在由秀《こざいよしひで》の『月』という本があったものだが、そこでは月は三〇億年前には地球から一万八〇〇〇キロほどのところにあったのが、潮汐《ちょうせき》力によってしだいに遠のいて、重力バランスでいまのところに落ち着いたと書いてあった。この説では、地球はいまなお少しずつ遠のくことになる。実際にも一年に三センチずつ遠のいているはずだ。

月という骸骨は　太陽から分家した地球
そのまた分家なのだ（中山啓）

親子説は、かつて地球の回転が不安定だった時期に地球の表面から月がちぎれて飛び出したというものである。地球にそんな回転不安定があったかどうかが疑問視されているが、この説だと密度のちがいは説明できる。表面がちぎれて月になったのだから、マグマやマントルでできている地球の密度とちがうのはリクツにあうのだが、ただし月の各所にマスコン（質量集中）がおこっているのに、その理由が説明できない。

他人説は月がどこからか来たのだから、生まれた場所がちがう他人どうしだという説である。どこからかといっても太陽系の中だろうから、太陽系としては地球と月は兄弟なのである。ただし、どうやって月を捕獲できたのか、うまく説明できていない。絶妙のタイミングで捕えたのか、それとも地球の重力圏に網のような枝状の状況が生まれたのか、そこがわかっていない。

最近流行の定説はジャイアント・インパクト説である。初期の地球に火星ほどのでっかい天体（テイアという名前がついている）が衝突して、その破片がしだいに集まって月になったというものだ。一九八四年にハワイのコナで「月の起源に関する国際会議」が開かれ、ぼくも耳をそばだてていたのだが、そのころすでにジャイアント・インパクト説が有力になっていた。

よくぞ破片を集めて月になったと思うけれど、これについては一九九〇年代後半に、惑星科学の井田茂や小久保英一郎がコンピュータ・シミュレーションで破片集めがおこりうることを示したため、なんとか説明がつくようになった。

名月やうさぎのわたる諏訪の海（与謝蕪村）

月の出生についての定説がまだかたまっていないのに対して、はっきりしていることはいくらもある。たとえば月には大気がないし、水もない。大気がないのは月が大気を放逐してしまったからである。これは月の重力値が地球の六分の一に満たないところからきていることでまあ説明がつく。仮に太古のできたての月に空気があったとしても、表面重力が低ければとどまってはいられなかったはずなのだ。空気の分子が放逐されたように、水の分子もとどまっていられなかった。

空気や水蒸気がなければ、月には風が吹かない。音も伝わらない。月はそういう天体だ。いいかえれば月には何の妨害もないということになる。何の妨害もなければ太陽の光も散乱しない。だからアポロの宇宙飛行士が月面から撮った月の空は青くない。真っ黒だ。昼も夜も真っ黒だから、無数の星はギラギラ見える。

そういえば、アポロ一一号の月面到達のあと、宇宙シューズの足跡がくっきり掘り込まれている画像を見たときは、びっくりした。最初のうちはどうしてあんなに彫刻刀で象《かたど》ったような足跡がつくのかわからなかったが、月面の砂がとてもこまかいからだということで納得した。月面はレゴリスと呼ばれる砂でおおわれていて、それらが〇・一ミリ以下の粒になっているのである。小麦粉みたいなものだ。

月面には大気がないから、一ミリ大の隕石《いんせき》でも大気で減速することなく鋭く落ちてくる（秒速一〇キロメートルらしい）。これで隕石はこなごなになり、砂粒というよりも粉体になる。それがレゴリスだ。そこに足跡がつけば、当然くっきりなのである。

腹いっぱいの月が出ている
月も水底に旅空がある（種田山頭火）

かつて月には水があると信じられていた。日本でも午前三時ころに井戸から汲んだ水は月の特別の力を反映させていると思われていたので、神事の水はこの「おちみず」（変若水・若水）をつかった。いまでもそう信じられている。ニコライ・ネフスキーの『月と不死』（平凡社東洋文庫）がその意味を証《あか》した。

月の科学は月の水を否定してきた。もし水があればとっくに微生物が見つかっているはずであるからだ。しかし、かつてはどうだったのか。クレメンタインやルナ・プロスペクターの調査が「氷」を思わせる反射光をキャッチしたと言い出してから、新たな議論が始まった。ルナ・プロスペクターは中性子分光計を搭載していたので、水素原子の分布から「月氷《げっぴょう》」を割り出したのだ。これはひょっとすると「昔の水」の名残りなのかもしれない。ただし水素原子は太陽風にも含まれているため、月氷の反射光かどうかは、まだわかっていない。

それより月氷は永久影にありそうだった。地球は回転面に対して二三・四度傾いているのだが、月は一・五度しか傾いていない。そのため月の北極と南極のクレーターの底部には太陽光が届きにくい。これが永久影となり、そこに月氷をつくっている可能性がある。「かぐや」で地形観測チームの主任をした春山純一や本書の著者の佐伯は、クレーターの形状データをもとに月面温度の研究をすすめて、クレーター底部の温度が最高でもマイナス一九〇度にしかならないことをあきらかにした。これなら月氷は永久凍土のように保存されてもおかしくないのだが、この仮説はまだ認められていない。

月は名うての泥棒だ
あの白い火を太陽からひったくる（シェイクスピア）

アポロ一一号が持ち帰ってきた月の石は玄武岩そっくりだった。ちょっとがっかりした。その後の調査でも玄武岩と斜長石がほとんどで、他には輝石、かんらん石、チタン鉄鉱（イルメナイト）が認められた程度だ。もっともこれらの中には鉄、チタン、マグネシウム、アルミニウム、珪素《けいそ》などの元素は豊富に含まれている。いずれも酸素とむすびついているので、酸素を引きはがしさえすれば、使いやすい原材料は得られる。

チタン鉄鉱は酸素を引きはがしやすいから、将来、月面工場をつくることになれば、月の海のレゴリスから鉄とチタンを選別生成することはたやすくなるかもしれない。話が急にとぶが、機動戦士ガンダムの装甲素材が月で採取したチタンから作ったルナチタニウム合金だというのは、なかなかよくできた発想だった。

しかし、月の資源の確保と活用を各国が争うようになる未来を描くのは、よしたほうがいい。地球上のレアメタルの確保すら、戦争を（いまのところは経済戦争だが）招きかねないのである。それより太陽エネルギーを月面で確保して地球に配分する計画のほうが、将来的には重要になる。

地球の大気表面に入射してくる太陽エネルギーは一平方メートル当たり約一三六六ワットになる。この値を太陽定数という。地球と月は太陽からの距離がほぼ同じだから、月にも太陽定数があてはまる。月には大気がないので、これがまるごと降りそそいで地球の一・三倍になる。地表に届くエネルギーは大気で散乱吸収されるから、一〇〇〇ワットほどに低減されるのだが、月ではこれがまるまる使用可能なのだ。これを活用してうまく太陽電池をつくれるようにすれば、その電気エネルギーは月面でも使えるし、地球に送電することもできる。

エネルギーの取り出しには水素を活用する手もある。太陽電池で発電した電力を分解してもいいし、レゴリスを六〇〇度に加熱して水素を取り出してもいい。太陽風から取り出す方法もある。

地球はかをる　土の息

月こそ神よ　まどかにて（北原白秋）

本書にはそのほかいろいろな「月を活用する可能性と条件」が述べられている。総じて楽観的で、意欲的で、たいへん賑《にぎ》やかである。こんなふうに研究者たちが月を資源として開発をめぐって元気に語っているのを読むと、さきほども書いたようにまさに隔世の感に襲われる。なにしろ本書の帯は「人類が月面で生活する日にむけて」というものなのだ。

ずっと前にフリーマン・ダイソンの『宇宙をかき乱すべきか』（ダイヤモンド社→ちくま学芸文庫）を読んだとき、さまざまな感慨をもった。ある種の粛然とした感慨で、宇宙観というものの思考原則のようなものを教わった。『多様化世界』（みすず書房）を読んだときも、科学が確実なものを探そうとするのではなく、「ありそうもないもの」に出会うことの重要性を教わった。

ダイソンは有名な「ダイソン球」を提案したり、海王星より遠いカイパーベルトやオールトの雲に生命の可能性を感じているとさかんに主張したりした。しかし、それはコンティンジェントな「別様の可能性」なのである。

ダイソンは量子電磁力学が専門で、朝永振一郎、シュウィンガー、ファインマンがそれぞれ別に提示した理論が数学的に等価であることを真っ先に証明してみせた物理学者であった。そこにはすでにわれわれはつねに「別様の可能性」の中にいるんだというメッセージがこめられていた。そういうダイソン博士に、ぼくはニフティサーブの依頼で公開ネットットミーティングを開催したときにネット参加してもらったことがある。そのときのテーマは複雑系についてのことだったのだが、博士は「複雑系は僅《わず》かなことに注目することから始まる」と言っていた。

いま、月をめぐる議論は一斉に「確実性」に向かっているように思う。月の有効利用を目標にすればそうなるのは当然なのだが、このままではルナティックな複雑性や曖昧《あいまい》性が話題にならなくなっていくような気がする。また「不確実性」を看過しすぎるような気がする。

こういうときは、ときに月女神ディアーナが〝三重神〟であったことを思い出したほうがいい。われわれはもう少し、月に面食らうべきなのである。

第一七三二夜　二〇二〇年二月十二日

参照千夜

九五〇夜：ドストエフスキー『カラマーゾフの兄弟』　八八〇夜：ジョルジョ・デ・キリコ『エブドメロス』　七五三夜：西行『山家集』　四八五夜：梶井基次郎『檸檬』　八七九夜：稲垣足穂『一千一秒物語』

一〇五六夜：牧野信一『ゼーロン・淡雪』　九二三夜：イタロ・カルヴィーノ『冬の夜ひとりの旅人が』　三七七夜：ケプラー『宇宙の神秘』　一五七夜：マッハ『マッハ力学』　六五夜：鎌田東二『神道とは何か』　一二三二夜：渡部潤一『新しい太陽系』　八五五夜：ロレンス『チャタレイ夫人の恋人』　三八九夜：ジュール・ヴェルヌ『十五少年漂流記』　八三三夜：ヴィトゲンシュタイン『論理哲学論考』　八五〇夜：与謝蕪村『蕪村全句集』　三三〇夜：種田山頭火『山頭火句集』　六〇〇夜：シェイクスピア『リア王』　一〇四八夜：北原白秋『北原白秋集』　六七夜：朝永振一郎『物理学とは何だろうか』　二八四夜：リチャード・ファインマン『ご冗談でしょう、ファインマンさん』

ぼくも星のカケラも「ゆらぎ」から始まって、
万事万端が確率振幅の中にゆれている。

佐治晴夫

宇宙の不思議

PHP研究所　一九九〇　PHP文庫　一九九六

ポール・ゴーギャンにトマス・アクィナス以来の有名な問いを絵にしたものがある。《われわれはどこから来たのか、われわれは何なのか、われわれはどこへ行くのか》というものだ。

その絵はボストン美術館の二階にあった。四メートル近い大作だ。タヒチのような南国の光景なのに、男たちや女たちにまじってブッダのような男も立っている。ぼくは十五年ほど前に館長の案内で佐藤恵子とともにこの絵をぼんやり見ていて、たいそう数奇《すうき》で、すこぶる風来《ふうらい》な運命をあえて選んだゴーギャンが生涯かかえた問題にふれたような気がしたものだった（このゴーギャンの行方を見えない主人公に仕立てのが、サマセット・モームの『月と六ペンス』だ）。

この問いはその後、アンリ・ベルクソンが『精神のエネルギー』のなかでもそのまま問うたもので、問い自身がベルクソン哲学の輪郭をあらわしていた。どこから来たのかがわかれば、われわれは自由になりうるのかという問いだ。たしか篠原資明《しのはらもとあき》の『ベルクソン』（岩波新書）は、ベルクソンを解くにはこの問いから始めなければならないと書いていたと憶《おも》う。

それにしてもこの「存在」をめぐる問いは、まるで福音書か仏典のような尊大な問いである。こんな根底を奪うような究極の問いに答えられる者はいるはずがない。むろんベルクソンもまっとうに答えたわけではなく、そこから「エラン・ヴィタール」（生命の飛躍）を導き出すほうを選んだ。それはそれで賢明なことだったろう。負のエントロピーを食べる生命力のほうに位置を移したのだ。

だからこの問いの答えなんてまだ誰もわからないのだけれど、しかし、この問いを含まない哲学や科学など、見るにも読むにも論評するにも足りないともいうべきだ。なぜならゴーギャンとベルクソンの問いに答えるということは「存在に応《こた》える」ということであり、「存在に応える」ことをしない哲学や科学や歴史や芸術なんて、そんなもの、からっきしなのだから。

本書、佐治晴夫の『宇宙の不思議』は、このゴーギャンの問いから始まっている。まことに佐治さんらしい。

佐治さんはゴーギャンにつづいて、鴨長明の『方丈記』を引いた。そして、「ゆく川の流れは絶えずして、しかももとの水にあらず。よどみに浮かぶうたかたは、かつ消えかつ結びて、久しくとどまりたるためしなし」の一文には、「絶えることのない流れ」という不変性と、「もとの水ではない」という変化性との両面の見方が捉《とら》えられているということを指摘し、その相反する見方の統一こそが宇宙や世界を見るのに必要だという示唆をした。

前夜の一二二五夜の蔵本由紀《よしき》『非線形科学』(集英社新書)のところでもふれたことであるが、科学の真骨頂は「不変なもの」と「変わっていくこと」を対比させることにある。「もの」から「こと」へ、「もの」と「こと」との共存へ、対比へ、なのである。

佐治さんはまた、長明が「うたかたはかつ消えかつ結びて久しくとどまりたるためしなし」のあと、「朝に死に夕《ゆうべ》に生まるるならひ、ただ水の泡にぞ似たりける」と綴《つづ》ったのは、「泡」という「生まれることと消えることを同時化」している現象を持ち出すことによって、宇宙と生命をつなぐ存在のみごとな比喩《ひゆ》をあらわしたものだと感嘆していた。こうして話は「泡」へ移っていく。

鴨長明とゴーギャン……。本書はこの東西の二つの例示から宇宙論の説きおこしを始めた。気楽な語り口ではあるが、やっぱりこういう科学書はなかなかないだろう。東西の知を瞬時に寄り添わせるのは、数学者であって理論物理学者である佐治さんのかねて得意なメタフォリカルな論法で、そこからふうわり泡々とした宇宙光景を懐石料理の小鉢のように引き出してくるのも、やはり佐治さん流の宇宙論なのである。

佐治さんが好き勝手に『方丈記』を引いてきたのかといえば、もちろんそんな不用意なことはしていない。泡は、比喩であって比喩ではないとも思ったほうがいい。

一九二夜（『ホーキング、宇宙を語る』）や七六〇夜（『もう一つの宇宙』）で紹介したように、二十世紀最終の宇宙論ではアラン・グースや佐藤勝彦のインフレーション理論とともに「泡宇宙」という仮説が提出されていた。長明の泡とは、そのインフレーションの泡でもあった。この理論は、泡から見れば銀河は「あいだ」にすぎず、銀河から見れば泡は周縁だということを告示した。泡は宇宙の影向性《ようごう》であって、エネルギーの極端に低い領域だったのである。

詳しいことはめんどうな数式も必要なので一言だけ説明しておけば、最初の宇宙膨張があまりに急激（インフレーション）だったため、初期宇宙に過冷却がおこり、そこで相転移がおこって（真空の相転移、重力の相転移、GUTの相転移、電弱の相転移というふうに）、その相転移がすんだところで元の潜熱が一気に解放されたせいで、宇宙は泡だらけのバスタブのようになってしまったのである。

まあ、このさいはそういうリクツはともかくとして、宇宙が相転移と隙間と「あいだ」とともに生まれたというのは、宇宙にも『方丈記』が綴ってあるようでおもしろいじゃないですかと、佐治さんは言いたかったわけである。

宇宙と存在とをつなげて考えるということは、いまさら始まったことではない。タレスの古代ギリシアからノヴァーリスの青いドイツをへて、アインシュタインの双子のパラドックスにまでつながっている。

そうでなくとも、いま、銀河系にはざっと一〇〇〇億ほどの星があると想定されているのだが、その星たちは一年に一〇個ほどが生まれ、一〇個ほどが消えている。宇宙というものは、あたかも宮沢賢治の銀河ステーションの電燈のように、点《つ》いたり消えたりして継続して、それが一五〇億年にもわたってきた。こういう事情が、存在の根本に縁をもたないはずがない。

当然のこと、生命たちも数十億年にわたって、点いたり消えたりしつづけているわけで、そうだとしたら、「存在」とは、もともとそういう隠れんぼをしあっているものだと思ったほうがいいほどだ。出たり入ったり、現れたり隠れたり……。そういう悠久の点滅をくりかえしつづけている存在の本質などをいまさらあらためて問うて、どうなるのか。荒唐無稽《こうとうむけい》に立ち向かうだけのことになってはしまわないのか。そんな杞憂《きゆう》もなくはないだろう。

が、ゴーギャンやベルクソンはそうは思わなかった。佐治さんもそうは思わない。偶然とはいいながら、その存在の累々たる一端のそのまた端っこに、すでに「私」というものが連なった以上、この問いは「私の問い」でもあろうと感じたのである。佐治さんが「宇宙の不思議」というばあいも、宇宙と存在と私との、この〝相互にあやしい関係〟をこそ不思議とよんだのだ。

本書のテーマは、連綿たる存在の「来し方・行く末」はどうなっているのかという一種の想定問答に、はてさて科学者がどのようにセンスよく応じるかということにある。それを宇宙論と存在論とを区別しないで語ってみようということだ。

もともと科学は「来し方」と「行く末」に安易な切断をもちこまないふうに進んできた。エネルギー保存の法則やエントロピー増大の法則などをがんじがらめに駆使しまくって、存在の連鎖をなるべく切断しないように扱ってきた（なぜ切断しなかったのか、あるいは切断できなかったのかといえば、「時間の矢」が切れないと見たからだったろう）。それが科学にとっての「合理」で、「合理科学」というものだった。それでどうなったかといえば、ついに「存在の原初」までをも科学することになってしまったのだ。

それは、宇宙は一五〇億年前（現在では一三八億年前と見積もられている）のその直前の数分間で、まるで「無」から爆発してきたように生まれてきたという驚くべき仮説だった。この仮説は総じてはビッグバン理論とよばれ、いまではうんざりするほどの宇宙論の通り相場になっている。けれども、これがいまのところは、二十世紀科学がよってたかって結論づけた「来し方・行く末」の「来し方」のほうの原像なのである。

それなら、その理論にしたがって、宇宙が「無」から出発したなどと考えていいのだろうか。それも科学だと言い切れるのか。そんな発想は、「無から有は生じない」としたパスツールによってすでに木っ端微塵《みじん》に叩《たた》き潰《つぶ》されたはずではなかったのか。そういう疑念もあったっていいだろう。案の定、ベルクソンは「無の先在」を認めなかった。一二一二夜の『時間と自由』のときに説明した通りだ。

しかし、今日の宇宙論はまことに〝瞬時な無〟ではあるものの、宇宙には「無の先在」があきらかにあったという立場をとったのである。それがビッグバンの直前の「マザー・ユニバース」(母宇宙)、あるいは「スーパースペース」というものだった。

今日の宇宙論が「無から有を生じさせた」ということについては、ほんとうはもっと議論が沸騰していいところだと思う。だいたい、インフレーション直前の宇宙を「無」などと言うべきなのかどうか、まだ存分な議論は尽くされてはいない。

しかしとりあえずは、マザー・ユニバースがインフレーションのあとに、プラズマぱちぱちの火の玉宇宙をつくりあげ、そこでいくたの相転移をおこしながら、さらにはいくつもの「チャイルド・ユニバース」(子宇宙)たちをつくったのである。ここから孫宇宙も曾孫《ひまご》宇宙も、もうひとつのマザー・ユニバースも、別宇宙も生まれていった。

ずいぶん強引な仮説ではあるが、これらの一連のシナリオを「無からの誕生」だと強力に主張したのがアレキサンダー・ビレンキンとスティーヴン・ホーキングだった。ビレンキンはタフツ大学の宇宙学研究所の所長を長らく務めていたウクライナ出身の物理学者で、永久インフレーション理論を提唱し、宇宙の量子創造の仮説を世に問うた。また、その一連のプロセスを想定したきわめてアクロバティックな仮想研究からは、スーパーストリングス(超ひも)の動向やDブレーン(M理論)の動向が介在する可能性も出てきたものだった。

が、だからといって、このビッグバンの直前を「無」と名付けていいかどうかは、なおさだかであるはずがない。老子や荘子のようには、科学の言葉では「無の先在」は説明できないはずである。かの道元のように「無が向こうから眺めているのじゃ」とは、科学が言いえるはずがない。

ここで、科学者たちは考えこんだ。ひとつには、決定論とか因果律からの脱却をはかろうとした。おおいに結構なことだった。またもうひとつには、無と有が「あったり、なかったり」するような、そういう確率的な世界観が宇宙の基底にあってもいいと考えた。これまたおおいに結構だった。そしてついにはシステムの起源とは何かという問題に立ち向かうことにしたわけである。

ここから話がどうなってきたかというと、今夜は結論だけを示すことにするけれど、とりあえずは「無のゆらぎ」があったというふうに言ってもいいだろうという見方に到達した。これが科学の言葉がぎりぎりさかのぼれる原初だったのである。

一部の科学者は、これならなんとか老子や荘子とのつながりもつくと考えた。湯川秀樹やデヴィッド・ボームが、そういう科学者だった。もっと踏みこんだ科学者や科学哲学者もいた。アルフレッド・ホワイトヘッドがその一人だろう。ホワイトヘッドは、「無のゆらぎ」をアクチュアル・エンティティ（現実的存在）とも、ポイント・フラッシュ（経験のパルスとしての点一尖光）ともみなした。

ともかくも、科学は「無」そのものの自存だけは避けたのである。なんとか「無のゆらぎ」にまでしてみせた。

その後はいちいち「無のゆらぎ」とは言わずに、科学者たちはたんに「ゆらぎ」と言ってはいるが、それはかぎりなく無に近い近辺から生じた「ゆらぎ」であろうという見方によるものだ。かぎりなく無に近いというのは、そこが〝カオスの縁〟に似て、その近辺で「相転移」や「創発」がおこるからである。

だから、複雑系やカオスを重視した非線形科学も、この「無のゆらぎ」の発生にできるかぎり着目することで、その新たな自然科学的世界観を広げてみせてきた。

このような見方をする科学者は、もとはプリゴジンの熱力学あたりからの発祥だったので、七〇年代のころはまだしも少数派だったのだが、八〇年代以降はずいぶんふえてきた。「千夜千冊」に何度かにわたって紹介してきたジョン・キャスティもスチュアート・カウフマンも、清水博も蔵本由紀も津田一郎も、その一人だった。

念のために言っておくけれど、「無のゆらぎ」を想定することは、思索や思想を無に回帰したいがためなのではない。そうではなくて、無から生ずる相互作用に物心両用の作用を及ばせたい。もっといえば、存在するものと存在しないものの両方を、その相反するままに引き取っていくにはどうしたらいいか。そこを考えたかったのである。きっと老荘もそのように考えただろうという、そんなアテなのだ。

なぜそんなアテをつけたかといえば、宇宙の正体についての仮説に奉じた連中が、それでも存在の香ばしさにつながっていくための、おそらくは最も効果的な思考方法がここにあるだろうと思えたからだ。本書もその香ばしさを最新宇宙論にも嗅《か》ぎとろうというものだった。

では、このことを、あらためて科学だけではなくて、科学と哲学と文学と芸術を同時にまたいで考えていくにはどうするか。佐治さんとぼくがかつて『二十世紀の忘れもの』でかなりじっくり語りあったのは、まさにそのことだった。

佐治さんとは公開対談を五、六回ほどしたろうか。いずれも薄羽美江《うすばよしえ》さんの企画によるもので、主に六本木鳥居坂の「マジェスティ」という館で語りあい、一度はその近くの国際文化会館のホールで話した。「匙塾《きじじゅく》」という名のサロン対話のようなもので、実にたのしかった（匙塾の匙は佐治に通じている）。

その後、この連続対話は『二十世紀の忘れもの』（雲母書房）という濃密な一冊になった。中川卓朗君がテープおこしと編集構成をしてくれて、茂木敏博君や田村奈津子さんや小田切淳子さんが書物化にあたってくれた。いまなおぼくが一番気にいっている対話集になっている。

佐治さんの譬《たと》え話はいつも抜群だった。科学や数学に欠かしてはならない雰囲気が微風のように香っていた。シュレーディンガーの方程式や猫の話のときは、箱の中に入っている雛《ひな》人形が「元気なお雛さま」か「元気でないお雛さま」かという例がつかわれた。「匙塾」に美しい女性たちが聴きに来ていたことにもふさわしい。いや、美しい女性のための比喩とはかぎらない。これは哲学が絶対的な真理を求めているとき、科学が何を考えてきたかということを、よくあらわしている。

科学からすれば、「ただいま」と言ってその人がドアを開けて帰ってくるまでは、その人は「生きている」とも「死んでいる」ともいえないし、またその両方でもあるはずなのである。すなわち、すべては共存状態（確率振幅）なのである。

またあるときのハイゼンベルクの不確定性原理をめぐった話では、寝ている男の身長と体重を測るという話になった。誰かを寝かせておいて、上から重りを、頭のてっぺんから足に向かって次々に落としていくという計測方法をとったとしましょうというのだ。重りが当たれば男は痛がり、当たらなければ声をあげない。この方法でたくさんの重りを落としていけば身長のほうはおおよそ見当がつくのだけど、重りが乗っかったぶん男の体重が不正確になってしまう。だからといって重りの数を減らすと今度は身長があいまいになる。

空間と時間と物質を同時に測定しようというのもこれと似ていて、あちらを立てればこちらが立たなくなるものでしょう。それが不確定性原理というものでしょうねという譬え話だった。

こういう譬え話は、ふつう考えられている以上にたいへん重要だ。なぜなら、ひとつには、その譬え話がその現象をわかりやすくさせるとともに、別の現象に新たな〝比喩的先行性〟を与えるからであり、もうひとつには、実はメタファーをはこぶ思考そのものの柔らかい構造が、新たな科学のための「アルス・コンビナトリア」（組み合わせ編集術）になっているからだった。

譬え話が次の譬えを生むというのは、湯川さんの「時空の素領域《そりよういき》」といった仮説を例にすればいいだろう。

素領域というのは、そこに観測者が入っていけばそのシステムがひどく攪乱《かくらん》されるか、あるいはなくなってしまうような究極の領域のことだから、そこは不確定性原理がはたらいているとともに、その全体を理論にしようとすると発散してしまうところなのである。だから素領域は、指し示すことだけが可能な仮想物理時空なのである。こういうことが譬え話だけで見えてくる。

次の、メタファーをはこぶ思考そのものが新たな科学になりうるというのは、蔵本由紀の『非線形科学』を紹介したときに少しふれたけれど、新しい科学は〝しかるべき隠喩〟をもって発想されていくだろうということで、すでにネーミングにおいては、素粒子よりも小さい「クォーク」（その性質のストレンジネスとかフレーバーを含めて）がそういうメタファーであったし、その後の「ダークマター」や「脳内麻薬物質」や「万能細胞」も、みんなメタファーだったのである。

が、ここで言いたいのはそういうネーミングの妙だけではなくて、これからの科学思考そのものがさらにメタフォリカルで、さらに仮説編集的なアブダクションに富んでくるだろうということなのである。なぜそうなっていくのか。すでに科学が「由来と将来」を同時に思考せざるをえなくなっているからだ。それがつまりは、宇宙を考えることは存在に応えることになるということなのだ。

科学思考というもの、どこかに必ず「いずれアヤメかカキツバタ」というところがある。あれっ、これはアヤメなのか、それともカキツバタなのかと、ちょっと迷うべきなのだ。その「ちょっと」のあいだに悠久の時空がさあっと流れこんでくる。

ただし、何でも比較すればいいというものではない。アヤメとカキツバタのようにできるかぎり漸近《ぜんきん》していながらも、そのどちらかを選択することによって次の「由来と将来」に只事《ただごと》ならない変化が生じてしまうようなところ、そこをこそよくよく見つめるべきなのである。トワイライト(二つの光)とは、そのことだ。蝶々《ちょうちょう》をつかむときに、蝶々がホタホタと羽ばたく程度に両手を柔らかく包むという、あの感覚になる。それによって自分の一部が蝶々なのか手なのかわからない感覚に入っていく。科学もそこいらに注目することが必要なのだ。

シュワルツシルトの半径というものがある。宇宙光景に出現する重力の地平線をあらわしているのだが、これは「おうちがだんだん遠くなる」ということである。光が「もう帰れないじゃないか」と思うところ、そこがシュワルツシルトの半径領域なのだ。佐治さんなら、堀口大學の『月光とピエロ』を引いて、「夕暮れの時はよい時です」と言うところだろう。ぼくなら同じ堀口でいえば、「シャボン玉に庭は入れない」。

メタフォリカルに思考をするというのは、だいたいはこんな感じなのだが、これがなぜ重要なのかということを、もう少し説明しておいたほうがいいだろう。

それにはここで、われわれのそもそもの生理メカニズムが特別の傾向をかかえていることに気がつくべきなのである。われわれの知覚や思考というものは大量のニューロンによる神経系が成立させているわけだが、この決定は「〇か一か、全か無か、あるかないか」という悉無律《しつむりつ》によってできあがっている。つまり二値的になっている。

この二値性は、皮膚にも舌の上にも、指先にも内臓にもくまなくはびこっている。もっと端的にいうなら細胞コミュニケーションそのものが二値的なのだ。そこではめったに保留がおこらない。むしろ学習と訂正がおこるばかりなのである。

一方、記憶のなかの体験というものは、たいていのばあいは決して二値的にはなりえない。何かもが甘酸っぱくて、カルピス色で、思い出すたびに変容してしまう。皮膚や舌や内臓が二値的であるのに対し、記憶とその再生は多義的なのだ。

われわれの存在というものは、この二値的なる生理感覚と多義的なる記憶感覚のあいだをさまよっている。そう、考えたほうがいい。そして、こういう状態に「私」がある以上、思索を前に進めるときは分析的になっていても、その思索をフィードバックさせせるときは連想的にならざるをえないのだ。この「分析」と「連想」との隙間をうめる潤滑油にあたるものが、いまのべてきたメタフォリカルな思考というものなのだ。これは、われわれが悉無律の呪縛《じゅばく》から脱却することにも貢献するにちがいない。

かつてぼくは『空海の夢』(春秋社)の初版あとがきに、「かわるがわる」の「かわる」と「がわる」のあいだでしか思考は羽ばたかないと書いたことがあったけれど、まさにトワイライトに宇宙と存在を呼応させるには、この「かわる」と「がわる」がメタフォリカルに動いているべきだったのだ。

それにしても佐治さんは数学者で物理学者でありながら、ぼくよりずっと詩的で、メタフォリカルだった。それはそもそも佐治さんが、科学の醍醐《だいご》味《み》は「エクスチェンジすることにある」と確信しているからなのである。

エクスチェンジする(取り交わす・交換する)とは、ぼくの言葉でいえば編集しつづけるということだ。そのエクスチェンジ(乗り換え・着替え・持ち変え)のたびに比喩が出る。それを理論物理学者でありながら、佐治さんは丁寧に見逃さない。

だいたい、こんなことを言う科学者なのだ。あのね、シュレーディンガーの波動関数ってありますね。あの「ψ《プサイ》」というのは複素数の表示になっているため虚数を含んでいるわけですから、これは現実のものをあらわしてはいないわけですよね。でも、その波動関数を二乗したものは実数になって、ある粒子が実在する確率をあらわすようになるわけです。二乗しないとそれが実在として出てこないなんて、ちょっとハイドンのオラトリオの次の音や立原道造の詩の次の行のようで、ドキドキしますよね。

また、こうなのだ。宇宙ではいつも水素からヘリウムになるという核融合反応がおこっているのですが、このとき重さの〇・七パーセントだけが軽くなる。星に火がついたんです。これがエネルギーとして外に出るものとなり、残った星ではヘリウムが三個集まって炭素ができてくる。これがわれわれの生命の素《もと》ですね。私たちも小鳥も木々も燃えてしまえば黒くなるというのは、みんな炭素でできているからですよ。

でも、こんなふうに星の熱いところで生命の素ができたって、私たちは生まれてくることはできません。星にいったん爆発してもらわなければならないんです。この星の爆発で、いろいろなものが宇宙空間に散って、そこからアミノ酸ができて、タンパク質ができて、それでわれわれになったわけですね。ということは、われわれはみんな星のカケラなんですよ。こういう星のカケラとしてのわれわれは、一方、太陽とのあいだで植物が光合成をしてくれた〝お釣り〟で生きてきたわけだから、これは言ってみれば、ゴッホやゴーギャンの太陽の運命とともに生きてきたということですね。ということは、われわれはやがて太陽の半径の中にだんだん近づいていくということです。

これが宇宙から見た大きな人生というものなんです。ほんとにもう、まるで夢みたいなものですよ。星のカケラから生まれて、その星のひとつである太陽の中に入っていくわけですからね。

こんなところで、いいだろう。あとは本書や『からだは星からできている』（春秋社）や、対談集『二十世紀の忘れもの』を読んでもらいたい。

最後に付け加えたいことは、佐治さんもぼくも、世界のドキドキする消息は「対称性の破れ」から生まれてくるのだと見ているということだ。

世界から一対の概念か現象かを、対称的に抜き出しなさい。ついでその一対に、いくつもの子供たちをつけなさい。それでおおまかな二列的な概念の系譜ができてくれば、これらの構造的特徴を別の一対に始まる流れに移し、それをくりかえして〝多対〟の世界の中に囲まれなさい。おそらく「私」は幾通りもの光円錐《こうえんすい》の世界線によって編みこまれているはずだから、これらの作業によって立ちあらわれつつある世界と自分とを、あれこれ部分的に交換していきなさい。そこに他者が介在すれば、もっといい。

こういうことをいくぶん作業仮説的に満喫できれば、世の中、もっとずっと編集的愉快になるはずだ。ただし、念のためもう一言。これらの当初においては、必ずや「対称性の破れ」がおこっていたはずなのである。

第一二二六夜　二〇〇八年三月六日

参照千夜

三三二夜：モーム『月と六ペンス』　一二一二夜：ベルクソン『時間と自由』　四二夜：鴨長明『方丈記』　一二二五夜：蔵本由紀『非線形科学』　一九二夜：ホーキング『ホーキング、宇宙を語る』　七六〇夜：フレッド・アラン・ウルフ『もう一つの宇宙』　一七三三夜：佐藤勝彦『宇宙137億年の歴史』　一三二夜：ノヴァーリス『青い花』　五七〇夜：アインシュタイン『わが相対性理論』　九〇〇夜：宮沢賢治『銀河鉄道の夜』　一二七八夜：老子『老子』　七二六夜：荘子『荘子』　九八八夜：道元『正法眼蔵』　八二八夜：湯川秀樹『創造的人間』　一〇七四夜：デヴィッド・ボーム『全体性と内蔵秩序』　九九五夜：ホワイトヘッド『過程と実在』　九〇九夜：プリゴジン『確実性の終焉』　一〇六六夜：ジョン・キャスティ『複雑性とパラドックス』　一〇七六夜：スチュアート・カウフマン『自己組織化と進化の論理』　一〇六〇夜：清水博『生命を捉えなおす』　一〇七夜：津田一郎『カオス的脳観』　一〇〇〇夜：良寛『良寛全集』　一〇四三夜：シュレーディンガー『生命とは何か』　一二二〇夜：ハイゼンベルク『部分と全体』　四八〇夜：堀口大學『月下の一群』

第二章 時間・エントロピー・ゆらぎ

リチャード・モリス『時間の矢』
ピーター・W・アトキンス『エントロピーと秩序』
イリヤ・プリゴジン『確実性の終焉』
エリッヒ・ヤンツ『自己組織化する宇宙』
ヘルマン・ワイル『数学と自然科学の哲学』
ジョン・バロー『万物理論』へ

物質と時間とエントロピーは、
出たり入ったり、閉じたり開いたり、循環回帰したり。

時間の矢

リチャード・モリス

荒井喬訳　地人書館　一九八七

Richard Morris: Time's Arrows 1984

おそらくK中間子はこの世で確認されている唯一の時間反転物質である。これまで、どんな素粒子の反応にも時間の逆転など一度も観測されたことはない。たとえ一〇〇万分の一秒程度の出来事ではあっても、原子核反応のすべての現象で時間の対称性は守られていた。多くの原子核は電子を放出するとたちまちベータ崩壊して反粒子をつくるけれど、そこでも時間はちゃんと流れていた。それがK中間子だけには時間の反転が見られた。なんということか。

このことを知ったときは驚いた。何かがこみあげてきて、ちょっと嬉《うれ》しかった。この嬉しさは、パストゥールが酒石酸《しゅせきさん》の旋光現象における左旋性に注目して「私たちが目にする生命は宇宙の非対称性の結果である」と言ったことを知ったときとか、コバルト60のベータ崩壊でパリティ対称性が破れたことを知ったときの嬉しさに似ている。ふっふっふという嬉しさだ。

もっともK中間子は人工的にしか観察されたことがない。自然界にあるとは断定できない。加速器の中で見えるだけである。それも三種類のK中間子があって、一つはプラスの電荷、一つはマイナスの電荷、一つは中性になっている。このうちの中性K中間子だけがごくわずかではあるけれど、時間の対称性を破ってしまうのだ。

これで充分ではないかという気がする。すでに特殊相対性理論は観測者にとっての時間の歩みを伸ばしたり縮ませたりしたのだし、一般相対性理論は時間を単独で扱うことをあきらめさせて、時空連続体という見方をしなければ話にならないというところまであきらかにしたのだ。しかし、話はそうかんたんではなかった。

陽電子が発見されてその研究がすすんだとき、かのファインマンがおもしろいことを仮説した。

ほとんどの粒子には反粒子があるのだが、その粒子と反粒子が衝突すると互いに消滅（対《つい》消滅）し、その場にエネルギーが発生する。たとえば電子とその反粒子である陽電子がぶつかると、二つが消えてガンマ線が出る。この反応は物質がエネルギーに変換した例で、世界で最も恐ろしい関係式といわれるアインシュタインの$E = mc^2$から導ける。

物質がこのようにエネルギーに変換されるのなら、この逆のプロセスもおこるかもしれない。事実、ある状況のもとでガンマ線が粒子と反粒子の対《つい》に変換することがある。ガンマ線がある条件のもとではガンマ線自身を消失させて、そこに電子と陽電子がひょっこりあらわれるのだ。

ファインマンはこのことを、陽電子が「時間を逆向きに動く電子」になったというふうにみなしてもかまわないのではないかと仮説した。これはおもしろかった。何事にも出現と消滅があるけれど、電子においては突然の時間の逆転が消滅なのである。時間の物理学についてはときどきこういう発想が出てくるから、ふっふっふなのである。


ファインマンの仮説はまだ証明されていない。しかし、このようなことが時間をめぐって許容されているというのは、時間そのものを相手にした議論としては、もう充分なほどの思考実験をしてきたことを告げているように思う。

たとえばブラックホールでは、時間が重力場の外に出ることすらできないと考えられている。そこにはシュワルツシルトの半径という、この世で一番厳格な半径ががんばっている。むろん証明されたわけではない。しかし、時間なんてそんなものではないかと思うのだ。ホーキングはいっとき、ブラックホールが少ないほうが「過去」で、ブラックホールがふえていくほうが「未来」だと考えたほうがわかりやすいんじゃないかと言ったほどだった。大半の科学が扱う時間に対称性が成り立っているからといって、科学が時間の不可逆性にしがみついていることはないのである。ぼくは漠然とそう感じている。

おそらく健全な科学では、時間というものは有史以来、特定の方向に向かって一様に流れているもので、宇宙がビッグバンこのかた膨張していることに由来するというふうに解釈するのだろうけれど、だからといってそれがどんな細部の現象にもあてはまると考えるのは、堅すぎる。それればかりか、生命にとっての時間や情報にとっての時間を考えると、K中間子で時間の対称性が破れたくらいのことは、とっくにおこっているとさえ言いたくなる。ようするに、時間をひとつの線的な現象として扱うのは、そろそろ限界にきているということなのである。

時間を考えるのは好きだ。時間に関する書物もおおむねおもしろい。どのくらい読んできたかわからないが、きっと百冊をこえているだろう。本気で時間の正体を究めたいと思って読んだのではない。緑陰でワッフルやパンケーキを紅茶とともにつまむように読んできた。シロップやバターの出来が悪いのもまじっていた。

インド哲学と蓮《はす》の研究で名高い松山俊太郎さんは「時間については五百冊は読んだね

え」と豪語したあとに、「ところがね、読めば読むほどとんでもないことになってくるんだよ」と笑っていた。

古代インドでは時間は流れない。そういうことをあらわす言葉がない。「流れる」ではなくて、「静止」「持続」「消滅」があるだけなのだ。だからインド哲学や仏教の時間論は、経典の文中に「静止」「持続」「消滅」の同義語や反意語があるたびに言及されているといっていい。わかりやすいところでいうなら、たとえば「色即是空」という言説《エクリチュール》ですら時間論なのである。松山さんのようなインド哲学者が五百冊の時間論を読んだとしても不思議はなかったのだ。

ぼくのばあいはどうだったかというと、最初に道元の「有時《うじ》」をめぐる発議やアンリ・ベルクソンの瞬間と持続を対比させた時間論に色気を感じたのがよかったのか、そうではなかったのか、いまとなってはわからない。また、そのころ国際時間学会の会長をしていたジェラルド・ウィットロウの『時間 その性質』（法政大学出版局）や渡辺慧の『時』（河出書房新社）を当初に読んだのが薬効なかったのか、そうでもなかったのかも、判定しがたい。時間ワッフルなら手当たりしだいにむしゃむしゃやってきたぼくの嗜好《しこう》がそもそも奈辺《なへん》にあったのかは、いまや時の彼方《かなた》の出来事の影響というしかないわけだ。

古代人は総じて、時間を循環的なもの、周期的なもの、もしくは円環的なものだと想定していた。また、古代ギリシアにおけるアイオーンやカイロスやクロノスのように、時間といっても民族や地域によってはいくつも種類があった。「永遠」と「瞬間」は異なる時間なのである。サンスクリット語のカーラは時輪と訳せるけれど、あれは時間をバームクーヘンのように重ねて眺められるようにしたものだ。時間は好きに選んだり、積み上げたりできたはずなのだ。

それがだんだん直線的な時間の観念ばかりが大手をふるようになっていったのは、おそらくユダヤ・キリスト教のせいである。とくにキリスト教が天地創造を特定時点での開始とみなしたのに辻褄《つじつま》をあわせて終末論というものをもちこんでから、時間はせっせせっせと直線を流れるようになった。時間は不分明な開始と忌まわしい終点をもったのだ。いまでは紙の上に鉛筆で左から右に向かってさっと一本の線を引き、そこに任意の一点を打って、「ここを現在とするとね」といえば、誰もが左は「過去」で、右が「未来」というふうに認識するようになってしまった。かつてインド仏教では「三世実有《さんぜじつう》」とも「過未無体《かみむたい》」とも言ったのに……。

科学において、キリスト教的な時間の流れの見方に乗ったのはアイザック・ニュートンである。ニュートンは絶対空間とともに絶対時間を確定し、tと-t（マイナスt）とのあいだの不可逆を樹立してみせた。

これはその後の科学と哲学の大半をのせる土台になっていく。世の家系図もダーウィンの進化論もこの「時間の矢」の絶対進行を疑わない。世の中の見方も、脱進機のついた機械時計の普及とともにこの矢を疑わなくなった。世界はたった一種類の時間の支配下に入ったのだ。

言い忘れないうちに書いておけば、このことに哲学的反旗をひるがえしたのがニーチェだった。ニーチェの「永遠回帰」の思想とは、キリスト教的な「時間の矢」に対決するためのものだったといってよい。ニーチェには古代ディオニソスの循環時間世界が蘇《よみがえ》っていた。しかしこれはあまりに遅すぎた。すでに十九世紀の後半は、直線的な時間の流れに乗って近代科学の基礎の大半が築かれていた。

もうひとつ言い忘れないうちに書いておけば、こと時間の科学や哲学に関するかぎりは、ニーチェは線状的なキリスト教型時間を壊すためにわざわざ永劫《えいごう》の循環時間をもちだす必要などなかったのである。いまでは時間の科学は「時空図」というX軸に空間をY軸に時間をあらわしたグラフ上にあらわすようになっていて、そこでは「過去」も「現在」も「未来」も同時に存在しうるようになっているからだ。これはアインシュタインの相対性理論を理解するにはどうしても手放せない。

物理学の法則の大半は微分方程式になっている。微分方程式がわからないではフィジカル・イメージはほとんど描像を結べない。これは科学が扱う物理量の大部分が時間とともに変化しているからで、そのために微分方程式がある。またそのため、科学は「時間とともに変化するものとは何か」をめぐっていくつかの劇的な結節点を迎えた。そして、その結節点のつど、奇妙な時間のふるまいとの闘いが何度も演じられた。

最初の結節点はおそらく数学が「瞬間」や「極限」や「無限小」に立ち向かったときで、これはニュートンやライプニッツが微積分の方法を発見（発明？）して、「限りなく微小な不可分割量」や「生成しはじめる増分」という考え方を白日のもとに引きずり出したせいだった。どんなすぐれた科学もそうであろうけれど、この考え方も当初はかなり分の悪いものだった。知覚の相対性に関心をよせた十八世紀初頭の怪僧ジョージ・バークリー（ぼくがいっときハマった『人知原理論』岩波文庫の著者）は、無限小だなんてまるで「死んだ量の幽霊」のようなものじゃないかと揶揄《やゆ》したし、ニュートン力学のフランスへの普及に貢献したはずのヴォルテールでさえ、微積分は「存在さえ考えられないものを厳密にしようとしている技術」だと冷笑した。

しかし、やがて微積分法と微分方程式こそが自然界の摂理を牛耳っているだろうことがあきらかになっていった。いわゆる「ラプラスの魔」の存在だって、微分方程式の全能ぶりに惚《ほ》れての発案だった。ラプラスは、自然の運動に関するどこか一点の運動方程式がわかれば、その次の瞬間の運動もその次の瞬間の運動も確定できるのだから、宇宙のどこかにはそうした運動のすべてを知っている全知全能の魔物（決定論の魔物）がいるということを〝予言〟したわけで、この魔物も微積分法が正当でなければその存在は許されないはずなのである。

そのうちコーシーが無限小という厄介を「極限」の概念に替え、さらにワイエルシュトラスがこれを洗練させると、微積分法は迷妄まじりの論理の矛盾を払拭《ふっしょく》したものになった。そのとき、時間が微分方程式に隠された科学の主語として全世界に躍り出たのである。けれどもここまでは、まだしも数学の冒険が先行していたドラマだった。時間をめぐる最も難解な結節点は、まったく意外なところから、熱力学第二法則によってやってきた。

熱力学第二法則は、「エネルギーを或《あ》るかたちから別のかたちに変えるどんなプロセスにおいても、エネルギーの一部は必ず熱となって散逸する」というもので、物理法則のなかではいつも特別扱いされてきて、最も深遠な法則だとみなされてきた。

熱力学の法則は、他の物理法則にくらべて格段の真相を秘めているものではあるけれど、言明していることは明確で単純である。熱力学第一法則の「エネルギー保存の原理」とともにくだいていえば、第一法則は「無から何かを生み出すことはできない」、第二法則は「その収支の辻褄《つじつま》はあわない」と言明したわけだ。第三六八夜にピーター・アトキンスの巧みな説明があることを紹介しておいた。

そのくらい紛れもないような法則なのに、では熱力学第二法則はどうして時間の問題に立ちはだかる結節点になったのかといえば、近代科学が地球の起源や宇宙の起源や原子の起源の解明に乗り出したためだった。

ジェームズ・ハットンは一七九五年の『地球の理論』（未訳）で、岩石や鉱物を分析すれば地球は少なくとも数百万年の時間をへてきたはずだと説いて、「現在というのは過去を含んでいるのだ」という仮説を発表した。斉一説《せいいっせつ》という。これをチャールズ・ライエルが一八三〇年に『地質学原理』（朝倉書店）に普遍化して採用し、この『地質学原理』を携えてダーウィンがビーグル号の航海に出て、かの進化論を確立した。地球や地質が時とともに変化してきたのなら、生物もそれに沿って進化してきたと考えたのだ。

これらはこの世のすべての発展・進化・進歩は時間とともに未来に向かっているという通念を世の中に植え付けた。ハットン、ライエル、ダーウィンは正真正銘の自然科学者ではあったけれど、そこには「時間とともに進歩するものがある」という明白な含意があった。進歩思想とでもいうものだ。それを社会の通念としてハーバート・スペンサーやトマス・ハックスリーが抜き出した。そのため近代社会のいっさいの進歩思想を支えるエンジンが、一挙にまわりはじめたわけである。

ところが、時間とともにすべてがうまく進むとはかぎらないのではないかという見方が出てきた。それが熱力学第二法則というものだった。このことに最初に気がついたのは、クラウジウスとともに熱力学の法則を導いたケルヴィン卿《きょう》ことウィリアム・トムソンである。ケルヴィンは世界を斉一的な時間によって解明するのには無理があると考えた。それは効率の悪いこと、辻褄があわないことが時間とともにおきているという警告だったのだ。

このような熱力学の示唆を社会通念がうけいれるのは容易ではない。いまでも熱力学的な時間のことを理解している社会人なんて、ごくわずかしかいないだろう。

熱力学と時間の関係というのは「エントロピーの矢」をどう考えるかという問題である。「エントロピーの矢」が「時間の矢」や「情報の矢」とどういう関係にあるのかという問題である。

この問題は全物理学にとっても全生物学にとっても、かなりの難問だ。エントロピーの動向は平衡系と非平衡系ではまったく異なる様相となるし、閉鎖系と開放系でも異なっている。生物は非平衡開放系に属しているのだから、たんなる物理的熱力学的な現象とは区別しなければならない。だから、腰を入れて議論せざるをえない問題だ。

まだそういう哲人はあまり出現していないけれど、エントロピーと時間の関係は、科学を成立させている根拠を問題にする哲学にも関与する。それゆえ、時間の正体を究めたいのではなく、時間の議論に遊びたいという意向をもつぼくとしては、こういう問題をとりあげるには、今夜のようなワッフル気分をかなぐり捨てて、あらためて姿勢をたださなくてはならなくなってくる。

それに「エントロピーの矢」がどういうものであるかを理解するには、その前に時間の科学が二十世紀になって未曾有《みぞう》の解釈の変更を迫られていたことを知っておかなくてはならない。このことも時間ワッフルを食べるお気楽な気分のままでは書きにくい。でも、そこにふれないでは「時間の矢」は見えてこないだろうから、少しだけ感想を書いておくことにする。

二十世紀になって、時間の科学はめまぐるしい変転を見せてきた。次から次へと結節点がやってきた。そのため、ほんとうのところは時間の科学は自立できなくなったというほうがいいほどだ。

たとえば、原子核の物理学を拓《ひら》いたラザフォードは原子の〝生存時間〟を問題にしたのだが、やがて量子力学が急速に拡充し、素粒子の相互作用があきらかになるにつれ、時間は極小粒子のふるまいによってあらわされているのではないかという考え方のほうがおもしろくなってきた。「有限」というものを極小に向けて考えようとすれば、その有限をあらわす現象（たとえばベータ崩壊）が時間そのものの発生の出来事に見えてくるからである。

いまさら説明するまでもないだろうが、アインシュタインが特殊相対性理論で披露した時間のふるまいも驚くべきものだった。特殊相対性理論は、「空間的にへだたった出来事には同時はありえない」という理論で、運動状態の異なる観測者によってなされた時間測定は一致しないということを告げた。ある観測者には「過去」であることが、他の観測者には「未来」になることがありうる。アインシュタインは、はっきりそう言明したのである。

これを時間のほうからいえば、時間は空間のなかで伸びたり縮んだりしているということになる。また観測者のほうからいえば、運動している観測者にはそれぞれの「固有時」というものがあるということになる。ここに、二〇〇〇年にわたって疑いもしなかった「同時」の真実が崩れたのだ。

このとき、もはや時間を時間としてだけ追いかけることが不可能になったのだった。近代科学による時間の科学はここで立ち往生したのだ。物質が時空の曲率や重力場のシワそのものを意味することになったように、時間は空間とくっつき、分離不能のものになったのだ。ファインマンが陽電子は時間を逆向きに動いていると見たのは、電子の動向の裏側に時間がひっついてしまったということなのである。

だから二一世紀に純粋な時間の科学だけにとりくみたいということは、あらかた不可能になったと諦《あきら》めてもよかったのだ。ぼくがあらためて時間論だけを読書の旅から引き出しにくいというのも、このせいだ。むしろ古代に戻って「いくつもの時間」とつきあいなおす気分になったほうがいいくらいなのである。

とはいえ、二〇〇〇年も続いた時間の観念をニーチェのように古代回帰してすませるわけにはいかない。かなりの超難問ではあるが、科学者たちは「いくつもの時間」の分類と縁組を検討するしかなくなった。それがいいかえれば、いったい、「時間の矢は何本あるのか」ということなのである。もうすこし正確にいえば、時間の方向は何をもってどのくらい区別できるのかということである。

ここで話が戻ってくる。時間の矢の本数を数える段になると、やはり熱力学がもたらす時間、すなわち「エントロピーの矢」が厄介なのだ。この矢は宇宙開闢《かいびゃく》以来の秘密を握っているからだ。

本書では、時間の方向を区別するには、少なくとも五本の「時間の矢」をもちださなければならないと書いてある。

第一の矢は「宇宙膨張がもたらした時間の矢」である。これはわかりやすい。宇宙の物質が過去には圧縮し、未来に向かって分散していることをあらわしている。

第二の矢は「熱力学の矢」で、これが「エントロピーの矢」にあたる。ちょっとだけ気分をただして、あとで少々案内したい。

第三の矢は「光の矢」で、もうすこし正確にいえば「電磁気学的な矢」ということになる。光を含む電磁波が過去から未来に向かっていることを示す。この矢が少しでも曖《あい》昧《まい》なそぶりをあらわすなら、過去のどの一点にも信号をおくることが可能になって、ほとんどの因果律が壊れてしまう。タイムマシンもすぐ作れることになる。だからこれが崩れることはめったにないだろう。

それでも一九四五年のこと、ホイーラーとファインマンはこの矢と宇宙膨張がどこかで関連していることを示唆して、物質がなんらかの理由で時間を〝吸収〟するという仮説をたてた。おもしろい仮説だったが、いまのところこの見方は証明されてはいない。もし実証されれば、「未来から収束してくる波動」というものを想定することになり、ぼくとしてはまたニヤッとしたくなるのだが……。

第四の矢は今夜の冒頭に書いたような、たとえばK中間子が見せた「人工時空における逆時間の矢」である。このことはもっともっと議論されたほうがよい問題で、K中間子だけがあらわしたものではないはずだ。ひょっとすると、ここには物質の旋回性や対称性の問題がからまってきて、かなり複雑な様相を呈するはずなのだが、モリスは本書ではまったくふれなかった。

第五の矢についても、本書は言及していない。ただ「意識の矢」があるだろうと指摘しただけだった。むろんここにも生物時計のありかからセロトニン（神経伝達物質の一つ）の作用まで、ざっと一ダース以上の時間の区別が認められるはずである。

このほか本書はほとんど話題にしなかったのだが、第五の矢の手前に「生物を成立させている矢」というものが想定されてよく、これは今後の科学が必需品とするだろうと思う。さらにこのあたりの見方を広げていけば、おそらく「情報の矢」というものがあるはずなのである。しかし、この第六、第七の矢を今後に議論するにも、第二の矢にあげた「エントロピーの矢」が摑《つか》めなくてはならないわけである。

さきほども書いたように、熱力学第二法則は「エネルギーを或るかたちから別のかたちに変えるどんなプロセスにおいても、エネルギーの一部は必ず熱となって散逸する」ということを言っている。ところが、分子の衝突、原子核の反応、物体の運動、惑星の動向などとは異なって、熱の散逸は時間に対称的ではないプロセスをもつ。

熱というものはほうっておけば、どんなときも熱い状態から冷たい状態に流れる。自然ではこの逆はおこらない。これがエントロピー増大の法則が示す「エントロピーの矢」のふるまいだ。

けれども熱が逆向きに流れるということ、熱を逆向きに流すようにすることは、自然の摂理にさからいさえすれば、いくらでもできる。冷蔵庫がそのようになっているのだが、冷蔵庫のモーターは外から電気を入れて熱を汲《く》み出して、これを外部に放出している。これはエネルギーを消費しているということにあたる。物理学の用語ではこれを「仕事をした」という。

つまりエネルギーを消費して仕事をするようにしさえすれば、熱は逆向きに流れるのである。外部に熱を流し出せるなら（これが「散逸」だ）、「エントロピーの矢」に逆行する出来事をおこしたっていいわけなのだ。

生命系こそがこのことをやってのけた系だった。生命系は冷蔵庫ではないけれど、太陽と地球がもたらす熱力学的な外部環境（エネルギー）をうまくつかって、情報転写や物質代謝をやってのけるバイオモーターをつくり、これを動かしつづける自律的なしくみをつくった。

そこではエントロピーを増大させないようなしくみが仕上がった。生命系は、シュレーディンガーが言ったように「負のエントロピー」を食べたのだ。

エントロピーは事態を無秩序に運ぶ矢をもっている。それなのに生命系はその矢に対抗して秩序をつくる。むろん宇宙全体からみれば太陽―地球では大エントロピーが支配しているのだが（だからいずれは太陽の燃焼か地球の危機とともに生命系をあやしくさせるはずではあるけれど）、少なくとも生命系というものをひとつの〝数十億年のつらなり〟と見るのなら、そこでは小エントロピーを吐き出すしくみがみごとに成立したということなのである。そうだとすれば、この小エントロピーの処理の仕方に時間の処理が（したがって情報の処理が）まじっていてもおかしくはない。

エネルギーを消費して仕事をする能力をもつ系のことを、熱力学では「非平衡系」という。熱の散逸を内外のエネルギーの差で処理している系である。エントロピーが増大するばあいは、その系では非平衡が欠如していく。すなわち利用可能なエネルギーが消失していくことが、エントロピーが増大することなのだ。

エントロピーの増大は閉鎖系でしかおこらない。系として閉じているところにエントロピーの増大がおこる。これは熱力学閉鎖系というものになる。宇宙全体は、当たり前のことではあるけれど、巨大な熱平衡に向かっている閉鎖系である。ここでは大エントロピーが支配する。

一方、外部の影響をうける系、いいかえれば外部の影響によって仕事ができる系は熱力学的には非平衡な開放系である。宇宙には外部はないから（そう定義したのが宇宙だ）、宇宙全体に開放系を想定することは意味がない。つまり大エントロピー全体の流れには開放系はない。そのかわり宇宙の局所には、小エントロピーとの拮抗《きっこう》をくりかえしているような適度な開放系はいくらでも想定することができる。太陽と地球がつくりあげた系が、この小エントロピーとの拮抗の舞台となった開放系だった。

　こうして、すべての地球上の生命がこの非平衡開放系をたくみに活用した「負のエントロピー」を食べるシステムをつくりあげたということになる。太陽の光エネルギーをつかって海中のクロロフィルが光合成をして、そこに植物たちが繁茂して、その養分をつかって全生物が生きまくること、これが非平衡開放系の生命系をつくりあげた生物たちの最大の特色になったのである。

　しかし、このような説明は「エントロピーの矢」と「時間の矢」の関係については何も解読していない。のみならず「秩序が生まれる」ということを「情報の矢」の仕事とみなすのなら、「エントロピーの矢」と「情報の矢」はなんらかの帳合いをとって折り合いをつけているはずなのに、そのこともこのような熱力学論議からは説明できない。すなわち、「時間の矢」や「エントロピーの矢」を生命系にあてはめようとしたとたん、往々にして科学の得意なロジックの多くが立ち往生してしまうのだ。

　だから言わないこっちゃなかっただろうという気分に、ぼくはまた戻っている。時間を時間だけとりあげて議論するのは、もう無理なのである。それだけではなく、時間をtや-tといった時間だけで成立させているかぎり、エントロピーも情報もいったんは自立して考えざるをえなくなって、仮にそれらの関係をまぜこぜにしたくとも、それをすることができなくなってしまうのだ。

せめて「時空」を単位に思考をすすめるか、「時間の非対称性」を最初からロジックに入れておくか、それとも時間をひとつの単位にしないで、メタ時間や時間子や派生時間子といったことを勘定に入れておくようにするべきなのだ。熱力学と時間のことを説明しようとすると、ぼくはいつもこういう気分になってしまうのだ。

第一〇六一夜　二〇〇五年九月二八日

参照千夜

二八四夜：ファインマン『ご冗談でしょう、ファインマンさん』　五七〇夜：アインシュタイン『わが相対性理論』　一九二夜：ホーキング『ホーキング、宇宙を語る』　九八八夜：道元『正法眼蔵』　一二一二夜：ベルクソン『時間と自由』　一〇二三夜：ニーチェ『ツァラトストラかく語りき』　九九四夜：ライプニッツ『ライプニッツ著作集』　一〇〇九夜：ラプラス『確率の哲学的試論』　三六八夜：ピーター・アトキンス『エントロピーと秩序』　一〇四三夜：シュレーディンガー『生命とは何か』　九〇九夜：プリゴジン『確実性の終焉』

熱力学第二法則という、
世界でいちばん手ごわい法則についてのヒント。

ピーター・W・アトキンス

エントロピーと秩序

米沢富美子・森弘之訳　日経サイエンス社　一九九二
Peter William Atkins: The Second Law 1984

数ある科学成果のなかでも「熱力学第二法則ほど人間精神の解放に貢献したものはない」と、よく言われてきた。蒸気機関を通して第二法則が見えてきて以来、この法則がもたらした見通しはべらぼうに広範囲にわたった。極大の宇宙にも極小の粒子にも深くかかわり、時間の流れにかかわり、すべての生物の生と死の根本にもかかわってきた。当然、人間の精神にかかわっていると見えてもおかしくない。

エントロピーは増大する。自然界はほうっておけば必ずエントロピーが増大する方向に進む。一言でいえばそれだけのことを示している法則なのだが、これはとんでもなくおっかない事実を突きつけている。

エントロピー（entropy）というのは物質現象の「でたらめさ加減」を示す示量的な状態量のことである。そのエントロピーが増大するとどうなるかというと、状態がどんどん無秩序になっていく。乱雑になりアナーキーになっていく。インクを水に落とすと広がって元に戻らないように、だ。第二法則はそう告げている。

もしもエントロピーの増大を食いとめられれば、そこには秩序が生まれるとも告げている。部屋が散らかっているのはエントロピーが増大したということで、片付けはじめるとエントロピーが減って、部屋にちょっとした秩序が生まれる。そういうことなのだが、とはいえこれが大宇宙の話になると、おそろしい。大宇宙は片付ける奴なんていないから、ほったらかしだ。ということは宇宙のエントロピーはどんどん増して、どんどんでたらめになっていき、あげくは全きランダムな熱死状態になる。そう、言っているのである。

こんなに重大な法則はめったにない。世界一、ビビる法則なのである。それにもかかわらず、これほどまでにその解釈をめぐって奥が深くもなり、また多様な誤解をもたらす法則も少ない。

本書の著者はオックスフォード大学の物理化学者で、いまは量子論による物質像の研究にとりくんでいる。今年（二〇〇二）、六一歳になった。難解な議論を説得力に富んだ言葉づかいで、カオスや散逸構造などを巧みにナビゲートする。数式をつかわないで熱とエントロピーのふるまいのすべてを、鮮やかに解読した書物としては、いまのところ右に出るものはないように思う。米沢さんと森さんの翻訳もかなりうまい。

ぼくが最初に読んだアトキンスの本は『分子と人間』（東京化学同人）だったと憶《おも》う。次が本書と『元素の王国』（草思社）で、三冊とも化学屋らしく自然界と人間界を分子的につないでいた。しばらくして『ガリレオの指』と『万物を駆動する四つの法則』（ともに早川書房）を愉《たの》しく読んだ。前著は対称性、進化、遺伝子、数学、量子などをめぐる十大理論をかみくだき、後者はエントロピーをめぐる四法則を解説していた。いずれも、正しくおシャレな本だった。

熱力学（thermodynamics）という学問は、十八世紀末の「気体の熱」と「蒸気機関の熱」という二つの熱変化の研究から始まった。本格的な研究になったのは、サディ・カルノーが蒸気機関をヒントに想定したカルノー・サイクルを前提とした〝知的理想機関〟の構想が出てからだ。

つづいてジュールとケルヴィン卿《きょう》とクラウジウスの三人がそれぞれに力学的な手立てのための基礎を準備し、その総体を異能者ルートヴィッヒ・ボルツマンがひきうけて第二法則を発見し、全体の思想レベルを一挙に飛躍させた。ボルツマンの人生についてはいずれ別途の文脈で書いてみたいとっておきの科学者なので（自殺した）、ここではふれないけれど、ぼくがずっと圧倒されている科学者の一人である。

その熱力学にはこれまで四つの法則が発見されている。ごく絞っていうと、次のようになる。

第〇法則は「物質の温度が定義できる」というもので、これは前提にすぎない。熱の流れには目盛りがつけられるということだ。前提にはすぎないが、これで物体間の平衡関係が何の気がねなく記述できるようになった。

第一法則が、ケルヴィンやクラウジウスがあきらかにした「エネルギーは保存される」というもので、とても普遍性が高い法則だ。エネルギー保存の法則と呼ばれてきた。ここには宇宙のエネルギーは一定であるという思想が含まれる。エネルギーの量は一定なのだから、途中に何がおころうとエネルギーの全体は変わらない。保存されるというのである。熱力学的にいえば、熱は仕事に変換できるということだ。

第二法則はボルツマンの天才が如何《いかん》なく発揮されたもので、アトキンスは「自然には根本的な非対称性がある」というふうに表現した。熱と仕事のあいだには非対称性があるということで、この見方こそがエントロピーという見方を生み、第二法則が「エントロピー増大の法則」という異名をとることにもなった。熱は仕事に変換できるが、完全にそのことがおこるのは絶対零度のときだけだという意味にもなる。

第三法則は他の三つにくらべると法則とはいいにくいのだが、「極低温の物質の性質が記述できる」というもので、何度にもわたってステップを尽くしても物質の絶対温度はけっして絶対零度にはならないことを証《あか》している。

なかで、なんといっても第二法則についての説明がずば抜けている。エントロピーの概念と動向が多様きわまりない相貌《そうぼう》を見せる。

(1) 熱を完全に仕事に変換するのは不可能である。

これは、熱源から熱を吸収して、それをすべて仕事に変換するだけであとは何の変化ももたらさないというような過程はおこりえないということを言っている。いいかえれば、仕事と熱は双方ともエネルギーを移動させるしかたの様式だという意味では等価だが、お互いに入れかわるときの入れかわりかたは等価ではないと言っている。

(2) 自然な過程には宇宙のエントロピーの増加が伴う。

これは、ほうっておけばどんな事態も無秩序に向かっていくということである。系を熱するとエントロピーが増加するけれど、仕事をしてもエントロピーは変わらないとも書き換えられる。つまり、宇宙のエントロピーは仕事には活用しにくいものだということなのである。エネルギーが分散するときには、エントロピーは増加する傾向にあるから仕事がしにくいのである。

(3) 宇宙はより高い確率の状態に移っている。

このことが意味している内容はけっこう深遠だが、簡略にいえば、「自然の変化がおこるたびに、世界全体のエントロピーは増えている。そしてそうなるように事態が進捗《しんちょく》することが一番の安定なのだろう」ということを言っている。これを「宇宙や自然界には、世界全体のエントロピーが増大するという非対称性がひそんでいる」というふうに解釈できると、アトキンスは説明した。

(4) 熱の一部が仕事に変換されるとき、カオスが乱雑状態の中から一様な運動を引き出す。

すばらしい説明だが、わかりにくいかもしれない。ここではエントロピーのふるまいの途中にカオスが登場しているのである。秩序だった生成物、すなわちエントロピーの低い生成物が、あまり秩序だっていない（エントロピーの高い）反応物質からあらわれてくることがありうると言っている。ただしそのためには、系の周辺で系の内部のエントロピーの減少を補う以上のカオスが生成される必要があるわけだ。

(5) 熱を完全に仕事に変換しようとすると、そこに構造があらわれてくる。

これは有名なプリゴジンの散逸構造がどのように出現するかということの説明になっている。「エントロピーがより速くつくられるようになると、構造がないところに構造ができる」というふうにもいいかえられる。一種の相転移が生じて創発がおこるのだ。

この構造のひとつが生命なのである。

アトキンスのシャレた言いまわしをいくぶん踏襲して要約してみたのだが、はたしてどうか。第二法則は世界一ビビる法則なので、かえってビビらせてしまったかもしれない。大事なことは、エントロピーが「でたらめさ加減」をあらわす統計量の概念で、つねに「秩序の度合い」を示しているということ、したがって秩序や乱雑さは不可逆であることを示しているということである。

いいかえれば、熱と仕事は入れ替わりにくく、その仕事にエントロピーを活用しにくく、そのうえで宇宙のシステムの多くはエントロピーを増大させるように安定に向かおうとしているということなのである。

ところが、それに反抗していることもおこったわけである。そしてその反抗からエントロピーの減少を企てる生命のような「秩序をつくる構造」が生まれてきたということである。

本書はそのことをいくつものモデル、とくにサイクルモデルやエンジンモデルやケミカルモデルを駆使して、痛快にナビゲートした。熱力学やエントロピーを解説した本はいくらでもあるが、本書のように理知的で、模式性に富んだものは少ない。科学思想的にも示唆に富む。ときどき著者が放つ言いまわしも味がある。たとえばぼくは、「鉄を燃やす化学反応」のところで、次のような記述に出会ってギョッとした。

そこにはこんなふうに書いてあった。「呼吸は血液中の鉄原子が錆《さ》びることからはじまる」というふうに！　すでにおわかりのことだとは思うけれど、鉄が錆《さ》び、血液中のヘモグロビンに変化があるということは、宇宙のエントロピーとおおいに関係することなのである。

ところで、最後に言っておかなければならないことがある。それは「情報」の正体はすでに熱力学が定義していたということだ。すなわち「情報とはエントロピーの逆数であらわせる」ということだ。では情報は自分のエントロピーをどのように減少させて「意味」をつくってきたのか。いつか、このことだけをめぐる一夜を綴《つづ》ってみたい。

第三六八夜　二〇〇一年八月三十日

参照千夜

九〇九夜：プリゴジン『確実性の終焉』　一〇六一夜：リチャード・モリス『時間の矢』

自然界に出没する散逸構造は、
宇宙と生命の「あいだ」で何を仕出かしたのか。

イリヤ・プリゴジン

確実性の終焉

安孫子誠也・谷口佳津宏訳　みすず書房　一九九七
Ilya Prigogine: The End of Certainty 1997

プリゴジンとブリュッセル学派によって打ち立てられた散逸構造論がもたらした衝撃は、いまなお科学と思想の鳩尾《みぞおち》をぴくぴくさせている。そのため手足が痺《しび》れるときもあるけれど、その振動はそこそこ心地よい。その心地よさは、それまで夕焼けや波打ち際や動物ドキュメンタリーを眺めているのは好きだが、科学には疎《うと》かったという者たちにも波及した。

われわれは長いあいだにわたって、ひとつの大きな疑問をもってきた。地球は宇宙の熱力学的な進行にしたがってエントロピーが増大して、いつか滅びるだろうに、その地球上に生まれた生命という系はまるでその不可逆な過程に逆らうかのごとく個々のシステムを精緻《せいち》にし、生命を謳歌《おうか》しているように見える。これはなぜなのかという疑問だ。しかもその生命も結局は個体生命としては次々に死んでいく。

生命だけではない。地球の高い空に乱れて散らばっていた雲はいつのまにかウロコ雲やイワシ雲のような形を整えるということがあり、乱流がほとばしっている川の流れにはいつのまにか目を瞠《みは》る渦ができていることもある。けれどもこれらはいずれは消える。そうであるのに、いっときの形を整えるかのようなドラマを見せている。夕焼けを見ていていつまでも飽きないのは、この生成と消滅がしばし大空の舞台の書き割りを覆ってくれるからである。

自然の流れについては、大きな流れが見せるものと小さな流れが見せるものとでは、そこに異なる法則がはたらいているのかどうかという議論が続けられてきた。もし異なるのだとしたら、その二つの法則をつなげて理解することはできるのか、どうか。この疑問はさかのぼればヘラクレイトスの「流れ」の謎までたどれるのだろうけれど、そこにはもうひとつ、大きな謎が含まれていた。そもそも自然はどのように時間と戯れているのかということだ。

科学や数学では時間はtか-tであらわす。力学や化学ではtと-tを入れ替えても事態に変わりがないときに、その過程は可逆的であるとみなしてきた。しかし、自然界には

tと-tを入れ替えられない現象がいくらでもおきている。熱力学ではとくに頻繁におこっている。熱い珈琲《コーヒー》はそのままほうっておけば室温と同じになり、さらにほうっておけば水分がなくなってがちがちの固体になっていく。これを熱いブルーマウンテンに戻すことは不可能なのだ。

そこには時間の不可逆がおこっている。それなら、いったい時間経過を可逆にしているることと不可逆にしていることのあいだには何がおこっているのか。この問題をイリヤ・プリゴジンは、力学系のミクロな可逆性と熱力学系のマクロな不可逆性とに注目して、ボルツマンの統計学的解決の先っぽでつかまえた。つかまえたものは「散逸構造」(dissipative structure)と名付けられた。

すばらしいセンスだった。モスクワに生まれてブリュッセル自由大学で数理化学を修め、六〇年代はシカゴ大学で非平衡熱力学と時間の対称性の破れを研究した。四歳からピアノを習いウラディーミル・アシュケナージの父君に師事した腕前は、ピアノ国際コンクールで優勝するほどだった。

散逸構造論は不可逆過程の熱力学システムの研究、とりわけ非平衡系のシステムを研究対象にして生まれた。これを非線形熱力学という。

プリゴジンが注目した非平衡系は定常状態にあるシステムのことで、川の流れのように、内部的にはさまざまな変化があっても大局的には時間的に一定の流れをもつものをいう。散逸構造はこの定常状態のなかで生まれる。

熱力学的な非平衡系の単純な例は、高温部と低温部があって高温から低温に熱が流れつづけているような例に容易に見いだすことができる。この変化が止《や》んでシステム内が一定の状態になれば熱平衡系になる。熱い珈琲が室温と同じ状態になったときが熱平衡系である。

だから熱平衡系にも構造はある。たとえばシステム内に水と氷や、水と油が分かれてあるときなどだ。が、その非平衡系の内部をよくよく見ると、そこではもっと劇的な変化がおこっていて、ウロコ雲やイワシ雲のように、それが新たな秩序の生成に見えるような現象が生起する。熱いブルーマウンテンにミルクを入れてかきまわしたときのマーブルパターンなども、そのような現象のひとつだ。

こうした現象はシステム内の温度差・圧力差・電位差のような非平衡性を解消するような流れをおこし、非平衡系をなんとか熱平衡系へと転化させようとして、非平衡的なるものをしきりに散逸させている。熱い珈琲のマーブルパターンはそのような小さな散逸が生じた束の間のファンタスマゴリア（幻想像）なのだ。しかもこの過程は不可逆である。勝手に元の状態に戻るようなことはおこらない。ブルーマウンテンにミルクを入れたときのマーブルパターンはスプーンでかきまぜていったん消えれば、もう恋人を前にしたテーブルの上に再生することはない。

不可逆過程は熱力学の本質的な動向と密接にむすびついている。このことから熱力学第二法則が導きだされた。第二法則は不可逆的にエントロピーを増大させる現象のすべてにあてはまる。

大戦前、プリゴジンは第二法則を研究しながら、熱力学的な平衡が安定であるための条件を求めていた。そして、システム内部のエントロピー生成量が最小になるときにシステムが安定し、その特別のばあいが熱平衡状態であること、そこではエントロピー生成量がゼロになっていることをつきとめた。

やがて、この成果（エントロピー生成最小の原理）を熱平衡から遠い非平衡系に移そうとすると、まったく異なる現象がおこることに気がついた。このことは、システムをとりまく周囲の非平衡性が大きくなったばあいのシステムでおこっていた。そのばあいは、不可逆的な流れの大きさを非平衡の線形一次式ではあらわせない。ということは、ここではエントロピー生成最小の原理は成り立たないということだ。システムの内部に生じる構造の非対称性がシステムの周囲の非対称性より大きくなっているからだった。

プリゴジンは、これは「自発的な対称性の破れ」がおこっているためと見て、このようにして生じる構造を「散逸構造」と名づけた。大局はそんなそぶりをまったく見せていないのに（対称性はちっとも破れていないのに）、その局所においては小さな秩序が生成されているところ、そこが散逸構造が生じているところだった。

散逸構造の発生は、ちょっと考えてみると奇妙なことである。

熱力学第二法則やエントロピー増大則というのは、システムの構造がしだいに消滅していって、いわば平坦《へいたん》化していくようなことを、いいかえればシステムの対称性がどんどん増大していくことをあらわしていたはずである。そもそも熱平衡系では周囲の非対称性が一定に保たれていればシステムの対称性が増大して、そのぶん非対称性が周囲の非対称性と一致したときにシステムは安定するはずである。ところが散逸構造ではシステムの対称性は周囲の対称性より低下する。なぜなのか。

プリゴジンはここには「熱的なゆらぎ」による秩序が生成されて、この差異を解消しているのではないかと考えた。わかりやすくいえば、外見は連続して見える流体などの物質状態も、それを細かく見れば粒子的な構造が激しい熱運動をしていて、そのミクロなゆらぎは非平衡状態が一定の限度に達したときにマクロに発現するのではないかと考えたのである。自発的な対称性の破れもこのときに発生すると解釈した。

プリゴジンはまた、こうした散逸構造の出現しているときも、システムの大局的な定常状態は大きくは変わらないことを証明してみせた。正のエントロピーの生成量と負のエントロピーの流入量が互いに打ち消しあって、システムのエントロピーが一定の値となるからだ。これで散逸構造の安定は一応は説明できた。

　一方、散逸構造が生み出したものは何なのかという問題が残った。ここからが非線形非平衡熱力学の独壇場になる。


　ベナールの対流は、液体の入った浅い鍋《なべ》を下から熱すると、ある温度のところから急に対流のパターンが出てきて、上から見るとハチの巣のような形になる現象をいう。鍋が熱せられて非平衡が大きくなり、それがエネルギーの散逸をともなってグローバル・パターンを自己組織化させているという現象だ。

　ベロウソフ・ジャボチンスキー反応では、グローバル・パターンが生じてからも、そのパターンが化学時計とよばれる単位で時間的に振動する。そこでは時間的な対称性も破れ、なおかつグローバルな時間のパターンも創発されている。

　こうした現象は何かに似ている。そうなのである、生命体にこそ似ている。生命は宇宙的な熱平衡から遠く離れた地球という非平衡開放系の上で生じたシステムだ。そうして生まれた情報高分子としての生命はやがて自己組織化をおこして、生物時計というような独自な時間を刻み、消化器系や神経系を発達させてそこに秩序を生成させた。

　熱力学開放系は、システムの内部から外部に向かって内部化学反応によってこしらえられた反応物質をせっせと取り去ることができるシステムだったのである。そうだとすれば、代謝機構や排泄《はいせつ》機構をもっている生命体は、まさに熱力学開放系のモデルなのである。しかもあいつぐ不安定性の発生と分岐の出現によって、生物的な化学散逸構造はどんどん複雑化することができる。

このことをのべたのが、圧倒的な熱狂をもって読まれたスタンジェールとの共著『混沌からの秩序』（Order Out of Chaos）だった。翻訳がみすず書房から出ている。そこには象徴的に次のように書かれていた。かつてジョゼフ・ニーダムは「西洋の思想はオートマトンとしての世界像と、神が宇宙を支配するという神学的世界像とのあいだを行ったり来たりしている」と書いたものだった。ニーダムはそれを西洋に特徴的な分裂病と命名した。それに対してプリゴジンはこう付け加えたのである。「実はしかし、この二つはむすびついている。オートマトンはその外部に神を必要とする」。

プリゴジンは生命体の発生分化や成長にこそ、自分が研究してきたしくみがあてはまることに確信をもった。とくに生命体にひそむ「内部時間」は、プリゴジンが研究してきた時間の演算子でも説明できるのではないかと考えた。神もオートマトンもその内部に時計をもっていたわけだ。

いまでも読者が多い『存在から発展へ』（みすず書房）はまさにこのことを高らかに宣言

するパイオニアの役割をはたした。この著書でプリゴジンは、それまでのハミルトニアンによる力学の定式化に代えて、リウビル演算子による定式化を試みて、外部からの規定をうけない「内部時間」にあたる時間演算子を提出した。

というわけで、プリゴジンは散逸構造論の旗手から複雑性の科学の旗手へ、さらには時間論の旗手となって、本書『確実性の終焉』を著すにいたったのである。

本書はいまのべた時間の問題をさらに突っこんだプリゴジンの最後のまとまった著書にあたっていて、量子論や宇宙論における時間のパラドックスの解決まで照準に入れている。プリゴジンは神とオートマトンに代えて、こう書いた。「いまや創発しつつあるのは、決定論的世界と、偶然性だけからなる恣意《しい》的世界とのあいだにある、中間的な記述世界なのである」と。

第九〇九夜　二〇〇三年十二月十二日

参照千夜

三六八夜：ピーター・アトキンス『エントロピーと秩序』　一五九二夜：モーリス・クライン『不確実性の数学』

世界には「対称性の破れ」と「メタゆらぎ」が必要だ。
だったら「いない・いない・ばー」の組織はどうつくれるか。

エリッヒ・ヤンツ

自己組織化する宇宙

芹沢高志・内田美恵役　工作舎　一九八六

Erich Jantsch: The Self-Organizing Universe—Scientific and Human Implications of the Emerging Paradigm of Evolution 1980

この本は原著が一九八〇年の刊行ではあるが、その後の複雑系の議論からカオス理論まで、コミュニケーション仮説からサイバー生態系まで、さまざまなスコープを先取りして、総じては「創発するシステムとは何か」という今後の課題の見取図を提供してみせたスーパーマジックな大著だった。

とても四十年前の一九八〇年に刊行された一冊とは思えないほど（アフガニスタン侵攻をめぐって米ソが危険な対立をしていた時期）、未来展望のための理論化にとりくんだ。その構想が「自己組織化」という視点にこだわった巨《おお》きな傘になっているのも当時としては稀《け》有《う》なことだったので、ぼくはかなり多くのめぼしい者たちにヤンツを読むことを薦めてきた。

世界を編集したいならこの大冊をエドガール・モランの『方法』（法政大学出版局）とともに、なんとか読み了《お》えておくことが必要だろうとも力説した。

実際にどの程度の連中がちゃんと読んでくれたかはわからないのだが、少なくとも金子郁容や鈴木寛が慶応の湘南藤沢キャンパスでゼミをもっていた頃は、全員がこれをテキストにしたはずだ。

冒頭に「メタゆらぎからすべてが始まる」と書いてある。この一言で本書の狙いがわかる。「メタゆらぎ」をどう感じるか、それがこれからの世界観や社会観に必要だというのだ。ヤンツがそう実感できたのは、ピーター・ブルックの『イク族』という演劇をバークレーで観《み》たときだった。

イギリスの文化人類学者コリン・ターンブルがウガンダの山中で人口一〇〇〇人程度のイク族に出会った。かれらは住みなれた狩猟の場所から新しい土地に強制移住させられ、適応できずに困っていた。しだいに部族のあいだの人間関係が荒《すさ》み、エゴが角《つの》を出していた。ブルックはそこを突いて舞台化していたのだが、ヤンツはそれを見て大いに共感し、いったい「文明の危機」とは何なのかを考えた。

当時、さまざまな警告が発せられていた。ラルフ・ネーダー、ジャン・スマッツ、レイチェル・カーソン、アーヴィン・ラズローなどが「文明の危機」を指摘していた。この危機にどう対処したらいいのか、どんな考え方を提案したらいいのかというところまで議論は進んでいない。自分で組み合わせて考えるしかない。ヤンツは本書をもってこの自問自答に答えたかった。

こうして浮上してきたのが「メタゆらぎ」を内包した理論仮説の数々だ。まずはホワイトヘッドの有機体論的なプロセス哲学である。また、これを継承したベルタランフィの一般システム理論やウォディントンのエピジェネティックな発生学である。さらにはプリゴジンの熱力学的な散逸構造論、フォン・フェルスターの自己組織化論、マトゥラーナとヴァレラのオートポイエーシス（自己創出）論である。

ヤンツはこれらをまとめて「自己組織化理論」（self-organizing theory）という枠組で捉《とら》え、「世界は自己組織化しようとしているはずだ」とみなした。いまでは自己組織化理論は、宇宙から生命まで、脳科学から社会科学まで、たいていの本格的な議論の大前提の考え方になっているが、当時はそこを広げてみる試みはきわめて少なかった（いまでも広げていく思想はあまりない）。

自己組織化の「自己」（self）というのは、言わずもがなだろうけれど、いわゆる自我や自分のことではない。自然界や現象界や生体系のさまざまなプロセスの中には、自律的な秩序や構造が生じることがいろいろあるのだが（それがおこらなければ気象も生物も脳も言語もっくれないのだが）、そのときにその現象に自発的な組織化を促している動的な支点としての自己めいたものが想定されるので、それを自己組織化のきっかけをおこす「自己」と呼んだのである。

この「自己」は静的なときもある。それは自己集合（self-assemble）をおこすばあいで、このばあいはその集合体から何かが派生したり自律したりしてくることはない。それに対して「動的な自己」というものがあって、この動的な自己たちが集まって関与する現象の中からは、自律的な秩序や構造がつくりだされる可能性が高い。

たとえば、塩分や鉄分の溶液はそれが過飽和になるとそこに結晶が析出し、環境次第では結晶成長がおこっていく。パラジウムと窒素化合物を混ぜると八つのパーツが自己組織化してほぼ完全な正方形構造をつくる。神経細胞（ニューロン）は学習が進むうちに独自のネットワークをつくっていく。

こうした現象にはなんらかの動的な自己的なるものがかかわったのである。こうした現象が動的な自己をつくりだしつつ、その系（システム）に新たな秩序（order）を生み出したのだ。こういうことがおこることを自己組織化という。

自己組織化現象はどんな領域にもおこっているのか、それとも特異な現象にすぎないのかということは、まだ決着がついていない。ヤンツもそこを考えるために本書を組み立てた。そのため、本書自体が自己組織化をおこせるような記述を試みたのではないかと思われる。

ヤンツの構成は綿密で壮大である。四部に分かれ、それぞれが三〜五章で解読される。第一部「自己組織化」、第二部「マクロ宇宙とミクロ宇宙の相互進化」、第三部「自己超越」、第四部「創造性」というふうになる。

第一部「自己組織化」では、自然界にはさまざまなシステムがあって、それぞれにシステム特性があるけれど、その多くに秩序形成がおこっているのはなぜかということ、すなわちそういうシステムに自己創出性や自己参照性があるのはどうしてかということを問う。ヤンツが注目するのは「散逸構造」の性質と「ゆらぎ」の役割だ。主にはプリゴジンの見解が詳細に案内される。

第二部「マクロ宇宙とミクロ宇宙の相互進化」は、エントロピーが増大しつづける宇宙系（マクロ）でおこってきたことと、その太陽系の一隅に生じた地球生命系（ミクロ）でおこってきた出来事とをとりあげて、極大のマクロ現象（宇宙進化からガイアまで）と極小のミクロ現象（細胞から脳の出現まで）がなんらかの相互的な照応をおこしているだろう可能性を求める。とくに「対称性の破れ」の話を理論の大前提のドラマティック・プロローグにおいているところに先見の明があった。

後半では「言語」や「心」の問題を扱い、そこにもマクロ＝ミクロ・フィードバックループを発見しようとして、ウォディントンの「エピジェネティック・ランドスケープ」（後成的風景）の考え方を拡張した。

つづく第三部の「自己超越」では、生物が自己組織化や形態形成を通してどんな回路を多層的につくってきたのか、そこに一方ではツリーライクなオーダー型のヒエラルキーが機能しているとともに、他方では「リゾームっぽい再帰的で再生的な回路」が併存していった理由を考察した。これらの動向がどのように人間と社会の特色に投影されていったのか、もし投影できていないところがあったとすれば、それはどういうものなのか、そのあたりに目を向けていく。

ヤンツは世界と人間と社会をあくまで肯定的に発展させようとしている思想者でありプランナーなので、例証される知識や強調される仮説の多くがシステム・ダイナミクス的で、たいていが自己超越的なものか、コミュニケーションの多重化を期待するものになっている。

第四部「創造性」は、個人の創造力を磨くためではなく、広く進化（エボルーション）と革命（レボルーション）をつないで語るための試みである。その「つなぎ」をできるだけ穏やかで漸進的なものにするため、文化の多様性、生活の自律性、組織のプロセス変革性、趣味の躍動性などに注目する。

いくつかの提案も掲げる。とくに経営陣がマルチレイヤーな哲学をもつこと、アスリートたちのロマンを共有すること、音楽家の作曲と演奏のプロセスに寄り添うこと、文芸や演劇や映画のとりくみに積極的に社会モデルを発見しあうことなどを強調する。それらを能動的に観察したり、それらと積極的にコミュニケーションしたりすることも「メタゆらぎ」を社会がとりこむには有効だというのである。

エリッヒ・ヤンツはオーストリア生まれで、ウィーン大学では天体物理学の学位を取得した。その後は技術工学と経営工学に関心を寄せて、カリフォルニア大学バークレー校で活躍するかたわら、トレードマネージャー、MHD発電エンジンの開発、各企業のマネジメント・コンサルティングなどに従事した。六〇年代半ばにはOECDの技術顧問になり、七〇年にはローマクラブの創設メンバーになったりしていた。

本書で、経営陣こそは哲学をもつべきであることを提案し、「マルチレベル・マネジメント」をさかんに促しているのは、ヤンツのこうした広範な略歴にもとづいている。実際にも、八〇年代を新たなベンチャースピリットによって立ち上がっていったウォズニアックやジョブズやビル・ゲイツたちは、みんなヤンツを読んでいた。ヤンツの本書はかれらのバイブルだったのだ。

これにくらべると、日本のIT系の起業家たちはこのような思想的な下地をほとんどもたないまま、ひたすらシリコンバレーの動向に追随したきらいがあったと言わざるをえない。あるいは「儲《もう》かればそれでいい」という技術開発やアプリ開発に走りすぎていったと言わざるをえない。いまからでも遅くないと言いたいところだが、かれらはもはやまにあわないだろうから、せめて新たな世代はヤンツに準ずる「基軸的なるもの」をインストールしておくべきだろう。

それでは、大著の中からヤンツの解読力と推理力と構想感覚を少しだけだが、お目にかけておく。ぼくなりの文脈編集をしてあるので、詳細については大著に当たられたほうがいい。

まず宇宙形成の熱力学の視点から。

宇宙はごくわずかな「対称性の破れ」と「真空のゆらぎ」から始まった。超高温状態の中では粒子と反粒子のめまぐるしい生成と消滅が続き、宇宙は急激に膨張し、その後に、輻射《ふくしゃ》エネルギーが低下するにしたがって冷えていった。大きな変化がおこったのは4K（絶対温度四度）のときで（この温度は黒体輻射がおこる温度にそっくりだった）、この前後から宇宙は光優位から物質優位になっていった。相転移がおこったのである。

宇宙の出来事は「電磁力、弱い核力、強い核力、重力」という四つの力で説明できるはずである。そのうちの強い核力と重力の対称性が破れてミクロとマクロの両方にまたがる初期構造力が生まれ、弱い核力と電磁力の対称性が破れて中位のミドルウェアを示す構造力が生じた。宇宙の進化を促したのはこれらの相互作用とその「捩《ねじ》れ」によるものだった。

かくて宇宙は宇宙システム構造としての自己組織化を続けることになる。そこに超銀河が生まれ、銀河が生まれ、太陽系が生まれ、地球が生まれ、適度な熱力学的非平衡系の星となりえた地球の海中で、シアノバクテリアらが光合成をはじめた。さらには植物が吐き出した酸素によって地球を大気がとりまき、多様な動物進化からヒトが出現して、ヒトの文明を含む巨大生態系を創発した。われわれは、この「破れ」と「ゆらぎ」に始まる生態系の中にいるのである。

次に流体力学の視点から。

世界はいくつかの層流でできている。そこには創造はない。創造が生まれるのは流体的には乱流（turbulence）からである。なぜならそこには動的な構造が萌芽《ほうが》するからだ。それはプロセス構造である。層流にはこのプロセス構造はなく、したがってかつての秩序から想定できないような新たな創発的様相は、層流からは生まれない。

乱流から生まれてきたものには自発的な構造形成力があった。そこではエントロピーを外に放出することが可能になっている。現在の地球生態系のだいたいがそうなっている。それにもかかわらず、現在の社会や企業はエントロピーを外に出せないでいる。内部留保や銀行制度や金融システムと合体しすぎているからだ。生物や生命システムはそんなことはしない。つねにエントロピーを外に捨てている。それが細胞の活動であり、その細胞を宿主とするウイルスの仕事だ。

既存のシステムが新たに動きだすためには、あらためて「対称性の破れ」をおこすのがいい。過去と未来の対称性の破れ、あるいは事前と事後の対称性の破れだ。たいていの組織の停滞や疲労は、過去の方式が残りすぎていることか、仕事のプロセスがいつも同じ事前（計画と営業）と同じ事後（売上と利益）を踏襲していることが、原因になっている。このヤバい事態を突破するにも自己組織化理論が総合的に検討されるべきなのである。

続いてシステム工学や組織工学の視点から。

システムや組織はたいていは階層性やヒエラルキーをもっているものだが、だからといってそのシステム特性は個々の要素の帰属的な性質などではあらわせない。システム（組織）は必ず環境の中にある。だからむしろ、そのシステムが物質やエネルギーや情報を、どんなふうに環境とのあいだで交換しているかが、システム特性を見極めるにあたっては重要になる。

交換できていないシステムはどんなに充実して見えようとも、閉鎖系ないしは孤立系である。交換がおこっているシステムは、その内部が適度に非平衡（ときに積極的に不安定）であることが多く、新たな転換や発展がおこる可能性をもっている。

これを組織のほうから見ると、転換や発展が可能になる組織（システム）の中には、ハイパーサイクルが循環しながら動いているということになる。ハイパーサイクルはマンフレート・アイゲンが提唱した生命組織におけるクエン酸回路などの研究から発見したものであるが、人間の組織や社会システムにもあてはまる。ある触媒反応が組織を動かす最初のサイクルとなり、そのサイクル自体が自己触媒となってサイクル全体をハイパーサイクル化するのである。

このことをあらためて情報生命の発生プロセスに戻してから見ると、情報のカナリゼーション（運河化）と情報のフォールディング（折り目返し）とが何度か連打されることによって、当初の状態からはまったく想定できなかったようなエピジェネティック・ランドスケープ（後成的風景）ができているということになる。今日の社会は大生態系にふさわしいエピジェネティック・ランドスケープに似せるところが必要になっている。

さらに自己創出性と相互進化性の視点から。

いまのところ自己組織化理論が強調している特色は、①プロセスがシステムに及ぼすダイナミックス、②システムや組織が環境との持続的交換をおこすことで生まれる相互進化性、③ゆらぎやカオスから生じる非線形的な自己創出性、などにあらわれる。これらはまとめれば「ゆらぎを通した秩序生成」として確認できる。

では、システムや組織においてこれらを推進する母体は何かと言うに、ここにはかつてのフーリエ産業組合やマルクス的プロレタリアート集団も、フォード型工場生産体やドラッカー的経営主体も、民族主義的改革セクトも原始共産的なコミューンも母体にはなりえないだろうと言わざるをえない。ここで動的な主導力となりうるのは、おそらくは生命の発現と発揚に似たしくみを孕《はら》んだ個々の自己創出性が、ゆるやかな離合集散をおこしていくうちに自生的な意味変容を獲得していくプロセス体なのである。

そんなものがどこにあるかといえば、まだどこにもないけれど、中心をもたないネット・コミュニケーションや数々のマンマシーンの試みや、新たなアルゴリズムやプログラムの片隅から、そうしたプロセス体が顔を出さないともかぎらない。

ヤンツの構想は自己組織化のユートピック・エンジンを描いているという意味では、よくある「お花畑構想」のたぐいに属する。最終章に仏教やドラッグや神秘主義が顔をのぞかせているのも、当時のカリフォルニア型のフラワーチルドレン哲学めいて心配である。

しかし、最終章でヤンツが「強度」と「自治」と「意味」による複雑系を展望しようとしていることには、説得力のある可能性を感じる。そこでは確率論の新たな活用と相補性の機能の拡張とが述べられているのだが、それをいささか遠慮がちではあるが、〝PEEK-A-BOO〟と呼んでいるのがおもしろい。
ピーカブーとは「いない・いない・ばー」のことだ。本当の自己組織化は「いない・いない」のうちに「ばー」っとおこる作戦なのである。感染を免疫に学ぶ組織が待望されている。

第一七三一夜　二〇二〇年一月二四日

参照千夜

一一二五夜：金子郁容『ボランティア』　五九三夜：レイチェル・カーソン『センス・オブ・ワンダー』　九九五夜：ホワイトヘッド『過程と実在』　九〇九夜：プリゴジン『確実性の終焉』　一〇六三夜：マトゥラーナ&ヴァレラ『オートポイエーシス』　八三八夜：シャルル・フーリエ『四運動の理論』

宇宙にひそむ対称性。
そこに発見されたゲージ場の可能性。

ヘルマン・ワイル

数学と自然科学の哲学

菅原正夫・下村寅太郎・森繁雄訳　岩波書店　一九五九

Hermann Weyl: Philosophy of Mathematics and Natural Science 1927, 1949

ぼくが数学的思考に持続的関心をもてるようになったのは、ヘルマン・ワイルのおかげだ。世田谷三宿のアパート三徳荘に、近所の材木屋でもらった板切れで本棚をつくったとき、手持ちの三百冊ほどの本を五段に配して、その三段目の真ん中にもってきたのが『数学と自然科学の哲学』だった。それから数ヵ月たって、右に『空間・時間・物質』（講談社）を、左に『シンメトリー』（紀伊國屋書店）を並べた。

オブジェマガジン「遊」の準備にかかっていた二七歳のとき、ぼくの課題は物理学と民俗学を両手で同じような質感《クオリア》をもってハンドリングすることだった。民俗学はたとえば柳田國男や折口信夫《しのぶ》に没頭すればよかったのだが、物理学のほうは何から何まで自分で標的を決め、それをひとつずつ読み干していくしかなかった。ポアンカレ、アインシュタイン、マッハ、ドゥ・ブロイ、ハイゼンベルク、ディラック、シュレーディンガー、ボームなどを片っ端から読んでいくなか、ぼくはゲッチンゲン大学というとんでもない数学的資質の牙城《がじょう》にぶつかった。

最初はフェリックス・クラインである。これについては「遊」創刊号にクラインの多様体論を素材に「エルランゲン・プログラム事件」を書いた。つづいてリーマンにぶつかって、ここで初めてロバチェフスキーやガウスに戻る非ユークリッド思想の洗礼を浴びた。次にはヒルベルトにぶつかった。これはいわゆるヒルベルト問題と第一三三夜にも紹介した直観幾何学とゲーデルの不完全性定理との出会いとなった。

そして、最後に打ち止めのごとくにヘルマン・ワイルにぶつかって武者ぶるいした。ワイルは画期的な編集的数学者だった。どこが画期的な編集力なのか、うまく説明できないのだが、おそらくはワイルの推論のプロセスに、剛毅《ごうき》で軍事的な統率的思考が中核で唸《うな》っていながら、そこを最後に抜け出すときのエレガントな手法が群を抜いているのだと思う。

ワイルはヒルベルトの数学的な弟子にあたる。哲学的にはフッサールの弟子だ。数学の父をヒルベルトに、哲学の母をフッサールにもったワイルの資質は、その思索力と表現力において他の追随を許さないほど抜群なもので、つねに自分の研究領域を拡張し、物理学や生物学にさえ踏みこんだ。

ぼくが知るかぎり、かつてこういう数学者はいなかった。ガウスもラプラスもポアンカレも天才的数学者であったけれど、数学問題の領域の多くには挑んだものの、科学の全領域の難問にとりくみたいとは考えてはいない。もしホワイトヘッドを数学者に入れるなら、ホワイトヘッドこそがそういう深度と仰角をもっていたけれど、ふつうは数学者列伝からははずされている。

ワイルは数学基礎論を骨格に、連続体論・群論・数論などの領域で次々に革新的な研究を発表し、そのうえで量子力学に、シンメトリー論に、相対性理論に対して次々に数学的検証を加え、いちいち次世代における展開を予測した。

なかでも一九一八年にゲージ概念を導入して、今日のゲージ理論（gauge theory）の基礎を提唱し、電磁場と重力場を時空モデルとして語りうるようにした先駆性は比類のないものだった。

一方、ワイルにはすばらしい哲学的なセンシビリティが満ちていて、フッサールの論理学や現象学をいちはやく捕捉《ほそく》しただけではなく、ついでフィヒテを、さらにはマイスター・エックハルトを掘り下げて、これらの系譜には何か決定的なものが不足していることに気がつくと、最終的にはライプニッツの自然哲学に向かっていくようなところもあった。

ワイルの思索の特徴は「構成」を重視したことにある。重視どころではなかった。「構成的方法」こそがワイルの数学だった。ワイルはまた、科学の対象は素朴な「実在」なんぞではなく、すべて「志向的対象」(intentional object) であると喝破していた。

この見方はフッサールの『イデーン』(みすず書房) にすでに提唱されている見方の拡張ではあるが、ワイルが「構成」と「志向」とを串刺《くし》しすることによって、数学が向かうべき編集的方法論に注目していたことをあらわしている。

なぜなら、かつての数学はすでに「志向」が終了してからのちの記号による「操作」から始まると考えられていたのに、ワイルはそうではなくて、数学の発端がすでに志向対象のうちに萌芽しているとみなし、そのような「直前のプロセス」を「直後の数学」のフォーミュレーションが明示化しうることをあきらかにしていたからだった。すなわち、考え始めること、その「直前のプロセス」が「直後の数学」に潜在しているのである。ぼくはこれでやっと数学的思考というものがどこから胚胎《はいたい》しているか、ワイルによっておおよその合点に至ったものだった。

ワイルの著作は本書を最初に読んだ。冒頭の一行目から「哲学について著述する科学者は、全的に無事に脱《のが》れ出ることはめったにないような良心の争闘に直面する」とある。これで武者ぶるいしない科学者や数学者はおバカさんだろう。

構成は第一部「数学」、第二部「自然科学」、「付録」に分かれている。第一部は数学的論理学から公理論へ、数と連続体の問題から直観数学に移っていく。

調子が高まるのは第三章「幾何学」第一三節で自己同型とは何かを問うたあとに相似性に向かうところで、「すべての知識は直観的記述から出発するが、記号的構成の方へ向かうものである」とあって、しかしながら「次々に呼び出すことができる有限個の点からなる領域を扱っているうちはまだしも、点場が無限なとき、とくにそれが連続体であるときに事態が重大になる」と予告される。ワイルは座標系の選び方を問うたのだ。のちのゲージ理論につながる。

こうして第一四節「合同と相似、左と右」では、得意の「合同から相似へ」の証明にかかっていく。ここは、最後の著書となった『シンメトリー』に新たな装いをもって披《ひ》瀝《れき》されているところでもあって、すこぶる説得力がある。ぼくはワイルの相似性議論からカイヨワの反対称議論にすすみ、そこで自分なりの「相似律」の展観を試みたものだった。

第二部は尊い。第一章「空間と時間、超越的外界」なんて涙が出てきた。しかもその直後が第二章「方法論」なのだ。いま思い出したのだが、ぼくが「主題から方法へ」ということを感じ始めたのは、どうもこの第二部第二章を読んだときあたりからだったのかもしれない。しかしそのころ一番の衝撃をうけたのは、むしろ付録Eの「物理学と生物学」の一行目を読んだときだった。そこには、こう宣言されていた。「自然の最も奥深い謎の一つは死んでいるものと生きているものの対立である」！

なんという指摘であろうか。「死んでいるもの」には物質系がある。「生きているもの」は生命系である。これらはどこかでつながっているにもかかわらず、いつしか対立してしまった。その理由を尋ねていくと、うんと深いところにさしかかる。ぼくはこの指摘をその後、何度もつかわせてもらった。そして、ときどき言い換えたりもした。たとえば「物質が精神を帯びたのか、精神が物質を帯びているのか」と。

さきほど三十年ぶりにこの論文を読んでみて、やはりこれはよほどに図抜けて示唆に富む先駆的論文であったことを再認識させられた。言葉が稠密《ちゅうみつ》で加速力に満ちていることはワイルのもともとの資質だとしても、次の「物理学的世界の主要な特徴：形態と進化」を読むともっとラディカルに鮮明なように、ここにはワイルの統知覚的な自然像と生命像の重なりがぎりぎりに省かれて突出する。

この「省いて突出させる」というところが、ワイルでなければできない科学感性なのである。ワイルはフィヒテの信奉者でもあった。フィヒテについてのエッセイで、自分が追究してきたのは真実らしきものと美らしきものであるが、もしどうしても一つ選ぶとなると美を選ぶと書いていた。「省いて突出させる」とはこのあたりの決断だ。シュレーディンガーの『生命とは何か』(岩波新書)とともに、数学物理的感性がもたらした比類のない二つの生命像であったというべきである。

第六七〇夜　二〇〇二年十一月二九日

参照千夜

一一四四夜：柳田國男『海上の道』　一四三夜：折口信夫『死者の書』　一八夜：ポアンカレ『科学と方法』　五七〇夜：アインシュタイン『わが相対性理論』　一五七夜：マッハ『マッハ力学』　三四九夜：ドゥ・ブロイ『物質と光』　二二〇夜：ハイゼンベルク『部分と全体』　一〇四三夜：シュレーディンガー『生命とは何か』　一〇七四夜：デヴィッド・ボーム『全体性と内蔵秩序』　一三三夜：ヒルベルト&フォッセン『直観幾何学』　一七一二夜：フッサール『間主観性の現象学』　一〇〇九夜：ラプラス『確率の哲学的試論』　九九五夜：ホワイトヘッド『過程と実在』　三九〇夜：フィヒテ『ドイツ国民に告ぐ』　九九四夜：ライプニッツ『ライプニッツ著作集』　八九九夜：カイヨワ『斜線』

宇宙像の描き方には、いくつもの特質がある。「全体としての宇宙」にはよくよく警戒したほうがいい。

ジョン・バロー

万物理論

林一訳　みすず書房　一九九九

John D. Barrow: Theories of Everything 1990

すべてを説明することは、出現と消滅を説明することである。
——ソクラテス

万物理論なんてつまらないネーミングだ。好きじゃない。英語でも"Theories of Everything"というのだから、これで邦訳はまちがっていないのだが、この言い草には科学者たちの万物を牛耳《ぎゅうじ》りたいという気負いや矜持《きょうじ》がちらつく。

もっともこれを「森羅万象仮説」とか「統合理論」と言いなおしたところで、科学の矜持のちらつきは収まらない。最近では「Tシャツに書ける宇宙原理」といったノリノりの言い草も出まわっていて、過剰な自信を軽快に言ってのけようとする連中も出てきた。ダン・フォークの『万物理論への道』（青土社）などがそのひとつで、こちらのほうは原題を“Universe on a T-shirt”という。あまりに安っぽくて、おいおいホントかよという気分になる。

　科学は必ずしも謙虚である必要はないけれど（いくら冒険的であってもいいが）、あまり高慢にならないほうがいい。また、安請け合いをしないほうがいい。ぼくは宇宙の最新原理を「宇宙ロゼッタストーン」にしたいとは思わないし、「$E = mc^2$」の数式をプリントしたTシャツを着たいとは思わない。そんなふうに単純化されることを待たないと、宇宙諸般の事情にかかわれないとも思っていない。

　それにしても万物理論の試みというと、アインシュタインの重力場理論を観測証明して有名を馳《は》せたアーサー・エディントン卿《きょう》を嚆矢《こうし》にして、スティーヴン・ホーキングといい、ロジャー・ペンローズといい、本書のジョン・バローといい、なぜか妙齢のイギリス紳士が多いのはどうしてかと思う。きっとアイザック・ニュートン卿の意伝子がこの国には継承されているのだろう。

　時間、空間、位置、運動については、
すべての人によく知られていることとして、これを定義しない。

——アイザック・ニュートン

科学の目標は自然の多様性の意味を理解することにある。それは観測だけにもとづいているとはかぎらない。観測は自然世界の情報を収集して、そこからどんな現象が次におこるかを予測するのに役立つが、科学的真相がどこにあるかといえば、たいていは観測と予測の二つの手続きのあいだにひそんでいる。

二つの手続きのあいだには、さまざまなパターンとフォーミュラの認識がある。このパターンやフォーミュラがないかぎり、観測情報は何かに（多くは数式に）変換もできないし、短縮もできない。それを最も劇的なかたちでやってのけたのがニュートンの運動三法則だった。二つの手続きのあいだに「規則」を発見したのである。

その後の科学の多くは、この成功例を後追いした。そうだとすれば、科学とはひとまずは「短縮された表現形式をもつアルゴリズムの圧縮」なのである。科学は「宇宙という全世界がアルゴリズム的に圧縮可能だ」という極端な信念に支えられてきた。万物理論もこの延長線上の最先端にのっかっている。

ところが、ここに最初にして最大の問題が立ちはだかっていた。それは、われわれ人間の脳や心も、かつて自然界が出会った最も効率のよい情報のアルゴリズム的圧縮装置であろうということだ。このことは、はたして科学が描く世界像は自然にあわせて圧縮できた成果なのか、脳にあわせて圧縮できた成果なのか、その判断を困らせる。けれども、科学はこの悩みをさておくことにした。

現在、検討されている万物理論のための仮説のすべては、世界の姿は「いったい自然に似せたのか、それとも脳に似せたのか」という問題を排除することによって成り立っている。ジョン・バローもそこに立つ。やむをえない排除であり、立脚点ではあるが、いつまでこの排除をしつづけられるかといえば、そんなに展望は甘くない。

もうひとつ、これもやむをえないとも言えるのだが、万物理論があらかじめ避けている問題がある。というよりも科学全体がこのことを避けてきた。東洋的発想による世界観の検証だ。

ごくおおざっぱにいえば、西洋的な世界観では自然は線形的なものとみなされてきた。与えられた場所と時間で起きたことは、その近傍でその直前に起きたことのみによって継起的に決定されると考えられてきた。ここにはユダヤ＝キリスト教の立法者の見方の圧倒的な支配がある。これについては、ぼくの『17歳のための世界と日本の見方』（春秋社）にも、ごくわかりやすい視点で書いておいた。

一方、東洋においては世界の見方はおそらくもともとが非線形的であって、すこぶる非局所的なのである。古代すでにこのような発想をもった東洋では、したがって「世界を分析したいとは思わない」という方針をとった。たとえば荘子の思想はそういうものだった。どんな部分も全体との関係で記述しなければならないという見方には、こだわらなかった。

全体として調和や照応がとれていればよかった。

しかしながら、これでは西洋的な意味での科学は発達できない。実際にも東洋ではそういう科学は発達しなかった（ジョゼフ・ニーダムの大著中の大著『中国の科学と文明』でもそのように見ている）。けれども、だからといって東洋的世界観が今日の科学観に寄与できないとか、関与できないとかと考える必要はない。むしろ複雑系の科学以降、科学理論の一部はきわめて東洋的にもなっている。

が、それはそれとして、ジョン・バローはこうした東洋的発想を排除して、万物理論の検証をせざるをえないと判断したのだ。ぼくは本書を読んでいて、バローがかなり東洋的なホリスティック・サイエンスに敬意を払いたそうになっていることを重々感じたけれど、バローがそれを堪《こら》えて、あえて「西洋知の究極のお化け」ともいうべき万物理論に立ち向かったことを、今夜のところは評価しておきたい。

バローはケンブリッジ大学の理論物理学と数理物理学のリーダーである。天文学や応用数学を通過した。どんな科学者かというと、既存の著書、たとえば『宇宙はいかに創られたか』（岩波現代選書）、『科学にわからないことがある理由』（青土社）、『単純な法則に支配される宇宙が複雑な姿を見せるわけ』（青土社）といったイミシンな書名にも窺《うかが》えるように、痒《かゆ》いところに手が届くようなとも、理屈っぽいことを隠して理屈を言うのがうまいとも、つまりは勇猛果敢にどんな理論の敷衍《ふえん》にもとりくむ姿勢をもっているともいえる科学弁舌家である。

でもこのタイプは、ぼくが大好きな科学者なのである。常識の牙城《がじょう》に逃げこまないところが好きなのだ。ちなみに本書のあとに同様の趣旨の『宇宙に法則はあるのか』（青土社）を書いて、本書『万物理論』の不備も補っていたけれど、ぼくが見るところ本書のほうが出来がいい。

神が引き裂いたものによって、人を結び付けてはならない。
――ヴォルフガング・パウリ

本書が検証している万物理論のための前提問題はほぼ八つにのぼっている。（1）自然法則、（2）初期条件、（3）力と粒子の同一性、（4）自然定数、（5）対称性の破れ、（6）組織化原理、（7）選択のバイアス、（8）思考のカテゴリー、というものだ。

このフィルターはさすがに抜群のエディティング・フィルターで、これだけの条件をクリアできれば万物理論も間近かと思われるけれど、残念ながらそうはいかない。バローもそんなことはとっくに承知のうえで、次のような議論を展開していった。それを辿《たど》りつつ、今夜のぼくの見方も少々ながら加えておきたい。

現在の科学理論では、基本的な物理法則はすべてなんらかの不変量に対応している。それは、一つの対称群を形成する変化の集まりと等価になっていて、対称群は最初のパターンが根底にひそむテーマを変えずに作り出すことのできるあらゆるヴァージョンを記述する。たとえば、エネルギーの保存は、時間の中で前向きになったり後ろ向きになったりする平行移動に関する運動法則の不変量と、等価になっている。

このことは、自然界（宇宙）には、世界がいきなりなくなるなんてことはないという〝持続原理〟のようなものがあることを暗示する。それならそういう〝持続原理〟があるのなら、それがどのようにできているのかということをぜひとも突きとめたいのだが、そこでちょっとした邪魔が入ることになる。

邪魔のひとつは宇宙の起源をめぐるもので、宇宙開闢《かいびゃく》には保存則（いわば〝持続の原理〟の大本《おおもと》）なんてものはまだはたらいていないはずだから、そうだとしたら「自発的に生じた宇宙」はどうやって保存則をもつようになったのかという問題が出てくるのである。

もうひとつは、科学はいまのところ「宇宙は有限だ」という前提に乗っかってあれこれのことを組み立ててきたのだが、そのあれこれがほんとうに等価かどうかを確かめる手立てをもっていないということだ。光の速度が有限であるため、全宇宙の限られた部分しか認識することができないからである。

その後、エネルギー保存則が発見されて、世界がいきなりなくなることを阻止する〝持続原理〟は、もともと自然の中にくみこまれていると考えるしかなくなってきた。しかし、これで事情がうんと楽になったかというと、決してそういうことはない。宇宙の真相と自然法則との関係がかえってあいまいになって、いくつもの見方が併存することになっただろうし、もっとひるがえっていえば、宇宙と自然法則の関係はかつての神と宇宙の真相との関係の踏襲にすぎないのかもしれないというふうにも考えられるようになってしまうのだ（神といっているのは全知全能性をさしている）。

科学は微分方程式であり、宗教は境界条件である。
——アラン・チューリング

最近の万物理論が登場する以前の世界観がどのようになっていたかを、整理してみたい。全知全能の神をGとし、空間と時間の全物質世界をUとし、そのはたらきを規定している自然法則をLとする。そうすると、この三者の関係それぞれには、次の条件がくみあわさっていることになる。

(1) UはLの部分集合だ
(2) LがUの部分集合なのだろう
(3) LはUと同じものである
(4) Lなんてものはない
(5) いや、Uなんてものこそない

(イ) UはGの部分集合だ
(ロ) GこそがUの部分集合だろう
(ハ) そもそもGとUが同じものなのだ
(ニ) Gなんてものはない
(ホ) Uこそ存在していない

(a) LはGの部分集合である
(b) GがLの部分集合だったのではないか
(c) もともとGとLは同一だった
(d) LはGにもUにも言及していない

(e)　Gは幻想にすぎない

この五つずつのかたまりは、このままでは世界を解読する三角形の三辺にあって、それぞれを互いに制限しあっている。そこで、これらを綾とりよろしく相互に組み上げていくと、主として五つのオプション（選択できる考え方）が見えてくる。すぐあとで説明するが、どのオプションにも限界がある。

オプション1は、「自然法則は物理的宇宙を超越している」というものだ。現在われわれが見ている宇宙は、すべての世界のなかの特定のひとつにすぎず、したがって自然法則もその特定のものの説明をしているにすぎない。

オプション2は、「自然法則は宇宙の空間もしくは時間に依存している」というものだ（ということは、別の空間や時間では異なる法則があるということになる）。このオプションでは、宇宙が膨張し、安定し、年老い、冷却するにつれ、いまわれわれが想定している自然法則との食い違いがしだいに稀になり、一五〇億年後の低エネルギー世界では、予想通りのことしかおこらない。

オプション3は、「宇宙の姿と自然法則はほぼ一致している」というもので、学校で科学を教える一般的な科学者たちが一様に信じている考え方である。が、これはアウグスティヌス以来のキリスト教的な世界観が科学にすっかり移行したものであって、科学がそうであるという根拠をなんらもってはいない。とくにこのオプションをとると、過去の特異点をもつ宇宙はそれ以前には「無」だったということになる。いいかえれば、物質的宇宙と空間・時間の構造と自然法則が一緒に発生したことになる。

オプション4は、「自然法則は存在していないかもしれない」というもので、そもそも世界を生成している「全体としての宇宙」という想定は成立しないかもしれないという見方を含む。したがってここでは、オプション3がもつ「無」を想定するという矛盾を回避する論理がある。最近の量子宇宙論がちょっとその可能性を示しているのだが、それもそのはず、論理的に「始まり以前」という状態を考慮するオプションになっているからだ。

しかし、ここには決定的な暗合があることを否定できない。つまり、何だって至高の存在のせいにする(始まりも、始まり以前も、矛盾も)という、いわゆるアンセルムス流の汎神論《はんしん》となんら変わりがなくなってしまうのだ。

オプション5は、以上とはまったくちがっていて、「すべての宇宙も法則もわれわれの心身(脳)がつくりだしたものにすぎない」というものだ。唯脳論である。しかし、このオプションはこれまでの科学からも最新の万物理論からも排除されている。

こうしたオプションはいずれもドグマになっている。いま世の中に流布している思想の大半は（科学思想も人文思想も社会思想も）、これらのドグマのいずれかに所属する。これらのオプションはすでに世の中に埋めこまれたドグマなのだ。スピノザにおいてもカントにおいても、田辺元においてもラプラスにおいても、そしてマッハにおいても廣松渉においても、フーコーや養老孟司《たけし》においても。

好意的にいうのなら、万物理論はこのドグマをひとつずつ潰《つぶ》すために始まった。とくにこれらのドグマには、どこかに無時間の宇宙のほうがわれわれが観察している物質現象の世界よりも先行性をもっているという、プラトン以来の共通した偏見がある。万物理論はそこに疑問をぶつけるところから始まらなければならない。

しかし、あらかじめ言っておけば、そのような疑問をぶつける万物理論に、いまあげたオプション（ドグマ）が入りこんでいるかどうかをチェックする機能は、まだ出揃ってはいない。べつだん急ぐ必要はないけれど、万物理論が統一科学をめざすというなら、そこをこそ突破していかなければならない（もっとも最後に言うつもりだが、急ぐというよりどこかで方向転換したほうがいいことがある）。

数学に無知はない。
われわれは知らなければならないし、知っていくだろう。
――ダヴィッド・ヒルベルト

自然に「始まり」があったことは否めない。宇宙の開闢に始まりがあるだけでなく、水流にも落下にも飛行にも、バレーボールにも冷蔵庫にも思い出にも、たいてい「始まり」がある。そこで数学ではこれを「初期条件」（イニシャル・コンディション）として設定し、そこから解明（多くは演繹的推論）に向かっていくようになっている。

数学の初期条件は公理にもとづいている。いっさいの演繹《えんえき》的推論を始める前に、公理を設定した。史上最初の公理はユークリッド幾何学の公理だった。史上初のアサンプション（決めこみ）だ。

公理はひとつではない。公理系をつくる。公理系は無矛盾でなければならず、それが数学のすべての無矛盾の前提を支える。そこまではいい。ところが、ここには意外な真相もひそんでいた。公理系にもとづいて推論できるどんな数学的結論にも、公理系に含まれている以上の情報を含むことはできないということだ。これが一〇五八夜に千夜千冊した「ゲーデルの不完全性定理」が告げたことだった。そうだとすると、万物理論は初期条件についての考え方をちょっと改めなければならない。「始まり」の情報とその後の推移による情報に変化がある現象に注目しなければならない。

その可能性をもっているのは、ほかならぬ「熱力学第二法則」だ。エントロピーの増大を示す矢は、閉じた物理系の中ではエントロピーを減少させるような初期条件がおこりにくいことを示している。宇宙のどこを見ても、閉じた物理系は秩序のある状態から無秩序の状態(熱平衡)に向かって淡々とすすんでいる。おまけにそこには時間の対称性がある。あたかもエントロピーの矢は時間の矢と裏口で結託しているかのようなのだ。

ここから推測できることは、熱力学的な初期条件には時間の方向を生む何かが含まれているということである。この見方は悪くない。悪くないけれど、とうてい実証できそうもない。が、そこをどうするかが万物理論のお手並みになる。

物理学者は初期状態に対応する軌道の束を少しだけ知っているにすぎない。
――レオン・ブリュアン

熱力学第二法則とともに、初期条件について改まった考え方がどうしても必要な現象がある。「カオス」である。すでに数学者のアンリ・ポアンカレは三体問題などを素材にして、「初期条件の小さなちがいが最終の現象にきわめて大きなちがいを生じることがありうる」と予言していた。

いままでは、このような現象がカオスを含めた「複雑系」の全般でおこっているだろうことがあきらかになっている。気象学者エドワード・ローレンツが〝発見〟したいわゆるバタフライ効果はカオスを有名にしただけでなく、複雑系の科学の最も説得力のある便利すぎるメタファーになった。

さて、そうなると、宇宙の「始まり」にあたってどのような初期条件があったかを決定することが、たいそう難しくなってくる。少なくとも次の三つのことを考えなければならない。

（い）宇宙の「始まり」には初期条件なんてなかった。
（ろ）宇宙の初期条件の影響は最小限のものだ。
（は）宇宙の初期条件はかなり特殊な形式だったにちがいない。

（い）は、フレッド・ホイルやハーマン・ボンディやトマス・ゴールドらが唱えた「定常宇宙論」になっていく。宇宙には異様な膨張も縮退もないという考え方だ。

（ろ）は、いまではアラン・グースや佐藤勝彦によって提唱された「インフレーション理論」として知られる。グースは、宇宙の初期で膨張速度が短期間で大幅に増大していると考えれば、最小限の初期条件を認めるだけで現在の宇宙を説明することができると提唱したのだった。これはホーキングが批判した。

（は）の原理は、アインシュタインの時空論と重力場方程式が導いたものである。時空の構造と物質のあいだに密接な結びつきがあるために（それが一般相対性理論になる）、宇宙の物質現象のどこかにひそむ特異点はいつどこにも発見できるはずだということになった。これはいわば多種多様の初期条件がありうることを示した。

万物理論はどの肩をもてばいいのだろうか。実は万物理論はその名の重圧に負けて、このいずれの肩にも手をかけようとした。八方美人になろうと決めたのだ。

正確な数学的計算をしたからといって、
その結果が自然の事実にあてはまる保証はまったくない。
――アルフレッド・ホワイトヘッド

宇宙の始まりをめぐる思索を、宇宙開闢の出来事ではなく、もっぱら極微の物質の運動の発現の問題に切り替えたのが量子力学である。

むろん八方美人になりたい万物理論は量子力学を真っ先にとりこんだ。万物理論が扱う量子力学的な初期条件問題への有力な〝ぶつかり稽古《げいこ》〟として、本書でバローが持ち出したのはホイーラー＝ドゥウィット方程式というものである。

これはジョン・ホイーラーとブライス・ドゥウィットがシュレーディンガー方程式を独自に編集したもので、宇宙波動関数とでもいうものを、極微の物質のふるまいから確率的に記述できるとした。どんなことを記述したかといえば、ある時点での物質現象の状態が、別の時点での状態でどの程度の〝過去〟を含むかを確率化した。

それで何がわかるかといえば、宇宙がある大局的な特性をもつことが見いだされる確率がわかる。そのため、その確率が特定の値の周辺に強く集中していることが期待された。もしもたいそう優勢な値が出てくれば、そこから最もありそうな宇宙像の見当がつくからだ。

しかし仮にそうだとしても、ホイーラー＝ドゥウィット方程式がそのような活躍を見せるには、宇宙波動関数の最初の形を示す初期条件がやっぱり必要である。けれどもそれが定まらない。これが非量子的な物理学なら、自然法則は特定の過去から確定した未来がおこりうると予測するのだから、こんな確率的な計算をする必要はない。しかしながら量子物理学では、未来の状態は時空の一角を通る可能なシステムがとりうるすべての経路について、適当に加重平均した像しかつかめない。

ということは、万物理論はホイーラー＝ドゥウィット方程式に代表されるような「法則と初期条件の二元論」をまだ断ち切れてはいないわけなのだ。そうなると、この二元論を断ち切るために宇宙の最初に時間と空間が区別のつかない状態を想定するしかなくなってくる。ジェームズ・ハートルとスティーヴン・ホーキングのきわめて審美的な「無境界条件の設定」とはこのことだった。

けれども「無境界」と言ったとたん、これでは「無からの創造」を科学者が許容したことにもなるだろう。宇宙は何もないところから突き抜けて出てきたという量子力学的トンネルをまたぞろ持ち出すしかなくなってくる。それがいやなら、どこかで「時間が空間になった」と説明するしかないということになる。

現状の宇宙科学の一派の理論はこのあたりでぷっつんした。いいかえれば、この考え方では、法則と力と粒子の三つはそれぞれ切断することができない〝そっくりさん関係〟にあるという前提のままに思考を前進させていかなければならないということなのである。それが、今日の宇宙科学は法則と力と粒子がコピーキャット状態にあるというゲージ理論をうけいれたという意味である。

反復は自然が達成できる恒久性の唯一の形態である。
――ジョージ・サンタヤナ

アインシュタインの統一場理論の試みこのかた、四つの力（電磁力・重力・強い相互作用・弱い相互作用）の統一をあらわせる理論や数学の可能性が求められてきた。第一〇〇一夜に少々ジグザグはしたもののやや詳しく書いておいたように（本書『宇宙と素粒子』第四章）、このうち電磁力と重力との組み合わせや、強い相互作用との組み合わせは半ばできあがってきた。ひとえにゲージ理論のおかげだった。

これに勢いをえて、それなら重力はグラヴィトン（重力子）の交換で媒介され、電磁気力は光子の交換によってあらわせるだろうから、弱い力は重いW粒子やZ粒子の交換によって記述でき、強い力はクォーク間のグルーオンの交換によって示されるというふうになってきた。

これはこれで万々歳だ。たしかにいまのところ、物理学の基本理論のなかで最も成功したものは、重力をめぐる一般相対性理論と、クォークとグルーオンのあいだにはたらく核内の強い力をめぐる量子色《いろ》力学と、電磁気と弱い相互作用をめぐるワインバーグ＝サラム理論くらいであって、それらはすべてゲージ理論の特徴をもっていた。

しかし問題もある。そもそもすべての対称性にはそれに属した保存量がくっついている。回転や移動より複雑な時空の様相のなかでも、きっとこのことは成立しているはずである。それを「内部対称性」などということもある。たとえば、宇宙のすべての陽子と中性子の正体をすっかり入れ替えるといったようなことをしても、関連するすべての粒子にラベリングされた対称性は保存されているはずなのだ。

これに対して、ゲージ対称性はこうした自然界の保存量とは関係なく成立するものになっている。いや、そういう要請のもとに成立した。そのためぼくはいつも感じるのだが、この理論にはどこかニュートンの遠隔作用論めいた雰囲気がある。いっさいのニュートン力学を砕いたはずの量子重力宇宙理論につかわれる対称性が、全体としては遠隔作用めいてしまっているのだ。

そこで科学者たちは対称性について、大局的ゲージ対称性と局所的ゲージ対称性の区別をしようという気になった。そしてアインシュタインの一般相対性理論をこの局所的ゲージ理論でみごとに解釈しなおした。ところが、ここで仮説は立ち止まってしまったのである。こうしてこの一派の考え方にも翳《かげ》りが見えてきた。

すべての法則を一つの法則に還元することは不可能であり、世界から独自なものを排除するアプリオリな手段はない。
——ジョサイア・ロイス

対称性をめぐるプラトン的な信念やゲージ理論の区分けによる隘路《あいろ》の突破がややあやしくなってきたころ、二つの有力な仮説が急速に台頭してきた。ひとつは「スーパーストリング」（超ひも・超弦）をモデルとした仮説、もうひとつは「対称性の破れ」をめぐる新たな仮説だった。

スーパーストリング・モデル理論の特徴は「点」を放棄したことにある。宇宙における最も基本的な要素は「ひも」か「弦」かに、あるいはその「ループ」にあるとした。従来の「点」の物理学では、個々の粒子には質量のような特性を別々に指定して、それをさらに別々の点に割り当てなければならなかった。

スーパーストリング理論では、単一の「ひも」はヴァイオリンの弦の倍音のような無数の振動モードをもつ。そして異なるそれぞれのモードのエネルギーが異なる素粒子の質量に対応する。この考え方は、万物理論の品質保証にかなり有効な賞味期限をあたえるものと期待された。

ひるがえっていうと、これまでの「世界の表現の方法の歴史」というものは、最初はユークリッドが提供した幾何学によって、その伝統的な空間におかれた「点」粒子のあいだにはたらく「力」に対し、粒子がどのように反応するかということを指令する一連の規則群として立ち上がったものだった。それがながらく君臨していたのだが、アインシュタインの登場以降、粒子の存在と運動のほうがその空間の局所的な趨勢《すうせい》を決定しているというふうになった。わかりやすくいえば、隣り合った粒子のあいだに加勢する〝第三の力〟の作用などはありえないことを宣言した。

こうして個々の物体物質は、宇宙のすべての粒子がつくりだしたうねうねした空間のなかで、その物体物質が利用できる一番経済的な経路を動くにすぎないとみなされた。太陽は地球の近辺に大きな空間の「くぼみ」をつくりだし、地球はこの「くぼみ」の内側の表面を動きまわっているにすぎないとみなされたのだ。この経路は、かつてのユークリッド的物理学では「軌道」とよばれていたものである。

スーパーストリング理論は、このようなアインシュタインの重力理論を充分に含んで、宇宙の初期の描像をさらに一歩先まで進めることになった。ラモン、ヌボォーらが準備して、ロンドン大学のマイケル・グリーンとカリフォルニア工科大学のジョン・シュワルツが発展させた。

かくて空間は三次元よりずっと多くなり、五次元、十一次元、ときには二二次元や二五次元であらわしてもいいようになった。三次元以外の次元は見えないほど小さくたたまれているという描像だ。それならば、宇宙の開始時ではそれぞれの次元が対等であってもよく、そのうちの三次元がなんらかの理由でその後にやたらに膨張したというふうに見ればいい。こうなると万物理論としては、このスーパーストリング理論を包摂した何かを擁護したくなってくる。たとえばこれまで自然定数と考えられてきたものの一部に、「ひもの張力」を加えるというようなことだ。

こういう修正が正しいかどうかは、まだわからない。しかしそれはそれとして、この仮説はどんどん一人歩きして、いまのところはエドワード・ウィッテンによる十一次元宇宙の提案と「Dブレーン理論」や「M理論」の提案にまでなっている。第一〇〇一夜にアウトラインを書いたことである（本書の第四章）。もっとも、この提案は「宇宙という全世界がアルゴリズム的に圧縮可能だという極端な信念」を満足させはするものの、それが「世界の表現の方法の歴史」の最先端のものになったかどうかという保証は、何ももってはいないと言うべきである。

　両極端のあいだで、人は道をたどっている。
　――ウィリアム・バトラー・イエーツ

もうひとつの「対称性の破れ」をめぐる仮説も、いくつかの理論モデルを提出していった。法則の結果が法則の対称性を破るような現象にあてはめられ、それが拡張されて宇宙全体の問題にまで適用されるようになったのだ。

一般に、拡大する空間の次元の数が任意に決まるという可能性をたててしまうと、宇宙を観測するわれわれ人間が組み立てる理論のほうに制約が切れてきて、野放図な宇宙像が出てきかねない。とくに対称性の保存に関してゆるゆるになる。そこで導入されたのが「対称性の破れ」という考え方だった。

　何が対称性の破れをつくっているのかは、まだわかっていない。しかし、何をもって対称性の破れとみなせばいいのかについては見当がついてきた。科学者たちの推測は、対称性の破れは始まりの宇宙におけるなんらかの「微視的なゆらぎ」によっておこっているだろうというものだ。「ゆらぎ」の起源は量子力学的なものであるだろうから、その特定の原因は確認できないが、それゆえにこそその「起源のゆらぎ」はランダムなのだろうと予想された。ランダムかもしれないのではなく、本質的なランダムネスをもっているると想定されたのだ。

こうして「対称性の破れ」が初期宇宙のあらゆる場面に適用された。自発的ランダムネスの発現が宇宙の歴史の最初のヒーローになったのだ。これは、インフレーション宇宙が巨大な相転移であるかのように一挙におこった理由を説明するには、もってこいだった。ゲージ理論との相性も悪くはない。

けれども一方、万物理論というのはひたすら「全体としての無矛盾」をセルフ・チェックポイントにして〝説明の翼〟にできるかぎりの精度を加えようとしてきたところがあるので、宇宙が実は科学者が思っている以上に老獪《ろうかい》で意地悪いかもしれないということには、ついつい気がつかないままになる。

たとえば、粒子と反粒子とでは崩壊速度にごくわずかなちがいがあるのだが、そういうことも宇宙のある場面、とくに初期の場面では、非対称性の芽生えになりうるわけであるが、それをさて陽子と反陽子の不均衡と見るのか、密度と温度の局所的なちがいとみるのかとなってくると、きっと宇宙はそこまで意地悪くはないだろうと思ってしまって、油断をしてしまうのだ。

したがってスーパーストリング理論をもってしても、問題はあいかわらずランダムネスにあるのか、対称性の破れにあるのか、ゆらぎにあるのか、決定打を放てないままにあるといったほうがいいだろう。

科学は究極の謎を解くことはできるまい。
当のわれわれが、これから解こうとしている謎の一部をなしているからだ。
——マックス・プランク

宇宙が想像以上に秩序だって見えるのか、それとも案外だらしなく見えるのかということは、いまのところ決着がついていない。ここまで話してきたことは、このもやもや事情を告げている。

そもそも宇宙は、物質を他の配置に再組織化したとき、それがもつであろう最大の値《あたい》にくらべるとずっと小さなエントロピー・レベルになっていることが多い。これは宇宙がハッブル膨張を始めるときすでに仰天するほど小さなエントロピー・レベルだったことを暗示するのだが、はたしてそういう結論だけでよかったのかどうかは、おおいに検討する余地があるということなのだ。

つまり、このことから特異点原理や泡宇宙やインフレーション宇宙像を引き出すだけでは、何かが足りなかったはずなのである。

ジョン・バローの議論もここからが本番で（そのわりにはこの議論は最後にさしかかるところでしか登場してこないけれど）、万物理論がかかえている大きな問題に、そもそも科学者が「誤差をなくそうとして思索している」のか、科学者はそれでも残余する誤差を「誤差をつくる物質」の責任にしているのか、その区別がつかなくなっているということがあったと指摘する。

まさにそうなのだ。万物理論はすべての試みを仮想実体にしすぎてきたところがあったのだ。ダークマターをはじめ、宇宙でかくれんぼをしつづけている現象が多いことはわかっている。けれどもそれは、そのような現象を操作している実体が「ある」ということにはならないとも言わなくてはならない。いや、「ある」としても、それを計算にいれたアルゴリズムにする必要があるとは思わないほうがいいかもしれない。なぜなら、われわれのほうがそのような思考（思考した試みをなんでも仮想実体にしてしまうクセ）しかできないようになっているかもしれないからである。

この、われわれの思考のクセのほうを、最近ではしばしば「弱い人間原理」ということがある。バローはそれを著作によっては「選択効果」とか「科学のバイアス」とか、フランシス・ベーコンを借りて「イドラ」（偶像）と言ったりしている。よくよく考えてみなければならないことである。

私の指を嚙《か》まないで、指がさしているところを見てみなさい。
——ウォーレン・マカロック

きわめて大事なことだろうから言っておくが、われわれは、われわれ自身がヒトとして存在するために、見える宇宙の過去の構造と情報がきっといくつかの必要条件を満たしてきたのであろうという思考方法をとってきた。

たとえば、地球が熱力学的に非平衡のところにあったとか、それは非線形の微分方程式でしかあらわせないものであるとか、そこでは動的秩序がたえず「カオスの縁」の付近で相転移をおこしながら創発していたのであろうとか、情報高分子に生体膜がくっついて生命になったのだろうとか、ナトリウムイオンとカリウムイオンのチャネルに生命活動が発現しただろうとか、とかとか。

そこまではいい。そう考えるのもやむをえないことだった。しかしこのことは、あくまでわれわれのような炭素基盤の観測者が見てきた過去と現在に関する情報データにもとづいたものによって組み立てた見解なのであって、そうではない宇宙の中の別途の目で語っている内容とは異なっているはずだということを、すっかり忘れてはいけなかったのである。つまり、われわれは自分自身が宇宙の部分集合にすぎないところから発足した観測者なのである。

たとえば、われわれは星の内部に住んではいない。火山の中に生きたことはない。海中の熱射にも耐えられない。かつて海中火山の近くに嫌気性の生物がいたとはいえ、その状態を捨てきった系列の部分集合から派生したのがヒトなのである。

こういう見方をすることを「弱い人間原理」と名付けるのには、ぼくにはかなり抵抗がある。「弱い」も「人間原理」もその言葉にしたわりには意味が浅すぎる。もっともそれは主としてネーミングに対する抵抗だけで、このような見方がきわめて大事であることに変わりはない。なぜなら、このような見方は科学が宇宙を理解するための「原理の方法」なのではなくて、人間が宇宙を理解するための「方法の原理」であるからだ。


もともと科学というものは実験をくりかえすことによって獲得した実証性と再現性を足場にその精度を増してきた。それで確立できた法則はいくらでもある。けれども宇宙に関しては、どんな科学者も一度も実験したことがないのだし、その実験を宇宙という過去に向けてくりかえすこともできない。

人間の脳について知るためにラットやサルに電極をさしこむ実験をくりかえすのは、あまり精度がいいとはいえないけれど、まあしかたがないことだろう。遺伝子を組み換えてドリー羊を何世代もつくるのも、あまり薦められたことではないけれども、それで見えてくることもあるだろう。けれども、宇宙についての実験は決して手に入れられない。宇宙は大半が過去なのだ。

いや、松岡さん、そうはおっしゃってもその一部は大型加速器の中でおこなわれているはずではないですかと言う諸君がいるかもしれないが、その大型加速器の中に人間は入れるわけじゃない。入れもしない。しかしわれわれはすでに宇宙の中に入っていて、あれこれえらそうなことを言っているわけなのだ。

そうだとしたら、ちょっと考え方を変えるべきなのである。そして、その変更は、とくに初期宇宙の敏感さが対称性の破れやカオスやランダムネスやゆらぎにかかわってくるというならよけいに、それだけ決定的なものになっていくかもしれないことを、重々肝に銘ずるべきなのだ。

いいかえれば万物理論が量子重力効果に近づけば近づくほど、「弱い人間原理」が作動しはじめると思ったほうがいいはずなのだ。すなわち、宇宙がそのしくみに量子的な起源や進化の初期のゆらぎをもっているとするなら、つまりそこに対称性の破れやランダムな要素が含まれているというなら、この場面の議論にはわれわれ自身の存在を考慮にいれた思考や推理が必要になるはずなのだ。

悪夢を見ているのでなかったら、

クルミの殻のなかにいても
自分が無限の宇宙の王様だと思っていればいいじゃないか。
――ウィリアム・シェイクスピア

今夜の冒頭にのべておいたように、科学による世界理解の可能性は、世界がアルゴリズム的に圧縮可能だという前提から発展してきたものだった。そこには、観測した事実の系列を数学などによる別の言明の系列におきなおせるという大前提がある。その短縮されたアルゴリズムを、われわれはたまさか「自然法則」とよんできた。

このように効果的なアルゴリズム短縮が達成できると思いこんだのは、実は脳のしくみがそのようなアルゴリズム短縮をけっこう好んでいたからである。ぼくは半分はそう推理する。

しかしいまや、世界の現象だからといってアルゴリズム短縮できないこともあることがわかってしまったのである。そのひとつがカオスであった。また非対称性の起源にまつわる出来事だった。このようなものを前にして、たとえば「無境界条件」のようなものを持ち出してみることは、脳はアルゴリズム短縮ができないことをわざわざ脳に要請したようなもので、実は万物理論の青写真からすると、とんでもなく自家撞着《どうちゃく》をおこしていることにあたっていた。

それでも、そういう仮説に到達せざるをえないことも許容されるじゃないかと、思ってはいけない。そう思うのは、宇宙と脳を相同的に見すぎているおバカな脳科学者か、VR大好きな電子官能派の見解にすぎず、それよりずっと粋《いき》な考え方だってあったはずなのである。それは脳を解くことからもAIコンピュータをいじることからも生まれない。脳やコンピュータにはこれまでの科学の大半の法則が入りすぎている。そうではなくて、宇宙も脳も、その当初に対称性の破れのような「記述できない構造をもったのではないか」と、そのようにみなせばよかったのである。もうすこしわかりやすくいえば、宇宙と脳は最初から非対称性と手を組んだのだ。そのように手を組んだものを、われわれは宇宙だとか脳だとか呼んだのだ。そう思えばよかったのである。

入手不可能な情報を脳がアルゴリズム短縮しているとみなしては、まずかったのである。脳がするべきことは、編集でなければならなかったのである。アルゴリズムはその一部なのである。それなら全部は何でできているかといえば、アナロジーでできている。これから万物理論が仕込むべきは、宇宙的アナロジー関数なのである。

第一一八〇夜　二〇〇七年四月十六日

五七〇夜：アインシュタイン『わが相対性理論』　一九二夜：ホーキング『ホーキング、宇宙を語る』　四夜：ペンローズ『皇帝の新しい心』　七二六夜：荘子『荘子』　七三三夜：アウグスティヌス『三位一体論』　八四二夜：スピノザ『エチカ』　一〇〇九夜：ラプラス『確率の哲学的試論』　一五七夜：マッハ『マッハ力学』　五四五夜：フーコー『知の考古学』　一六九六夜：養老孟司『遺言。』　七九九夜：プラトン『国家』　一三三夜：ヒルベルト&フォッセン『直観幾何学』　一〇五八夜：ハオ・ワン『ゲーデル再考』　一八夜：ポアンカレ『科学と方法』　一七三三夜：佐藤勝彦『宇宙137億年の歴史』　九九五夜：ホワイトヘッド『過程と実在』　一〇四三夜：シュレーディンガー『生命とは何か』　一〇〇一夜：ブライアン・グリーン『エレガントな宇宙』　五一八夜：W・B・イエーツ『鷹の井戸』　六八七夜：リオーダン&シュラム『宇宙創造とダークマター』　六〇〇夜：シェイクスピア『リア王』　三六八夜：ピーター・アトキンス『エントロピーと秩序』　一〇六一夜：リチャード・モリス『時間の矢』　一〇六六夜：ジョン・キャスティ『複雑性とパラドックス』　七六〇夜：フレッド・アラン・ウルフ『もう一つの宇宙』

第三章 宇宙を物理する

池内了『物理学と神』
佐藤勝彦『宇宙137億年の歴史』
エルンスト・マッハ『マッハ力学』
アルバート・アインシュタイン『わが相対性理論』
スティーヴン・ホーキング『ホーキング、宇宙を語る』
リオーダン&シュラム『宇宙創造とダークマター』
フレッド・アラン・ウルフ『もう一つの宇宙』

神と悪魔と物理帝国主義から脱出して、
「見え方」と「考え方」だけで宇宙を語る方法があります。

池内了

物理学と神

集英社新書　二〇〇二

この本は入門書であるけれどよくできている。科学アレルギーによく効くはずだ。難問にも軽々と説明を試みた。こういう本はあるようで、ない。

池内了《さとる》さんはぼくと同じ歳の物理学者で、京大の物理学科を出て北大・東大・阪大をへてしばらく名古屋大学の理学研究科で教えておられたが、いまは総合研究大学院大学である（二〇〇八年現在）。『観測的宇宙論』（東京大学出版会）、『泡宇宙論』（海鳴社→ハヤカワ文庫）、『天文学者の虫眼鏡』（文春新書）といった、かなり出回っている著書でもおなじみで、宇宙論がたいへんお得意なのだが、それだけではない。

科学がどういう長所と短所をもっているかということを、科学産婆《さんば》ソクラテスのごとく丹念に〝お産のしくみ〟のようにしてあかすのも、またヤクザっぽく〝科学の懐のドス〟のだんびらを見せるのも、それぞれ得意なのである。最近は岩波新書に『疑似科学入門』を書いた。エセ科学やオカルト・サイエンスや地球温暖化科学に惑わされている諸君にあてたものだ。れっきとした物理学者が「神」とか「疑似科学」だとかの単語が入った書名の本を書くだなんて、ふつうなら危険きわまりないか、もしくは怪しげなことのように思うだろうに（実はそうではないのだが）、こういうことも平気でやる。

なぜ平気かというと、ひとつには池内さんが科学のしくみをよくハンドリングでき、それをレゾナント（共鳴的）な言い回しにできる才能があるからなのだが、もうひとつには、そもそも人間の歴史が科学の目的と神を想定したこととはどこかでつながっているからなのだ。本書が、ふつうなら科学史の解説書になりかねない内容を思考法の問題として扱っていて、そこがよくできているのは、神の想定の歴史と科学の目的の関係を、池内さんが歴史の根幹での相同性としておさえているからなのである。

今夜はその流れの骨太なところだけをかなりスキップしてサマリーする。モリス・バーマンが世界の再魔術化を志して書いた『デカルトからベイトソンへ』（国文社）などとの関連で読んでもらえれば、さらにおもしろくなるだろう。

そもそも科学は「自然現象がなぜそのようになっているか」には答えていない。そういうことを科学や一般科学者に期待してはいけない。科学は「自然はそのようになっているだろうことを証明している」にすぎない。

これは、神は自然をこのように作り賜《たも》うたと言っていることと、そんなにはちがわない。実際にも、ヨーロッパ社会がつくりあげた近代科学というものは、神が書いた〝もうひとつのバイブル〟を数学の言葉で自然を相手に書き上げようとしたわけだった。ここで「神」と言っているのはもちろんキリスト教的な一神教の神をいう。

ざっとしたことをいえば、古代ギリシアの自然哲学が苦悩したあと、キリスト教がヨーロッパの世界観の中央を覆ってからアウグスティヌスまでは、宇宙の姿がどういうものであれ、そんなことは神にも教会にも知ったことじゃなかった。つまりアリストテレスの自然体系はあまりに独創的で、長らく神学体系と交わりはしなかった。

それが十三世紀のトマス・アクィナスあたりから、ちょっとずつアリストテレス体系と神学体系を調和させようとするようになった。アリストテレス体系との矛盾を避けるようになってきたのだ。これをなんとかふんだんのレトリックとメタファーを駆使し、さらにさまざまな知をコスモロジックな構造にあてはめて合体記述にしてみせたのが、ダンテの『神曲』だった。ガリレオはこの『神曲』を熟読した。

しかしダンテのような例外はあったにせよ、時代はまだアリストテレスと『聖書』を一緒にするまでには至らない。そんなことをこっそりやろうものなら、教会や修道院のそこかしこで、まさにエーコの『薔薇の名前』のような忌まわしい殺人事件がすぐおこった。神の名のもとに悪魔が笑うのだ。かんたんにいえば、こういう流れがコペルニクスにまで及んだのである。

よく、「コペルニクス的転回」という。天動説が地動説になったという意味で、天地が一八〇度ひっくりかえったような出来事や意見のことを象徴する言葉だが、ややおおげさだ。コペルニクスが何をしたかといえば、フラウエンブルク寺院の大管区長という聖職者でありながら、いや、そうであるがゆえに、神が宇宙を作り賜うたのならきっとそこには何かの法則があるはずだと粛々と考えたということだった。つまりコペルニクスにはまだ「神がくっついていた」。

それまでの天体をめぐる手引きには、十三世紀にアルフォンソ十世という天体大好きのカスティリア王が作成させた「アルフォンソ表」があったのだが、それによって天動説が示していた七つの星の運動を説明するには、八〇をこえる天体の円運動を組み合わせなければならなかった。コンピュータもない時代、こんなややこしいことが当時の技で計算できるわけはない。そこでコペルニクスが自然に向けて、最小の仮定で最大の結果が得られる「オッカムの剃刀《かみそり》」を思い切って使うことにした。

それにはひとつ、従来の約束事を破る必要があった。それは「神の居場所」と「宇宙システム」とを切り離すことだ。それまで神なるものは七つの惑星が美しい運動を見せている中心にいたはずなのだが、コペルニクスはそれをカッコに入れて保留させた。世界の中心に神がいるかどうか、そこをカッコに入れたのだ。それが『天体の回転について』に綴《つづ》られた地動説の誕生になる。

コペルニクスがこんなふうにしたので、司教たちの説教に代わって新たな天体司祭が登場して「神の居場所」さがしが始まった。それが科学のハシリだ。ついでガリレオがその居場所を仮説した。望遠鏡を天の川に向けてみると無数の太陽があった。そこは七つの星を統括している天体の中心ではなく、「あっち」のほうだった。それまでは天動説と神学が結びつき、したがって太陽こそは天体の中心で、それは「神の居場所」の中心性に擬せられていたのだが、その中心性が「そこ」にはなかったのだ。

かくして神は中心ではなくて、一挙に無限の彼方《かなた》に、すなわち「あっち」に行ってしまったのである。このころニコラウス・クザーヌスやジョルダーノ・ブルーノらがしきりに「無限の宇宙」や「複数の天体」を唱えていたのは、こうした背景による。

いったい何がどうなったのかといえば、信仰的な「無限者の神」と科学的な「無限の宇宙」とが併存してしまったのだ。どこかが重なっていて、どこかがまったく別なものであるはずなのだが、そこは当時はまだわからない。それなら人間はどちらを見ればいいのか。神なのか、宇宙なのか。両方か。それらを同時に知覚しようとすれば、二つの世界のあいだで迷うばかりである。

そこに登場してきたのがデカルトだ。デカルトは公理を決めて、その公理のうえで理性をはたらかせるというやり口で、有効な道具をつかって「世界の決め方」をつくるべきだと考えた。道具は、九九四夜にライプニッツのローギッシュ・マシーネのことを書いておいたように、代数を前提にした記号的な数学だ。そのやりかたは『方法叙説』に書いてある。これによってデカルトが何を確立したかということは、一二四一夜の『デカルトからベイトソンへ』のときはあまり説明しなかったけれど、一言でいえば、いっさいの「思考」（＝合理的説明）から「神」（＝非合理）を排除してみせたのである。神を持ち出さないで、世界の出来事の運動を説明できるようにしたのだ。

これはこれでたいへんな手際だったのだが、ただし、世界観がここで変質した。コペルニクスの地動説とガリレオが発見した無数の太陽とデカルト主義は、神を地上からも追放してしまったのだ。

こうしてこれらの集大成者として、ニュートンが「合理宇宙の決め事」を仕上げることになった。ニュートンは、「こっち」の地上の出来事も「あっち」の天上の出来事も同じ法則で語れるのだという説明をしてみせた。法則というのは運動法則である。

このようなコペルニクス的転回による考え方は、一方ではむろん近代科学のめざましい発達をもたらしたのであるけれど、他方では人々に「世界はたくさんあってもいいんだ」という空想をもたらしもした。クザーヌスやブルーノの「無限の宇宙」や「複数の天体」はもっとはびこったのだ。たとえば、フランシス・ゴドウィンの『月の男』(岩波書店)に、ウィルキンズの『月世界発見』(未訳)に、シラノ・ド・ベルジュラックの『月世界旅行記』(早川書房・講談社文庫)に、フォントネルの『世界の複数性についての対話』(工作舎)に……。これらは幻想小説のハシリとなった。

神を「あっち」に追いやったから、これで科学の陣営のほうは〝神なき万全〟になったかというと、そういうわけにはいかない。神に代わって「悪魔」が復活してきた。もともと悪魔は、神が創造したはずの「世界の調和」を乱す邪悪なものとして想定されてきたのだが、その悪魔が科学の側にもあらわれたのだ。

最初にそのことをはっきり言い出したのは、ナポレオン時代のラプラスである。もともとデカルトやニュートンによって確立した近代科学の原理は、「世界にはたらく力がすべてわかっているのなら、ある時刻におこる世界の出来事はあらかじめ予測できるはずだ」というものだった。これを「決定論」とか「決定論的世界観」というのだが、そこでラプラスは、それならば世界にはそのようにすべての出来事を予知できる悪魔がいるということだろうとみなした。これが「ラプラスの魔」だ。

この悪魔はニュートン力学を全宇宙に適用したとたんに黒いマントを翻して出現する

万能悪魔とでもいうもので、いったん宇宙が動き出せば、その後の動きは完璧《かんぺき》に記述する。とすると近代の合理的科学者のほうこそ、みんな悪魔だということになるのだが、ただし、この悪魔にも唯一の欠陥があった。そしてそこにまた、神の唯一の残り少ない出番もあったのである。こういう悪魔の唯一の欠陥と神の唯一の出番のことを、科学では「初期条件《イニシャル・コンディション》の問題」という。神が宇宙の最初の一撃（初期条件）をおこさないかぎり、このニュートン宇宙は二進《にっち》も三進《さっち》もいかないからだ。

つづいてもう一人、悪魔を提唱した科学者が登場した。マックスウェルである。十九世紀半ばになると、気体が多くの分子からできていることがわかってきて、気体のふるまいを知るには多数の分子の動向を調べる必要が出てきた。マックスウェルは、分子一個一個の運動をすばやく見分けてしまうような、やたらに精細な目をもった悪魔を想定した。分子の速度を一個ずつ測れる悪魔だ。これが「マックスウェルの魔」だ。むろんそんな克明な能力をもつ悪魔はありえない。そんなことをしていれば悪魔自身のエントロピーが上昇してしまって、悪魔のほうがくたばってしまう。

では、「マックスウェルの魔」はお役御免かというと、そうではなかった。時代がすすむと、ここには統計的で確率的な世界観を導入すればいいということがわかっていった。「マックスウェルの魔」は一個ずつの分子のふるまいを見定めようとしたが、新たに登場した「確率の魔」は分子の統計的ふるまいを見定めることにしたのだった。

こうして科学はまたしても悪魔をつかって説明を進めることになっていく。科学というもの、このように神や悪魔と出会いながら発展してきた。池内さんが言いたいのは、科学者たちはときどきは悪魔の名を借りて、自身、みずから神に挑戦する悪魔となってきたということである。

意見や判断のことを、ギリシア語では「ドクサ」（臆断《おくだん》）という。そのドクサを成立させないもの、あるいはドクサを矛盾に追いこむロジックやメッセージを古代ギリシア人たちはパラドクサ、すなわち「パラドックス」と呼んだ。

パラドックスは全知全能の神さまには似合わない。したがってパラドックスはこれまたすこぶる悪魔的な問題となりえた。ところが洋の東西を問わず、宗教はパラドックスを避けようとはしない傾向をもってきた。これは驚くべきことである。たとえば「貧しき者は幸いである」「善人なおもて往生をとぐ。いわんや悪人をや」と言って、むしろパラドックスを絶妙に使って信仰を広めてきた。とりわけナーガールジュナ（龍樹）はパラドックスをもってパラドックスを凌駕《りょうが》した。その究極のパラダイムが「空《くう》」である。パラドックスなのに東洋哲学の到達点が見えてくる。宗教哲学の強みだろう。

他方、科学のほうも古来このかた、「ゼノンのパラドックス」や「エピメニデスのパラドックス」などを次々にかかえ、これをなんとか合理で説明しようとして苦慮し、しかし結局は「論理」を磨きあげ、数学をこれに添わせてきた。

それでみかけはうまくいったかに思えたのだが、パラドックスの性質によっては、実は数学を前に進めることができない問題があることもしだいにわかってきた。論理に徹したい文化の宿命的な苦闘がここに始まった。たとえば「エピメニデスのパラドックス」は、クレタ人であるエピメニデスが「クレタ人はすべて嘘つきである」と言ったというとき、さてエピメニデスは嘘つきなのかどうかという問題を提示しているのだが、この問題はいくら論理を駆使して検討してみても、結果がいずれも否定されてしまうという性質のものだった。

論理学ではこういう堂々めぐりを「自己言及パラドックス」という。たいそう厄介な問題で、このパラドックスを論理学や記号数学はなかなか説明できなかったのだ。しかしながらこれを別の言い方でいえば、論理や数学で証明（説明）できないものなんていくらでもありうるということでもあった。それを言ってのけたのがゲーデルの「不完全性定理」である。

ゲーデル以降、パラドックスをめぐる論理の苦闘は、数学を「超数学」から見るという新たな視点に運ぶのには役立った。とはいえ、このようなパラドックスが天体の観測においてもおこるとは、天文学者たちはついぞ思っていなかった。そこに出現してきたのが宇宙論初のパラドックスを集約してみせた「オルバースのパラドックス」というものなのである。

天の星々が太陽のような恒星であることは、十九世紀半ばをすぎると常識になってきた。ガリレオの太陽は無数にありそうだった。しかしそれなら、たくさんの太陽に満ちているはずの夜空はなぜあんなにも暗いのか。

夜空が暗い理由については、いろいろな説明が試みられてきた。ケプラーは「宇宙は黒い壁に囲まれている」と言い、デカルトは「宇宙は有限だから」という説明をした。オルバースはさまざまな天体計算をしてみせて、どんな説明をもってしても夜空が暗い理由の説明はできないと言い出した。

パラドックスが生じたのは、星の見かけの明るさが距離の二乗に反比例して弱くなるのに対して、星の数は距離の二乗に比例して増大し、両者の積は距離に比例して大きくなることにもとづいていた。無限宇宙なら距離は無限だから、積も無限になってしまう。それゆえこのままではパラドックスは解けない。オルバース自身は宇宙には星間ガスが多くて、そのため手前の星しか見えないのではないかという天体不透明説を提案したのだが、その理由は「神が不透明な宇宙を創ったとしか言いえない」としか説明できなかった。またしても神さまのお出ましだ。

一八四四年、ウィリアム・ハーシェルがこのパラドックスに挑戦した。光はエネルギーをもっていて、光が吸収されるとエネルギーは物質を温めるほうに使われ、吸収体の温度が上がり、物体は熱放射をする。もしも吸収体の温度が星の寿命より短い時間で上昇するなら、吸収したエネルギーと同じ量を放出するだろう（実際にも、地球は太陽から受け取ったエネルギーを宇宙空間に再放出していて、だから地球の温度はほぼ一定を保ってきた）。

ハーシェルはオルバースの不透明説を突破するには、吸収体が熱エネルギーを再放出しない星がたくさんあると考えればいいだろうという提案をした。ところが、そのような星を計算で出すわけにはいかなかったのだ（一兆は必要だ）。

結局、パラドックスを解消するには、宇宙が膨張していること、その宇宙のどこにおいても星たちは無限に近い階層構造をもっているだろうこと、遠方の星の光は距離が遠くなるほど低減することといった、大きくまとめればこの三つの条件をくみあわせればなんとかなるということになった。が、実際のパラドックス解決には、宇宙が有限年齢であるということも加えなければ説明できなかったのである。

科学はこうして近代から現代に突入する。神と悪魔をたくみに活用してパラドックスを解こうとするたびに、ロジック好きの科学も著しい成長をとげた。

その代表的な理論が宇宙膨張論と宇宙ビッグバン理論である。これは何を求めた結果なのかというと、ごくごくわかりやすくいえば、不確実な現象を確実に予測したかったのである。それが宇宙科学の癒《いや》しがたい欲望だったのだ。

実際の科学の現場では、ごく単純なこともわからないことが多すぎた。たとえば玉突きやパチンコの玉がどのように進むかとか、砂山の砂がどのように崩れるかとか、飛行機の翼がどこで疲労するかとか、そういうことは、すべて日常的な現象なのだから、ほんとうはニュートン力学の延長で解けるはずだったのに、それがそうならない。樹木から木の葉がどの地点に落ちるかは科学できないし、タバコの煙の行方も科学できないままだったのだ。論理では説明できないことがしだいに多くなってきた。

いまでも天気予報に「降水確率」といった曖昧《あいまい》きわまりない用語がつかわれているように、こうした確率的な現象と新たな科学は向き合うことになった。かくして科学は「不確実との確率的な妥協」をはかるしかなくなったのである。

それを今日ではしばしば「カオスの介在」とか「複雑系を相手にする」という。二十世紀後半は、この新たな神だか悪魔だかわからない不確実な動向にとりくんでいく。そのようになる原因がどこにあるかといえば、まとめれば四つに起因した。

①原因と結果が線形の比例関係になく、かなり小さな原因も結果を大きく変えてしまっているという非線形な原因がどこかにはたらいている。

②どこかで量から質への転化が生じ、多数の要素の動向がコヒーレント（協同的）におこっているため、個々の要素の和がシステム全体の特徴をあらわさない。
③その現象が多成分系であるため、そこにいくつもの相互作用のチャネルやルートがあって、これを同時に予測したり測定したりすることができない。
④その現象の系（システム）を構成しているどこかに「ゆらぎ」が生じていて、それによって系が成長したり変化したり、新たな秩序を形成したりしている。

これらはすべて複雑系の特徴である。このような原因をはらませた現象やシステムは、かなりある。神経の回路の中の出来事からオーロラの発生動向まで、世は複雑系だらけといっていい。すでにポアンカレは、三個の天体運動すらその動きは予測できない原因をはらむと書いて、カオスの存在を予言した。

ニュートン力学の原則は、どんな物体（質点）の様相も、初期条件として位置と速度さえ与えられれば、その後の運動はカンペキに決定できるというものだった。
けれども初期条件にほんの少しの非線形な性質が加わるだけで、北京での蝶々《ちょうちょう》のパタパタがニューヨークの嵐のバタバタになってしまう。米中戦争のさなかでもあったなら、これで中国はみんなで「胡蝶《こちょう》の夢」を見ればいいけれど、科学者はそうはいかない。一九六〇年代に入ると果敢な研究が始まって、そこにはカオスやソリトンや散逸構造といった〝新たな秩序〟が隠れているだろうことを仮説した。

観察の仕方や計算の仕方も変える必要がある。ニュートン力学のように質点や粒子の個々の運動を追いかけるのではなく、運動の様相を大きな幅をもって長い目で見るようにした。それで、運動を粘り強く見ていると（コンピュータで）、初期条件がちょっと異なるだけで変わった動きをしている粒子たちは、必ず奇妙な誘導場のようなところに立ち寄っていることがわかったのだ。これが「ストレンジ・アトラクター」である。

池内さんは、このアトラクター（リミットサイクル）を「適当に動きまわっている旅人が宿屋に立ち寄るようなものだ」と見立てたが、加えて見えてきたのは、このストレンジ・アトラクターという宿屋に近づく粒子の軌道は、きわめてよく似たパターンをとっていたということである。

カオスの宿屋ではみんながみんな、ほぼ自己相似的なのだ。いいかえればストレンジ・アトラクターはそのような相似構造でできていたわけである。それこそがカオスのもつ規則性だったのだ。

いま出回っている自然の法則は、大別すると二つのカテゴリーに分けられる。まるで神が関与しているかのように「魔法の数」をもつ法則と、そういう「魔法の数」ではあらわせない法則だ。

前者は、サイズや密度やエネルギーなどの物理量が特徴的な数値をとるような法則たちで、地球上の物質はほとんどその密度（単位立法センチメートルあたりの質量）を一グラムから一〇グラムにしているとか、木材や石油やダイナマイトが発するエネルギーを温度換算すると摂氏一〇〇度から一〇〇〇度になっているといったことをあらわす。

後者のほうでは、サイズや密度やエネルギーなどの物理量が広い範囲の数値をとる法則などがある。たとえば粉塵《ふんじん》・砂粒・小石・岩石・小山・高山を構成する石っぽい物質は、一〇桁《けた》にわたるサイズが並んでいく。地震の揺れだって実際にはしょっちゅうおこっているにもかかわらず、まったく体に感じない揺れからビルが倒壊する揺れまでがある。これらは数値の幅がべらぼうなのだ。だからここには神も悪魔もなかなか入れない。

というふうに二つの自然法則に分けられるのだが、ところが後者の現象には実は隠れた特徴があった。それはフラクタルで自己相似的な特徴というものだ。大きな数値をとる現象も、小さな数値の現象とその構造や運動形態がよく似ていたのだ。地震の例でいえば、大きな揺れも小さな揺れもベキ関数になって、幅はあるのに揺れのパターンは似ている（グーテンベルク＝リヒターの関係）。

わかりやすくいえば、砂粒もこれを大きく引き伸ばした写真にすれば、巨大な岩石そっくりなのである。こういう特徴関係は、小枝と樹木の全体の構造の関係にも、河川の俯瞰《ふかん》と細部の構造の関係にも、稲妻や神経の相似的構造にもあてはまる。それらは階層的にネステッド（入れ子）なのだ。ぼくがかつて「遊」一〇〇一号で「相似律」を特集したのは、この法則を見せたかったからだった。

それだけではなく、こういう特徴関係は太陽系↓銀河系↓超銀河系↓宇宙というような、とびきりメガな構造にもあてはまりそうだった。宇宙もまた階層的で自己相似的なネステッドな構造をもっていそうなのである。新たなものたちの姿は神や悪魔ではなく、互いを反映しあう鏡像のようなものだったのだ。

ではそれなら、「オルバースのパラドックス」以降の宇宙についての仮説も、このような見方でおおむね説明がつくかといえば、それがそうは問屋が卸してはくれない。池内さんの話はいよいよ得意の宇宙論にさしかかっていく。

本書はまず、「物理学原理主義」による宇宙論から説明している。どんな社会にも癒しがたい原理主義者がいるものだが、宇宙論における原理主義は「物理原理に矛盾しないかぎり、どんなに異様な仮説になろうと極限まで描像を提案する」というものだ。これは、神なんていっさい介在させまいという世界描像になる。

神を介在させないためには、「神の最初の一撃」を別の現象で説明しなければならない。つまり、宇宙の起源という根本的な初期条件に「無」あるいは「無の代わりになるもの」

を想定することになる。これは大変だ。「無」なんだから、時間も空間もない。いったい時間ゼロの状態とは何なのかということを想定しなければならない。むろん宗教哲学にはしたくない。そんなことをどうやって説明するのか。

二十世紀科学では、時空間の特質の多くはアインシュタインの重力場方程式で説明されてきた。けれども宇宙の起源の状態を描くには、ここに「プランク時間」という最も極微の量子化された時間の効果(量子効果)を加える必要があった。原理主義的な科学者たちは、このあたりを手かがりにすることにした。しかしプランク時間はかぎりなくゼロに近い時間だが、ゼロではない。つまりは「無」に近い状態を律する仮想の時間なのである。時間がないのだから、物質もない。そこをどう説明するか。

物理学ではアリストテレスこのかた何もないところを「真空」と名付けてきた。しかし真空には何もないのかというと、そうでもない。真空に電場を少しずつかけて強くしていくと、あるところで突然に電子と陽電子が対になって生成される。いずれもプラスのエネルギー(質量)があるので、われわれも感知できる。ということは、真空からも〝もの〟は取り出せるということで、そうだとしたら真空は「無」ではない。

このことを理解するには、最初の真空にマイナスのエネルギーをもった電子が海のように湛《たた》えられていたと考えてみるといい。そこに電場をかけると、電場がマイナスのエネルギーの電子に仕事をして、プラスのエネルギーにまで加速させる。このときマイナスのエネルギー状態の電子が一個抜けたのだから、そこに穴（孔）があいたはずである。この穴はマイナスの穴（負の孔）だろうから、穴自体はマイナス×マイナスとなってプラスのエネルギー粒子とみなすことができる。つまり、この穴は電子が抜けた穴なので、この穴自体を電子の反対の性質の粒子、つまり陽電子であるとみなせるはずだ。物理学ではこれを「反物質」とも名付けた。「無」と見えた真空は、実はこういうふうな〝もの〟（こと？）を潜在させていたのだ。

というように考えてみせたのが、ディラックの「負の孔《あな》」仮説というもの、すなわち「電子の海」理論だった。ぼくがかつて「トモナガの量子論かディラックの量子論か」と世間が騒いでいるとき、迷わずディラックの教科書を選んだ、あの天才ディラックによる仮説だ。

それにしても反物質とか一対のプラマイ電子が出てくるだなんて、まことにわかりにくいと思うだろう。それとも、ここにはやはり神や悪魔が導入されたと思いたくなるかもしれない。しかし、そうではない。これは神や悪魔を介入させないでつくってみせた巧みな理論なのである。あたかも空っぽの財布から現金を取り出すようなものだと、池内さんは言う。それはATMにカードを入れると現金が出てくるようなもので、空っぽの財布（真空）でも、カード（電場）をつかえば現金（電子）が取り出せる。このときあわせて借用書も出てくるが、これが陽電子（反物質）なのである。

時間や空間もこのような考え方で、ゼロあるいはゼロ以前の状態を想定できないだろうか。それができると言ったのがホーキングやペンローズだった。

アインシュタインの関係式で記述できるのは、プランク時間以降の現象である。この時間は実数で示せる最初の時間で、現在まで止まることなく時を刻んでいる。それ以前は重力も量子論的に扱わなければならない。

そこでホーキングらは、ここに「虚数」のような時間があると想定した。時間はゼロから始まったのではなく、有限の（ゼロではない）プランク時間から始まったとみなした。逆から見れば、現在から過去にさかのぼっていったとき、時間はプランク時間に突入したところで突然に消失したとみなしたのだ。

計算してみると、まあまあだった。虚数時間でもなんとかうまくいく。原理主義の物理学者たちはしだいに大胆になって、これを空間にもあてはめた。「プランク長さ」というものを想定し、その極微のスケールがあらわれるプランク時間以前のときをもって「無」の空間の誕生とみなしたのである。

これで、「無」に代わる〝ゼロ以前時空〟のお膳《ぜん》立てがあらかた用意できたわけだ。ホーキングはそれをかわいらしく「ベビー・ユニバース」と名付けたけれど、むしろ「胎児宇宙」とか「胚胎宇宙《はいたい》」というべきである。こうして、いよいよ物質が「無」から「有」に転じるドラマのシナリオづくりが始まった。ビッグバンがおこる直前のドラマだ。

ただし、ちょっとした難問もあった。真空から物質と反物質という一対の「有」を発生させたいなら、真空に電場をかければよかったのだが、さすがにゼロ以前の時空に電場にあたるものはかけられない。それではまたまた「神の一撃」に頼ることになる。ここをどう切り抜ければいいか。これは困った。ここで新たなアイディアが登場した。科学者たちは宇宙創成三分間の直前に「相転移」がおこると考えたのだ。

宇宙の当初に大掛かりな相転移をもちだした新たなシナリオは、こうだった。比喩《ひゆ》的に説明するしかない。

われわれは海面より上に出た土地を島とか陸とよんでいる。この島や陸をエネルギーがプラスの物質が見えている状態だとみなすとすると、海面下に隠れている島や陸のつづきはマイナスのエネルギーの物質状態だとみなすことができる。それと似たようなことが、宇宙誕生ゼロ時空の前と後にあったとする。ゼロ時空状態の海面をまたいで、真空のエネルギーが変化しているとみなすのだ。

そうすると、どうなるのか。プランク時間以前では海面が非常に高くて、すべての土地（物質）は海面下に隠れている。それがプラスのエネルギーの物質が何もない「無」にあたる。ついでプランク時間になったとき、突然に海面が大きく下がる。すると、隠れていた島や陸が姿をあらわしてくる。これが物質と反物質だ。

当初にエネルギーが満ちた真空があって、そのエネルギーのゼロ点（海面）が高かったのが、プランク時間で真空の状態が突如変化したため、ここで相転移がおこって、ゼロ点が下がり（海水が引いて）、物質と反物質が創成されたという説明なのである。このとき真空のエネルギーも大量に放出されるので、それによって宇宙空間が急激に膨張した。かくて膨張のインフレーションがおこり、宇宙はいわゆる膨張宇宙論の様相となる。ざっとこういうふうだった。


やや立ち入った話を紹介しすぎたかもしれないが、これが原理主義的宇宙論の冒険だった。もっともこうした理論だけでは、神に代わって「無」以前を支配していた真空エネルギーがどういうものだったかは、わからない。

もしもその当初の真空エネルギーがあまりに高ければ、宇宙膨張が速すぎて、銀河や星を形成できないこともありえたし、真空エネルギーが低すぎれば宇宙は膨張できずに、すぐに収縮してブラックホール宇宙になったかもしれない。実際にもこの理論では、当初のベビー・ユニバース（胎児宇宙）のその後の展開によっては、空間が十次元にも十二次元にもなりうるし、そのうちの二次元だけ膨張して平面宇宙になる可能性もある。ひょっとしたら、そのような特色をもつ宇宙は今日の時空に多様に散らばっているのかもしれない。

そんなこんなで、ここからはスーパーストリング理論（超ひも理論）やDブレーン理論やM理論や、ひいては美人で誉れ高いリサ・ランドールのワープ理論など、数々の最新仮説が目白押しになってきた。が、この話はこのあたりにしておこう。

ところで、池内さんは最後に、ある謎をかけて本書をおえている。そのことを少々付け加えておきたい。それは神や悪魔をいっさい排除したぶん、科学はあまりに人間を中心にした原理によって宇宙を語るようになったのではないか。その語り方に問題はないのかという話だ。これを「人間原理（anthropic principle）の宇宙論」の問題という。

最初にのべたように、科学は「自然現象がなぜそのようになっているか」には答えない。「自然はそのようになっているだろう」ということを証明しているにすぎない。

今日の宇宙論では、宇宙の年齢はだいたい一三〇億年ほどだということになっている。この見積りは科学がかかえた見積りのなかで最大のものである。もしもこの見積りがちがっていれば、科学の説明のいくつもの条件が変わってしまう。たとえば、われわれが観測した宇宙がたまたま一三〇億年の歴史を刻む宇宙だっただけで、もっと別の宇宙がありうる可能性も否定はできない。もっと若い宇宙やもっと老いた宇宙があってもおかしくない。

しかし、このように想定するには、光の速度のべらぼうな速さや重力定数のべらぼうな弱さなど、すべての説明の根拠にしてきた定数のあり方も疑わなければならなくなってくる。けれどもこんなことに疑心暗鬼になっていては、またぞろ見えない神や悪魔を想定することになりかねない。そこで、こうした疑心暗鬼を払う考え方によって宇宙論の科学哲学のようなものを組み立ててしまおうという仮説が登場してきたのである。これを「人間原理の宇宙論」という。一九七三年にブランドン・カーターが提案し、その後はジョージ・エリスやホーキングをはじめ、お歴々が賛同するようになった。

この原理の基本になっているのは、現在の宇宙年齢が一三〇億年程度になっているというそのこと自身が、この宇宙における人間の存在を前提にした唯一の宇宙論になるという考え方なのだ。

われわれがこの地球に生まれるにあたって、初期に準備されたのは炭素を代表とする重い元素である。生命は炭素の化合物を芯《しん》にしてできあがった有機体である。酸素を吸いこんで代謝作用につかい、それによってつくったタンパク質は窒素を主成分にした。かくて炭素・酸素・窒素を主要な構成物とし、ここに鉄・リン・硫黄《いおう》・カルシウム……などの少量ではあるが多様な元素をくみあわせて、生命体としての活動を可能なものにしてきた。これは、地球が重い元素を主な構成とした岩石惑星であったことにもとづいていた。

宇宙は水素の作用から出発して、高温時にヘリウムをつくり、やがて元素周期表の順に元素をつくりだしていったのだが、重い元素は核融合反応によって星が輝く段階にならないと、内部に出現しなかった、重い元素が蓄積されないと岩石惑星は生まれず、それが生まれなければ生命体は出現しなかったのだから、若すぎる宇宙では地球はできず、したがって人間も生まれえなかった。われわれは宇宙の適齢期に登場したということになる。

こんなふうに考えていくと、宇宙は最初から人間をこのように生み出すべき必然をもって進化してきたのではないかという、どうにも鼻持ちならないほど傲慢《ごうまん》な思想が成立する。これを「強い（active）人間原理」という。これが流行してしまったのだ。

この傲慢な考え方を信奉する科学者たちは、この原理でしか説明できないことがいろいろあると言い出した。たとえば「対流条件」の説明だ。人間が生まれるには地球のようなサイズの岩石惑星がなければならず、そのためにはその惑星は水素やヘリウムの厚いガスで地表が覆われていては困るから、これを一挙に吹き飛ばす必要があるのだが、惑星にはそんな大量のガスを吹き飛ばすエネルギーがないので、おそらく惑星と一緒に生まれた星の作用に頼らざるをえない。つまりは太陽のような恒星が必要だった。

太陽のような星は中心でおこる核反応によってエネルギーを放出しているが、内部と表面との温度に差ができると対流をつくる。この対流が太陽の表面からガス（星風）を激しく噴き出させ、近くの惑星に吹きつける。つまりは、こういう対流層をもった星の近くにある岩石惑星だけに、われわれのような生命が発生したのではないかと考えるのだ。それがとりもなおさず、人間原理型の宇宙と地球と人間の関係をうまく説明する仕方だというのである。

あまりに人間中心な「強い人間原理」にはさまざまな〝強引〟がある。そもそも仮に、そのようにして地球に人間が登場してきたとしても、その人間が宇宙を語る唯一の語り部になりうる根拠など、説明できるはずがない。

これまで地球に登場した生物の九九パーセントは絶滅しているのだし、その平均寿命は約四〇〇万年である。人間はホモ・エレクトスから数えて三〇〇万年くらいたち、ホモ・サピエンスから数えると一〇万年くらいだから、何をもってヒトの起源とするかによるが、ひょっとするとあと一〇〇万年の寿命があるかどうかもわからない。さらには、一億年以上栄えた恐竜があっというまに絶滅したり、ネアンデルタール人がほんの数万年でいなくなったりしてしまったようなアクシデンタルなこともあるのだから、人間の普遍的存在はどうみても立証しえないはずなのだ。それを人間が存在しえたという基準をもって宇宙論を強く説明しようとするのは、どうか。どうにも無理がある。

そこで、こうした「強い人間原理」に対して、最近では「弱い（passive）人間原理」というものが提唱されつつある。これは、宇宙の安定や地球の安定は重力定数や電荷の大きさなどがほんの少し異なるだけで大きく変わってしまうのではないか、宇宙も地球も生命もまことに微妙に微調整されているにすぎないのではないかというもので、しごく当然な反論ないしは修正である。

ところが、この「弱い人間原理」もその多くは、物質の階層構造がどのように安定的にできているかという議論からしか検討されてはいない。宇宙の階層構造のどこかに脆《もろ》いところがあることは指摘されてはいるのだが、それはまだやはり人間を存在させるために微調整されてきたというふうに、解釈されている。フラジャイルな宇宙論とは言いがたい。

こういうふうに見てくると、「人間原理の宇宙論」は、やはり神を人間におきかえたにすぎなかったのだと、今日の段階では言わざるをえない。まだ本来のフラジリティをめぐる考え方は宇宙にも生命にも、くみこまれてはいない。いささか残念なことである。

第一二五四夜　二〇〇八年七月二五日

参照千夜

一二四一夜：モリス・バーマン『デカルトからベイトソンへ』　七三三夜：アウグスティヌス『三位一体論』　二九一夜：アリストテレス『形而上学』　九一三夜：ダンテ『神曲』　一七三四夜：ガリレオ『星界の報告』　二四一夜：エーコ『薔薇の名前』　九九四夜：ライプニッツ『ライプニッツ著作集』　一〇〇九夜：ラプラス『確率の哲学的試論』　五五〇夜：臨済義玄・慧然『臨済録』　一一七五夜：無門慧開『無門関』　一〇五八夜：ハオ・ワン『ゲーデル再考』　三七七夜：ケプラー『宇宙の神秘』　一八夜：ポアンカレ『科学と方法』　一〇六六夜：ジョン・キャスティ『複雑性とパラドックス』　八四八夜：渡辺慎介『ソリトン・非線形のふしぎ』　九〇九夜：プリゴジン『確実性の終焉』　一一二五夜：蔵本由紀『非線形科学』　四夜：ペンローズ『皇帝の新しい心』　一九二夜：ホーキング『ホーキング、宇宙を語る』　七六〇夜：フレッド・アラン・ウルフ『もう一つの宇宙』　一〇〇一夜：ブライアン・グリーン『エレガントな宇宙』　五七〇夜：アインシュタイン『わが相対性理論』

ビッグバン直前の宇宙に、
とても過激なインフレーションがおこっていた。

佐藤勝彦

宇宙137億年の歴史

佐藤勝彦最終講義

角川選書（角川学芸出版）二〇一〇

今夜は一人の宇宙物理学者のユニークな研究履歴を少々追いながら、宇宙の生い立ちの話をしてみたい。宇宙物理学者というのは佐藤勝彦さんのことだ。宇宙の生い立ちの話といっても、佐藤さんはビッグバン直前のインフレーションのしくみを世界に先駆けて解いた宇宙物理学者だから、そのビッグバン前後の話が中心になる。

もうひとつ、今夜の話し方として、佐藤さんはぼくとはほぼ同い歳なので、宇宙のドシロートのぼくが宇宙のドクロートの佐藤さんの研究の歩みを別の部屋からどう見てきたかということも、多少加えてみたい。佐藤さんはおそらく佳《よ》き時代最後の理論物理学の香ばしい空気を吸った人で、ぼくにはそのことがけっこう重要であるからだ。ごく僅《わず》かながら重なりもある。たとえばぼくが遠くから宇宙や素粒子を齧《かじ》っていたときに、佐藤さんは湯川さんに憧《あこが》れて京大に入り、大学院で林忠四郎《ちゅうしろう》センセイの研究室に入ったのだが、ぼくも林センセイのもとを訪れていたのである。その話はあとでする。

では、話を始めるが、まずは佐藤さんが研究した「ビッグバン直前の宇宙」というものをどんなふうにイメージすればいいのかということから説明してみたい。

宇宙は一三七億年前あるいは一三八億年前に誕生したというふうになっている。誕生したというと、まるで何かがマイクロチャイルドのようにポコッと生まれたようだが、そうではない。宇宙の核ができたわけでもない。あえていえば「光の動向」のようなものが異様にピカッとしたというほうが近い。それがビッグバン以前のこと、直前のことだった。

この異様な「光の動向」は高温の水素やヘリウムの荷電粒子（原子核と電子）をはらんでいた。荷電粒子が自由にとびまわっていて、その区別がつかないくらいの状態にあったとおぼしい。すべてが自由な電離状態にあったので、この状態をプラズマ状態という。ピカピカの、あるいはビカビカの「光ばっかり状態」だ。そのあとにビッグバンがおこったのである。

その「光ばっかり状態」が生じたのが一三七、八億年前のことだったと目算できたのは、二つの劇的な観測と発見による。一九六五年に「宇宙背景輻射《ふくしゃ》」が観測され、一九九二年に宇宙最深の「ゆらぎ」が発見されたからだった。

宇宙背景輻射（cosmic background radiation）はＣＭＢ（cosmic microwave background）ともいって、天球の全天から一様なマイクロ波が放射されていることをいう。

一九六五年、アメリカのベル研究所のペンジアスとウィルソンが天体観測のアンテナの雑音をへらす工夫をしているときに、ＣＭＢが偶然に発見された。最初はどこかの天体が発している電波だと思っていたのだが、このマイクロ波が二四時間たえまなく、宇宙のどの方向からも同じ強さでやってくることから、これは特定の天体からの発信ではなくて、宇宙に一様に満ちているＣＭＢの名残りだということが判明した。

すでに宇宙の初期にＣＭＢが放射されていたであろうことは、ガモフらのビッグバン理論が予告していたことだった。しかし、証拠がなかった。それがペンジアスとウィルソンの発見によって実証された。ＣＭＢのスペクトルが３Ｋ（絶対温度３）であること、それが黒体輻射の２・７２５Ｋに近似していることもわかった。黒体輻射と近いということは、宇宙誕生の初期のドラマは量子力学で語れるという可能性を示していた。

一九六五年はぼくが大学で学生運動の旗を振っていた年だ。旗は振っていたが、あとで述べるように、なぜか宇宙物理学と素粒子物理学の最前線のことだけは気になっていた。だから3K宇宙背景輻射のニュースには沸き立つような興奮をおぼえた。

話はとんで一九九二年、COBE（コービー）衛星はCMBのほぼすべての観測データをもとに宇宙地図を作成し、そこに「ゆらぎ」のあることを認めた。ビッグバン以降の宇宙の大規模構造のもとをつくったであろう何もない宇宙におこった「ゆらぎ」だから「真空のゆらぎ」というに近い。「ゆらぎ」があったということは、宇宙史の最初になんらかの相転移がおこったということだ。ロマンチックにも「宇宙のさざなみ」などとも名付けられた。

こうしてビッグバン直後の状態が見えてくると、あとはその後の宇宙の膨張速度から、原初の「光ばっかり状態」を逆算することになり、ここに一三七億年前後という誕生期が想定されるようになったのだった。

ふりかえって宇宙の年齢を数えられるようになったのは、ハッブルが遠方の銀河ほど速い速度で遠のいていることを発見したからで、このヴィジョンにもとづけば、宇宙はずっと膨張してきたのだということがわかる。現在の天文学では各銀河は秒速三〇〇キロの速さで遠のいている。

この膨張する宇宙を過去にたどっていけば、遠く離れた二つの銀河はだんだん近づいてくるはずだった。もっとさかのぼればどうか？　さよう、二つの銀河は重なることになる。

どのくらいさかのぼれば重なるのか、計算してみることができる。一〇〇〇万光年離れた二つの銀河が秒速三〇〇キロで離れていくということは、光速度（秒速三〇万キロ）の一〇〇〇分の一の速さで、一〇〇〇万年かかるということだから、一〇〇〇万年×一〇〇〇倍で一〇〇億年前には二つの銀河は重なっていたということになる。

二〇〇〇万光年離れた二つの銀河はどうかといえば、ハッブルの法則では距離が二倍なら遠ざかる速度は二倍になるので、秒速六〇〇キロで互いに遠ざかっていることになる。秒速六〇〇キロは光速度の五〇〇分の一だから、二〇〇〇万年の五〇〇倍で、やはり一〇〇億年前にはこちらも重なっていた。つまり、どんなに離れた二つの銀河も一〇〇億年前にはすべて重なっていたのである。

こうして「一〇〇億年前には全宇宙が一点に重なっていた」という宇宙史のベーシック・モデルができあがった。これが計算上の宇宙年齢だった。ただし、宇宙が生まれたときには銀河はないはずだから、宇宙のはじまりは一〇〇億年よりも前だということになる。その「前」に、「ゆらぎ」がおこり、インフレーションがおこり、ビッグバンがおこったのだ。

ではこのへんで、少し佐藤さんの話をするが、前述したように佐藤勝彦さんは京大の林忠四郎センセイの弟子だった。忠四郎センセイは、日本で天文学と原子物理学と素粒子物理学をつないだ先駆者で、ぼくが高校時代に「天文と気象」「天文ガイド」「自然」「科学朝日」などを購読していたころからその名が轟《とどろ》いていた。

ガモフやベーテやアルファたちが宇宙起源論としてαβγ理論を提唱したのを受けてこれを手直しし、いっときは「アルファー・ベータ・ガンマ・ハヤシの理論」と呼ばれていたこともある。ぼくは『全宇宙誌』（工作舎）の構成編集にとりかかったとき、星の一生とHR図（恒星の散布図）の詳細をうかがうために忠四郎センセイのところに通った。のちに文化勲章を受けられた。

湯川秀樹の構想と実績に憧れて京大に入った佐藤さんは、大学院生になってこの忠四郎センセイの研究室に入ったのである。一九六八年だ。ちょうどケンブリッジのマラード電波天文台のヒューウィッシュらがパルサー（中性子星）からの謎の電波をキャッチして、おうし座のカニ星雲に〇・〇三三秒の周期でシンチレーション（点滅）をくりかえしているカニ・パルサーが発見された年だった。

当時、この謎の電波天体はちょっと冗談めかして「緑男」とか「LGM」と呼ばれ、天文雑誌を賑《にぎ》わしていた。Little Green Man（緑の男）の異名をとったのである。佐藤さんはLGMに興味をもち、修士論文をパルサー研究でいこうと決めたようだ。だから佐藤さんの初期の専門は「超新星におけるニュートリノの影響」についての研究なのである。

大学院二回生のとき、湯川さんの招きでベーテが京大の基礎物理研に滞在することになり、ドイツのマックス・プランク研究所（所長はハイゼンベルク）からやってきたゲルハルト・ベルナーとともに、原子核が中性子星の中や超新星の爆発過程でどんなふうに形状を変えながら溶けていくかという研究に勤《いそ》しんだ。ベーテの熱心な指導ぶりや考え方がいい刺激になったという。

一九七九年になると、コペンハーゲンのニールス・ボーア研究所から客員教授に来ないかと誘われた。研究所に隣接するNORDITA（ノルディタ：北欧理論物理学研究所）の客員教授に招かれたのである。ニュートリノのトラッピング理論についての論文が評価されたためだ。これは佐藤さんの業績のなかでもトップ二に入る理論になったもので、のちのちカミオカンデでのニュートリノ捕捉《ほそく》後に実証された。

ニュートリノのトラッピングというのは、星の最後に放出されるニュートリノのふるまいのことである。夜空で星がキラキラ瞬《またた》いているのは地球大気圏で光が散乱するからだが、そのキラキラのもとは星の中での核反応によるエネルギーが放出されたせいだった。けれどもそういう星（恒星）もやがて燃料が燃え尽きて、「星の一生」の最後近くには中心のコアに燃え尽きた灰のように鉄族がたまる。さらに臨終近くになると、この鉄族のコアが潰れてそのまま中性子星（ニュートロン・スター）になって不安定な状態が極まり、そのあとはブラックホールに向かうか、それとも一挙に残り滓《かす》を爆発させて新たな超新星（スーパーノヴァ）になるか、その最終選択を迫られる。

この大団円のときに大量のニュートリノが宇宙空間に放出される。当時の仮説ではそのときニュートリノは星の最後のエネルギーをもったまま宇宙空間に逃げていくとされていた。しかし佐藤さんは、ニュートリノといえども、中性子星やブラックホールになりかけの星の中に一時的にトラップされているはずだと考えた。しばらくはコアの中に閉じ込められて逃げ出せない状態があったのではないか。この閉じ込められたニュートリノの圧力によって、超新星爆発のエネルギーも準備されるのではないか、そう推理したのである。

ニュートリノは質量がほとんどゼロの超高速粒子であるため、しょっちゅう地球にも届いているにもかかわらず、地上での検出にかからない。世界中で捕捉の試みがなされるなか、一九八七年に岐阜県神岡鉱山の地下一〇〇〇メートルのカミオカンデでついに捕捉された。一〇秒ほどのニュートリノ・バーストは佐藤さんのトラッピング理論とぴたり一致した。例の小柴昌俊さんがノーベル賞をとった実績だ。

NORDITAでの研究の日々は佐藤さんを飛躍させたようだ。とくにワインバーグ＝サラム理論（電弱理論）との出会いが大きかった。電磁気力と弱い力を併せる理論である。

この理論との出会いは、京大助手の益川敏英さんがチャンスをくれた。

そこで相対性理論と量子力学をくっつける仮説に熱中してとりくんだ。成果はたちまち稔《みの》った。それが佐藤さんを世界的に有名にした「インフレーション仮説」（最初は指数関数的膨張モデルと呼ばれていた）の提唱だ。一九八一年のことで、アラン・グースの仮説とほぼ同時期の提唱だったので話題になった。ぼくは「遊」の仕上げにかかっていて、一方で「アート・ジャパネスク」（講談社）の編集制作にとりくんでいた。

インフレーション仮説を引っ提げて、佐藤さんは北欧から戻り、京大から東大に移った。ぼくも二、三度お目にかかった佐藤文隆さん（冨松・佐藤解のあの佐藤センセイ）が兄弟子である。

本書は、そういう佐藤さんの東京大学最終講義をまとめたもので、二〇〇九年三月の小柴ホールでの講義録にもとづいている。記念講演は長いものではないので、これをサイエンスライターの長谷川隆義さんが佐藤さんの指示や補足説明でふくらました。だから書きおろしの著書ではないのだが、二人の供述が絶妙で、とても「温かい本」になった。佐藤さん自身も、内に秘めた情熱はべつとして、たいへん温厚な人物だ。

さて、宇宙のはじまりなんて、いったいどのように考えていくものなのだろうか。どうやって宇宙が発生してきたのかということなど、想像がつきにくい。時間と空間がどのようにして生まれたのかも、説明のしようがないと思われてきた。しかし手掛かりがないわけではなかった。素粒子物理学がヒントをもたらした。極微の出来事に極大宇宙のスタートモデルが隠れていた。

おそらく最初の宇宙には物質もエネルギーもなかったのだろうと想像されるのだが、だとしたらそこにあったのは真空だということになる。それなら、そんな真空からどのように光や物質が生まれたのか。加速器が巨大になるにつれ、真空から素粒子が発生したり消滅したりしていることが証明されてきた。たんなる発生・消滅ではない。それらは対《つい》になっていた。素粒子の「対生成・対消滅」といわれる。

そうだとすると、真空は「何もない」のではなく、そういう対発生や対消滅をおこす何かの動きを生むエネルギーのようなものがあったのだろうということになる。今日では、その何かを含むエネルギーの動きを「真空のゆらぎ」と呼んでいる。

おそらく一三七億年ほど前、原初の「真空のゆらぎ」の中にその後の宇宙の原型となるような極小の時空が生じたのである。一〇のマイナス四三乗秒ほどのプランク時間でおこったことで（プランク時間は最小スケールの時間単位）。だから「極小時空のようなもの」だったとしか言いようがないのだが、ともかくそれがおこったのである。この出来事は量子論的なトンネル効果のようなことが生んだのだろうと考えられている。

「極小時空のようなもの」は生まれたその直後から一挙に膨張していった。この一挙の膨張のことを「インフレーション」という。佐藤さんやアラン・グースが仮説したことだ。のちにインフレーション理論はいくばくかのヴァージョンを生むので（カオティック・インフレーションやオープン・インフレーション）、元祖インフレーション理論ともいわれる。なんだか「とんこつラーメン」の元祖のようだが（いささか宇宙とんこつスープっぽいが）、「真空のゆらぎ」による第一次相転移によっておこったという意味でも、元祖なのである。

それでどうなったのか。一挙的なインフレーションが落ち着くと、ここで膨大なエネルギー（潜熱）が解放され、ビッグバンによる膨張になっていった。ガモフが「火の玉宇宙」と呼んだ膨張だ。これで基本的な素粒子（荷電粒子）が誕生した。いまではそれがクォークとグルーオンという素粒子だろうと想定されている。グルーオンは「膠《にかわ》」という意味で、クォークとクォークを結び付ける役割を担った。

インフレーションがビッグバンに切り替わるのは一瞬の出来事である。一〇億分の一秒で宇宙温度が三〇〇〇兆度に下がった。基本粒子は粒子と反粒子を生み、電弱力が電磁気力と弱い力に分かれ、次に一〇〇万分の一秒ほどで温度が二兆度くらいに下がると、クォークのとびまわる力が弱くなって陽子や中性子などの、現在われわれが観測できる粒子が誕生した。クォークからできた粒子はハドロンと総称するので、このプロセスはクォーク・ハドロン相転移という。

こうして宇宙はこれ以降、「光優位」から「物質優位」に向かって進化をとげて、数々の元素を形成したのである。

ガモフが「火の玉宇宙」を仮説したとき、ガモフはそれによってまず中性子ができると考えていた。中性子はベータ崩壊によって陽子をつくるから、その陽子と中性子が次々に融合して元素をつくっていったのだろうと考えたのだ。この予想に対して、注文をつけたのが林忠四郎センセイだった。初期宇宙では中性子だけが存在することはできないのではないか、ビッグバンから一秒後の一五〇億度の宇宙では、光子とニュートリノと、少数の陽子と中性子と電子が移り変わったりして、エネルギーのやりとりをしていたのではないかと考えたのだ。これは初期宇宙に熱平衡状態があったという仮説として、すこぶる興味深いものだった。

ビッグバンによって、宇宙は物質づくりを始めた。初期の元素合成に入るのだ。この仕事はたった三分間の出来事だった。一九七七年、スティーヴン・ワインバーグは『宇宙創成はじめの三分間』を書いて、そのあらましを一般向けに説明してみせた。

タイトルがあまりにストレートだったので、日本語訳（ダイヤモンド社→ちくま学芸文庫）もかなり話題になった。さっそくぼくも読んだが、特別なことは書いてはいなかった。ワインバーグについては「ワインバーグ＝サラム理論」が圧倒的だったので、そのレベルの解説を期待したのだが、そうではなくて「元素三分クッキング」のレシピを書いていた。天文学や物理学の啓蒙《けいもう》書にはよくありがちなことだ。

ワインバーグ＝サラム理論は「自発的対称性の破れ」を考慮した電弱統一理論の試みで、のちにヒッグス粒子の存在を予告するひとつの枠組ともなった理論である。格別な工夫をしていた。電荷をもった粒子（電子など）と弱電荷をもった粒子（ニュートリノなど）を、一つの粒子の二つの状態とみなし、そのコンティンジェントなモデルによって理論を組み立てたのだ。

ぼくは当時、南部陽一郎さんにぞっこんで、とくにその「自発的対称性の破れ」の仮説は日本人が構想したアイディアの最高レベルのものだと思っていたので、ワインバーグがサラムとともにそのアイディアを宇宙論の枠組に採り入れたことに痺《しび》れていた。「真空のゆらぎ」や「最初の相転移」を考えるには、どうみても「対称性の自発的な破れ」という見方が決定的なのである。

ただ、これはどうしてそうなったのかはわからないのだが、南部さんの天才的な発想や構想を、日本の科学界は軽視した。このことを苦々しく感じていたぼくと十川治江は南部さんとまだ若かったデイヴィッド・ポリツアー（のちにノーベル賞）を招いて「クォークと対称性の破れ」をめぐる一夜の座談を催し、これをまとめて『素粒子の宴』（工作舎）を記念出版したものだ。一九七九年のことだった。

ビッグバンで元素の形成をあらかたおえた宇宙が、このあとどうなっていくかというと、一方では「星づくり」の連続連打に向かい、銀河や超銀河を次々に形成して今日のわれわれの知る宇宙構造を確立し、他方ではダークマターやダークエネルギーとの「暗闘の相互作用」に向かった。

星はガスや塵《ちり》による星間雲から生まれる。典型的な星間雲は直径が約一〇〇光年、質量が太陽の約一〇万倍、密度が一立方センチあたり原子一〇〇〇個ほど、温度は一五絶対温度（摂氏マイナス二五八度）というものだ。ほぼ水素でできている。この星間雲がなにかの要因で密度の高い領域をつくり、その重さによって収縮がはじまる。そうすると温度がだんだん高くなって、一万年から一〇〇万年たつと内部温度が一〇〇〇万度くらいになり、そこで水素がヘリウムに変わる核融合反応がおこって「星」が誕生する。これが恒星（羅 asteres aplanis：英 fixed star）だ。

生まれたばかりの星はとても明るく、表面温度は低い。それが成長して（星の進化）、表面温度が高くなると主系列星になる。太陽の質量の一五倍の星があるとしたら、最初は太陽の一万倍の明るさで輝くのだが、表面温度は四〇〇〇度ほどにすぎない。それが一〇〇万年ほどたつと表面温度は三万度をこえ、太陽の一万六〇〇〇倍も輝く。こういう星たちが無数に集まるとオリオン大星雲やわし星雲となって、周囲をワーグナーの前奏曲やホルストの管弦楽のように輝かせる。

星がどのくらい主系列星でいられるかということは、星の質量によって異なる。太陽くらいの星なら一〇〇億年だが、一〇分の一くらいの星になると一兆年ほどの安定期があり、逆に太陽より一〇倍重い星は一〇〇〇万年で内部変成をおこす。これは重い星ほど水素がはげしく燃えて（つまり核融合を速くおこして）、水素を早期に消費するせいだ。

星の中心部の水素がある程度ヘリウムに変わると、星は主系列星を離れ、自分の重さで潰れはじめる。そのため中心温度が上がり、まわりの水素をよく燃やすことになるため、外側が赤く見える。「赤色巨星」だ。さらに中心部が潰れて内部温度が一億度に達してくると、ヘリウムどうしが核融合をおこして炭素や酸素をつくる。

さらに事態がすすむと、ここからはいろいろなことがおこるのだが、太陽の四倍以下の星では炭素や酸素の核融合にならず、星が脈動して外層をまわりの空間に吹き飛ばしてしまう。そうなると内部の高温部分がわれわれにも見えるようになって、吹き飛ばされた外層も明るく照らされる。この劇的な光景をもたらすのが「リング星雲」だ。その後、中心部は収縮しながら「白色矮星《わいせい》」になる。小さく衰えた老星だ。

太陽の四倍以上重たい星はどうなるかというと、中心部の温度が三億度ほどに達して、ついには炭素の核融合反応がおこって爆発して、星そのものを吹き飛ばす。これが「超新星」（スーパーノヴァ）である。Ⅰ型超新星だ。今日でも天体望遠鏡で見られるカニ星雲はこの超新星爆発の残骸《ざんがい》だと見られている。

太陽の八倍以上重い星は炭素の量が多いので、核融合によって大量の熱が発生し、そのため中心部がいくぶん膨張するので温度の急上昇が抑えられる。そのせいで核融合反応が適度にすすんで、その反応の最後に鉄の原子核ができあがる。鉄の原子核は核融合しないから、中心部は冷えていく。そうなると中心部は自分の重さに耐えきれず、星の外層を含めて中心部に向かって陥没がおこって、爆発する。これがⅡ型超新星だ。

爆発ののちには中心部に鉄の原子核が溶けて中性子ばかりがのこり、「中性子星」（ニュートロン・スター）ができあがる。半径一〇キロ程度で重さが太陽ほどの、煮つまったような異常な星である。ぼくはこれらのプロセスを「宇宙のアイアンロード」と名付けて『全宇宙誌』（工作舎）に執筆した。星が鉄族のところで爆発して、ふたたび宇宙に「星の種」を撒《ま》きちらしていく「星の一生」の循環を綴《つづ》ったものだ。

太陽の三〇倍以上重い星はどうなるのか。もはや収縮する鉄の中心核に自己質量が落ちこんで、外層部の落下速度が光速度をこえて「ブラックホール」化してしまう。太陽ほどの質量が半径三キロくらいのブラックホールに陥没してしまうのである。

われわれはいま地球上の片隅で夕涼みをしているけれど、その地球は太陽系に属していながら、同時にその太陽を含む恒星の大集団に属している。これが銀河系だ。二〇〇〇億個の恒星でできていて、やんわりとした紡錘《ぼうすい》形になっている。

太陽系はこの銀河系の片隅に位置しているので、われわれは自分が属している紡錘形の銀河系を寺田寅彦よろしく、懐手《ふところで》をしながら垣間見《かいまみ》ることができる。天の川である。天の川はわれわれ自身が属する天体の巨大な胴体なのである。

わが紡錘形銀河系の円盤部は半径は五万光年、厚みは一〇〇〇光年ほどある。中心部にバルジという古い星たちが集まっている楕円《だえん》体がある。太陽はこの中心から二万六〇〇〇光年あたりにあって、毎秒二三〇キロのスピードで中心のまわりを回り、約二億五〇〇〇万年をかけて公転している。その太陽のまわりを地球は自転しながら公転をしているのだから、われわれは銀河系の中で猛烈に自由回転しつづけている地球とともにあるわけなのである。

かつて九〇歳をこえた野尻抱影さんのもとを訪れたとき、抱影翁がエマニュエル夫人が座るような籐椅子《とういす》からちょんと足を出し、ドンと足を踏んで「君、いま何がおこっているかわかるか」と言われたことがあった。一瞬面食らって黙っていると、「君ねえ、いまこの足の下で地球が一緒にまわっておるんだ」「君も、数ヵ月に一回くらい、足下でまわっている地球とともに宇宙にいるんだということを思い出しなさい」と宣《のたま》った。さすがに粛然としたものだ。

しかしそのわれらが銀河系は、さらに別の銀河系と集まって銀河団をつくり、銀河団は一〇個以上集まって超銀河団をつくっているわけである。ドンと足を踏み鳴らした程度では、この途方もなく巨大な宇宙はとうてい実感できない。それは実感の対象などではないのである。むしろ観念の宇宙像に対応すべき巨大宇宙である。

佐藤さんには多くの著書があり、『宇宙論入門』（岩波新書）、『インフレーション宇宙論』（講談社ブルーバックス）、『宇宙はわれわれの宇宙だけではなかった』（同文書院）、『ビッグバン理論からインフレーション宇宙へ』（徳間書店）、『宇宙「96％の謎」』（実業之日本社→角川ソフィア文庫）などなど、一般読者が読んでも興味が湧く本が目白押しなのだが、その冒頭にはたいていインドのヴィシュヌ神やマンダラの話などが図入りで紹介されていて、かつて人間がどのように途方もない宇宙をイメージしようとしていたかという話がのっている。

おそらく佐藤さんもまた、宇宙にどんなふうにドンと足を踏み入れればいいのか、いつも考えておられたのだろう。

途方もない宇宙にあるのは星や銀河や銀河団だけではない。「ボイド」（void）という領域もあり、それが空《ボイド》っぽのくせに一億光年ほどの広がりをもつ。一九八一年には、うしかい座の方向五億光年のかなたに二億光年にわたるボイドが発見された。銀河集団がボイドをかこむようにして集まっているという仮説（泡宇宙仮説）も提出されている。それらを含めて、今日の天文学では「宇宙の大構造」という言い方をする。

こうした大構造の形成には重力が決定的な役割をはたしているはずだが、その原因とプロセスはまだわかっていない。そもそも初期宇宙の「ゆらぎ」が重力を発生させた当初の要因かもしれず、そうだとすると、「密度ゆらぎ」がしだいに成長して大構造をつくったのかもしれないということになる。密度ゆらぎというのは、空間の中の物質の分布密度が周囲よりわずかに高いために生じるゆらぎのことをいう。そのゆらぎと構造が関係しているというのだ。これは重力不安定説と言われるもので、たいへん興味深い。

重力不安定による密度ゆらぎの成長は、宇宙の大きさが二倍になれば二倍になり、一〇〇〇倍になれば一〇〇〇倍になる。宇宙背景輻射（CMB）が生まれたときのことを「宇宙の晴れ上がり」とも言うのだが、そのときの宇宙の大きさは現在の一〇〇〇分の一ほどだった。ということは、それから現在までに密度ゆらぎは一〇〇〇倍以上になっているということになる。

ところが、COBEなどが計測した現在宇宙の「ゆらぎ」はそういう値を示していなかった。小さすぎるのだ。では、いったい何がこの密度ゆらぎの不足を補って宇宙の大構造を支えているのか。ここに登場してきたのが「ダークマター」（暗黒物質）だった。正体不明の物質だ。

陽子や中性子のことをバリオン物質という。宇宙の質量やエネルギーを考えるときは、空間とバリオン物質の関係を考えるのだが、COBEなどの計測による密度ゆらぎは、バリオンの作用では勘定できない値を示していた。

宇宙の晴れ上がりまでは、光の放射とバリオンは一体となってふるまったはずである。そのため光の温度ゆらぎとバリオンの密度ゆらぎは同じ一〇万分の一になる。ただし、この計算では密度ゆらぎは現在宇宙の構造にあたるものには成長しない。

もし、ここに光と無関係にふるまい、電荷もなく、放射にまったく影響を与えないダークマター（確認できない物質）があったとして、そのダークマターが密度ゆらぎをつくっていたとすると、そこにバリオン物質が引きつけられて現在宇宙の大構造を示す値を支えていたかもしれない。

ビッグバンから一〇万年後、光優位の時代がおわって物質優位の時期に入っていったとき、ダークマターがゆらぎを成長させたのであろう。この時点ではバリオン物質はその密度ゆらぎを成長させられなかったのであろう。それがビッグバンの約三八万年後、宇宙が晴れ上がり、放射の影響からの解放がおこったとき、すでに活動をしていたダークマターの密度の高い部分がバリオンに引きこまれ、おそらく密度ゆらぎを成長させたのである。

ダークマターの正体はまだ確定されていない。最近は重力レンズの研究が進んで、銀河団の中にかなりのダークマターがありそうだということになってきたり、質量をもった銀河ハローの中に「マッチョ」（MACHO）と名付けられたダークマターが想定されたりしているのだが、まだまだ実態不明である。さらに最近ではダークエネルギーの存在も仮説されている。

こうしたダークマターやダークエネルギーの関与を勘定に入れないと、現在宇宙の大構造が説明できなくなっていることも事実なのである。いよいよ宇宙は「語りえないもの」を含めた宇宙としての多様性を、われわれに要求するようになったわけである。

本書や他の佐藤さんの本には、たいてい「マルチバース」の可能性がいろいろ述べられている。従来のユニバース（universe）が単一宇宙をあらわしているとすれば、マルチバース（multiverse）は多様多元の宇宙の存在を許容する。

マルチバースはどこそこにあるというものではない。理論的に可能な宇宙像のすべてがマルチバースなのである。とくにインフレーション理論からはマルチバースが導きやすい。同一のインフレーションからビッグバンがおこるとき、そこには観測可能な宇宙以外の宇宙の存在が計算可能なのである。計算上ではそういう領域を選択することができるのだ。

インフレーション理論からでなくとも、マルチバースは想定できる。量子力学の波動関数に収縮を想定せずに、すべての解に対応した世界があるというふうにもできるし、そもそも物理定数の異なる世界はいくらあったってかまわない。

天才的な情報数学者であるマックス・テグマークは観測可能性に縛られない宇宙の想定分類学を提唱して、ぼくをびっくりさせた。それによると、Ⅰ「現在宇宙の地平面の向こう側の宇宙」、Ⅱ「異なる物理定数の宇宙」、Ⅲ「量子力学的な多世界解釈による宇宙」、Ⅳ「究極集合的な宇宙」があるという。

Ⅰの例としては、カオス的インフレーション理論がつくる宇宙がある。無限のエルゴード宇宙を一般予測すれば、そこに初期条件を満足させるハッブル体積をもつ宇宙が想定できるというのだ。Ⅱはかつてのジョン・ホイーラーの振動宇宙論やリー・スモーリンの多産宇宙論に似たもので、宇宙のある領域が成長をとめて異なる発達をしたというものだ。ある領域というのは泡宇宙の一部である。Ⅲはこれまで多くの研究者も想定してきたもので、とくにめずらしくはない。Ⅳはテグマーク自身の提唱によるもので、数学的構造を集合させると見えてくる宇宙のことをいう。数学的集合が示す形式体系が宇宙なのである。

本書はたいへん温かい本だった。宇宙一三七億年の歴史を述べた一冊がいくら一般向けの本だからといって「温かい」というのは形容ちがいだろうと思うかもしれないが、そんなことはない。

ぼくは一四年間ほど、毎年「ハイパーコーポレート・ユニヴァシティ」（略称HCU＝汎企大学）という塾をやってきた。三菱商事とリクルートが幹事で、三菱の和光貴俊君が主幹を担ってくれた。一年一シリーズの単位で、一シリーズが六回、そのうちの四回分はゲストを迎えてそれぞれ五時間ほどの講義をしてもらい、ほかにゲストと塾生と編集工学研究所の研究員たちがディスカッションをするという趣向だ。残り二回はぼくがソロで話す。

中身はシリーズごとに「〜と〜のあいだ」と銘打って、つねにＡＩＤＡ（あいだ）を話題にする。毎期、四〜五人ほどのゲストも招く。テーマは「日本の近代と現代のＡＩＤＡ」「社会と情報のＡＩＤＡ」「公・共・私のＡＩＤＡ」「脳・心・体のＡＩＤＡ」「神と仏のＡＩＤＡ」などである。二〇一四年は「アートとサイエンスのＡＩＤＡ」にした。そのとき佐藤さんを招いた。この期の他のゲストは進化生物学の長谷川眞理子さん、ダンサーの勅使川原三郎さん、アーティストのミヤケマイさんである。

佐藤さんはとても柔らかく自分が宇宙研究に従事した問題意識と姿勢とを語ってくれた。中身はほぼ本書の内容に近く、塾生たちも「温かさ」を感じていたはずだった。

第一七三三夜　二〇二〇年二月二一日

参照千夜

八二八夜：湯川秀樹『創造的人間』　七六八夜：ジョージ・ガモフ『不思議の国のトムキンス』　一六七夜：エドウィン・ハッブル『銀河の世界』　二二〇夜：ハイゼンベルク『部分と全体』　一七四〇夜：佐藤文隆『量子力学のイデオロギー』　一五〇六夜：浅井祥仁『ヒッグス粒子の謎』　一六〇〇夜：ワーグナー『ニーベルングの指輪』　六六〇夜：寺田寅彦『俳句と地球物理』　三四八夜：野尻抱影『日本の星』　六八七夜：リオーダン&シュラム『宇宙創造とダークマター』

鬼才マッハの「等価原理」が
アインシュタインの相対性理論を用意した。

エルンスト・マッハ

マッハ力学

青木一郎訳　内田老鶴圃　一九三一／伏見譲訳　講談社　一九六九

Ernst Mach: Die Mechanik in ihrer Entwicklung 1883, 1933

水を入れたバケツを片手に持ってぐるぐる回すと、水が落ちてこない。地球は月をそういうふうに回しているし、太陽は八個か九個の惑星バケツをぐるぐる回転させている。このことを重力質量と慣性質量が等しい現象だとみなしたのが、エルンスト・マッハだった。「等価原理」(principle of equivalence)、あるいは「マッハの原理」という。

アインシュタインの一般相対性理論はこの等価原理の上に築かれた。一様な加速度をもつ座標系と一様な重力場とは同等である、見分けがつかないというのが、一般相対性理論の骨子なのである。マッハの等価原理がなければ、アインシュタインは重力場方程式を組み立てられなかった。

すでに光の慣性質量が重力場で受ける影響が精密に測定されて、これが重力質量に等しかったことが証明されている。白色矮星《わいせい》のような高密度の天体の強い重力場から放出される光のスペクトルが赤色に偏移すること（赤方偏移）も、等価原理で説明できた。

極大なる宇宙の力学現象が極小なるバケツの回転に準じているなんて、なんとも小気味いいことだ。

ぼくが大好きなエトベシュ・ロラーンドのねじり秤《ばかり》の実験がある。これはハンガリーの物理学者ロラーンドが精度の高いねじり秤を自作して実験したもので、一八九六年に画期的な成果が報告された。ねじり秤に水平な棒をつけ、その両端に質量の異なる物体を吊《つ》るして地球の重力の具合を調べたのである。物体にはたらく地球の重力（万有引力）は物体の重力質量に比例し、地球の自転による遠心力は物体の慣性質量に比例するから、もし慣性質量と重力質量が異なるなら棒は水平面に偶力を受けるはずだろうに、偶力は検出されなかったのだ。マッハの原理の最初のコンファメーションだった。

あまり知られていないようだが、ロラーンドはおもしろい物理学者だった。詩人で作家のエトベシュ・ヨージェフの子で、ハイデルベルク大学やブダペスト大学で理論物理学と実験物理学を修め、毛管現象を研究して表面張力と温度の関係を明らかにしたり、分子表面張力の概念をつくったりした。重力場を実験室で相手にしようとした最初の物理学者なのである。

マッハの等価原理の真骨頂をうんと平たくいうと、「ほんと」と「みかけ」は区別がつかない、そうであるなら区別がつかない座標系をもって物理をしようよ、ということだろうと思う。

この発想は、それが一般相対性理論の骨子になったからというのではなく、抜群にすばらしい。ある意味では誰もがなんとなく感じている「見当」を、マッハ独特の知覚力学のような見方で真骨頂にしてみせたのだ。

なぜマッハにこんな発想ができたのか、伏見譲さんに尋ねたことがある。一九七二年の一月のことだ。伏見さんは「それはニュートン力学に疑問をもったからですよ」とこともなげに宣《のたま》った。「ニュートンが『プリンキピア』に導入した絶対時間と絶対空間が許せなかったんでしょうね」。あまりの一刀両断だったのでかたまっていたところ、「僕が訳した『力学』に書いてありますよ、読んでみてください」だ。かくて、ぼくのマッハ力学解読が始まったのである。

というわけで、以下に一冊の力学書にまつわる思い出を書いておく。とはいえ五十年前に読んだ大冊だ。読書というもの、読みおわっても思い出さないかぎりは、ほとんど

の思い出になる。読んだことにはならない。だから今夜は、ぼくがマッハに至った周辺事情を紡ぎながら

科学書の古典に夢中になりはじめたのは二五、六歳からだった。理科系の大学になぜ進まなかったのかという自分の浅薄な進路決定にちょっぴり地団太《じだんだ》を踏みながら、たった一人で数式の多い書物にも刃向かっていた。

ふりかえれば、それがよかった。晩年の湯川秀樹に私淑できたことも、ディラックに出会えたことも、またファインマンを西海岸に訪れる気になったことも、理科系社会のシバリに入らなかったから勝手気儘《きまま》にできたし、好きな科学者のところにも出入りできた。科学書もいろいろ編集した。『全宇宙誌』(工作舎)のときは林忠四郎から早川幸男《さちお》まで、日本の代表的な天体物理学者の大半に会った。内山龍雄《りょうゆう》さんが岩波新書の『相対性理論入門』を書いたときは、『全宇宙誌』のときのぼくのエディトリアル・プランにもとづいてくれた。

そんなふうになったのも、この一冊との出会いがトリガーになったのだ。本書の翻訳が伏見譲さんによって上梓《じょうし》されたとき(その前に青木一郎訳があったようだが)、ぼくは三軒茶屋近くの三宿の三徳荘というアパートにいた。ちょっとした赤貧洗うがごとき日々ではあったものの、その期間こそがぼくの科学古典読書時代で、ともかくやたらに渉猟しまくったのである。

最初のうちは近所の図書館でドゥ・ブロイやシュレーディンガーやディラックを読んでいた。途中に『ガモフ全集』(白揚社)に手を出した。ついで幾何学から時空幾何学に入りこみ、改造社版のアインシュタインの古本を一冊ずつ手に入れ、これに勝手な感想を書きこむことを課した。ここから一転、しだいに古典に戻っていった。湯川さんに薦められてボスコヴィッチを読んだのがきっかけだったとおもうが、このとき「物質の現象学」を追う科学者の目の深みを見たため、興奮気味に科学史をだんだんさかのぼり、結局はニュートンとクラークとホイヘンスの論争がおもしろくなってそこに分け入って、さらに科学僧バークリーの『人知原理論』(岩波文庫)をさまよった。

そのころいちばん熱中して読んだのがマッハの『力学』とヘルマン・ワイルの『数学と自然科学の哲学』(岩波書店)だったのである。理科系の大学に入っていたら、こんな順の読書なんてしなかったろう。

本書は信じがたいほど懇切に古典力学を順に説いている。静力学の説明から動力学に移ってニュートンを読み替えていく。そのあたりから、だんだんラディカルな記述になっていく。

これはマッハが三六歳のとき、一八七四年にキルヒホフが「記述論」という画期的な科学エクリチュール論ともいうべきものを書いたことに刺激されたせいだと思われる。

動力学にひそむ普遍的驚異というものをマッハが数式の背後に読みとろうとしはじめるのだ。ここからは後年のマッハ（相対性理論にかぎりなく近づいたマッハ）の面目が躍如する。とくに注目すべきは「切り出し」と「重ね合わせ」という力学思考の方法に言及しようとしているところで、マッハならではの独壇場になっている。マッハはこのときニュートン力学の「絶対時間／絶対空間」に強烈な疑問を抱き、その物理学的認識論的な批判に分け入ったのである。

次の妙技は、ダランベールの原理から最小拘束の法則に入って自乗偏差（自由運動からの自乗偏差）を説明し、最小作用論を媒介にしてハミルトンの原理に到達すると、そこから一転、力学原理の流体力学への応用に突進していくところだ。これは「重さのない液体」を仮想して、その思考実験を進めるために「無重力空間に放置された液体塊」を想定するという見せどころになっている。

このときマッハは「開いた球形の泡は存在できないものの」というふうに書いているのだが、実はすでに鞍《くら》形の宇宙（つまりリーマン宇宙）に自由落下する重力現象の秘密に気がついていた。

もっとぼくを驚かせたのは、第四章第四節にいたって突如として「科学の経済」という一節が出現したことだ。ここにはのっけから、「あらゆる科学は、事実を思考の中に模写し、予写することによって、経験とおきかわる、つまり経験を節約するという使命をもつ」という有名なテーゼがあらわれる。

模写の原語は“Nachbildung”で、予写は“Vorbildung”である。この一文がもつ意味をマッハ自身は「事実を思考の中に模写するとき、私達は決して事実をそのまま模写するようなことはなく、私達にとって重要な側面だけを模写する」と。また、「われわれは模写するときには、いつも抽象しているのだ」と説明した。

これはのちにマッハが「思考の経済」とよんだ思想の予告であった。詳しいことは『感覚の分析』や『認識の分析』（いずれも法政大学出版局）などの感覚論や認識論を読むことを勧めるが、そこにものべられたように、このとき早くもマッハの考えはゲシュタルト形態学のエッセンスに近接し、それを凌駕していた（タルドの『摸倣の法則』やタルドに注目したドゥルーズも凌駕していた）。のちにマイケル・ポランニーが同じようなアプローチをした。

この一節には「自然は一回しか存在しない」という有名な一刀両断もあらわれる。ここではヒューム、カント、ショーペンハウアーを批判的に摂取して、時代を変える思想を準備しつつあるマッハの狙いが、言葉は少ないのだが、如実に見えてくる。それが頂点に達するのがフッサールの『論理学研究』と一戦を交えるところだ。このマッハとフッサールの〝知の戦争〟を、その後に誰かが本格的に研究したという例をぼくは寡聞にして知らないのだが（廣松渉を除いて）、ここには恐るべき暗示が含まれていた。それは「科学がつくった意味はどこからあらわれるのか」という問題をめぐっていた。

ともかくも、こうしてマッハの『力学』は意外な高揚を見せたところで、大団円を迎えていった。ぼくに残されたのは、ニュートンの質量定義がおかしいという指摘、絶対時空といった観測の手がかりがない発想を物理学から排除する姿勢、原因と結果ではなく、そのあいだの関係関数が重要だという予告と、そして「模写と予写の原理」ならびに「フッサール論理学との対決」だった。

マッハの科学思想はその後、レーニンによってこっぴどく批判された。『唯物論と経験批判論』(新日本出版社)だ。ぼくも読んでみたが、レーニンとしては最大の誤解であり、最大のお手付きだった。このレーニンの批判が祟《たた》って、マッハは不当な無視を受けつづける。要素一元論者とか経験至上主義とか、ようするに物質の本当の姿を見ていないという非難だった。

かくて『感覚の分析』や『認識の分析』が無視されただけではなく、『力学』(講談社)や『熱学の諸原理』(東海大学出版会)すら放置された。日本でも武谷三男や伏見譲らの少数者をのぞいて『力学』をお蔵入りさせてしまったのである。

けれども、マッハはあきらかに力学に関するニュートン以来の革命家であって、アインシュタインの先駆者であり、またゲシュタルト心理学の最大の冒険者であって、科学と思想と経済を初めて結びつけた最良の計画者でもあったのである。その思想は科学界のみならず世紀末ウィーンの哲学界に波及して、いわゆるウィーン学団の中核的旗印となった。ホフマンスタールやムージルはマッハ思想を文学にも導入した。のちにゲーデルがそのウィーン学団の若き客人となった事情も香ばしい。

このようなマッハに惹《ひ》かれてやまなかったぼくは一念発起して、「遊」に「マッハ復活」の特集を組んだものである。一九七二年のこと、「遊」二号。執筆者には廣松渉さんを選んだ。廣松さんは、「えっ、雑誌でマッハ特集ですか。それは大胆だ」と笑ったが、快く引き受けてくれた。でも廣松さんは付け加えた、「ぼくがマッハ復活の弁を書いたら、かえってマッハ・ファンが遠のくかもしれませんよ」。

そうなのだろうか、ぼくの若気の至りだったのだろうか。そうではなかったはずだ。少なくともぼくはこれをきっかけに、伏見康治さん（伏見譲さんのおとうさん）とも出会うことになり、マッハとアインシュタインについて、こんなにおもしろい雑談を今後することはないだろうというほどに、堪能《たんのう》した。ただ伏見さんは、「松岡さんの言っていることは、もうマッハではなくてその次の世界像になっていますよ。マッハにこだわらないほうがいい」とも言っていた。そして、これからは時間の物理学をおやりなさいと勧められた。伏見さんが『時間とは何か』（中央公論社）の中で「幅のある時間」をめぐる考察を書いているときのこと、ぼくが三十歳をおえる冬のことだった。

もう一度、言っておきたい。「ほんと」と「みかけ」の見分けのつかない座標《コーディネーション》系からしか、痛快な物理は生まれない。愉快な宇宙物理学も生まれまい。

第一五七夜　二〇〇〇年十月二五日

参照千夜

五七〇夜：アインシュタイン『わが相対性理論』　八二八夜：湯川秀樹『創造的人間』　二八四夜：ファインマン『ご冗談でしょう、ファインマンさん』　三四九夜：ドゥ・ブロイ『物質と光』　一〇四三夜：シュレーディンガー『生命とは何か』　七六八夜：ジョージ・ガモフ『不思議の国のトムキンス』　六七〇夜：ヘルマン・ワイル『数学と自然科学の哲学』　一八〇夜：ディドロ&ダランベール『百科全書』　一〇四二夜：マイケル・ポランニー『暗黙知の次元』　一三一八夜：ガブリエル・タルド『摸倣の法則』　一〇八二夜：ドゥルーズ&ガタリ『アンチ・オイディプス』　一一六四夜：ショーペンハウアー『意志と表象としての世界』　一七一二夜：フッサール『間主観性の現象学』　一〇四夜：レーニン『哲学ノート』

ローレンツ変換から重力場方程式へ。
この衝撃的構想はどうやって生まれたのか。

わが相対性理論

アルバート・アインシュタイン

金子務訳　白揚社　一九七三

Albert Einstein: Über die Spezielle und die Allgemeine Relativitätstheorie 1916

　ボルツマンは「優美にすることは靴屋と仕立屋にまかしておけばいい」と言った。これを踏襲してアインシュタインは本書では叙述をあえて優美にしなかったと「まえがき」で断っているのだが、そんなことはない。この本にはアインシュタインの持ち前の優美なセンスが行間に染み出していて、陶然となる。とくに「空間は物質によって制約されている」というメッセージを、断固たる口調でちょっとヒューモアを調味して記述している個所にさしかかるたび、陶然とする。

　三七歳のときのアインシュタイン自身による相対性理論の解説である。最終エディションでは、こう書いている。「物理的対象は空間の内にあるのではなく、これらの対象は空間的に拡がっているのである。こうして〝空虚な空間〟という概念はその意味を失うはずである」。

春秋社の「世界大思想全集」の第四八巻に、マックス・プランク『エネルギー恒存の原理』『物理学的展望』とともに「アインスタイン『相対性理論』」が入っていた。昭和五年の石原純の訳である。最初の日本語訳だ。

学生時代に読んだのだが、くらくらした。ついで矢野健太郎訳の『相対論の意味』（岩波書店）を英文とともに読みくらべたかと憶《おも》うが、これは途中で挫折《ざせつ》した。さきほどその本を書架から取り出してみたら、ところどころに力んだボールペンによるマーキングと書き込みがあった。

それからもアインシュタインを読むことは、あたかも熱すぎるお湯に浸《つ》かりたくなるようなもの、しばらく入っていると出たくなくなるといった読み耽《ふけ》りとなった。それでも『アインシュタイン選集』全三巻（共立出版）が刊行されるまでに、ぼくのアインシュタイン探索はノート五冊をぎっしり埋めた。

きっとみんなそうだったろうが、ぼくも特殊相対性理論の理解から入って、一般相対性理論すなわち重力理論の汲《く》めども尽きぬ魅力にジプシーの魔力のように取り憑《つ》かれていった。ロバチェフスキー空間、リーマン幾何学、ミンコフスキーの時空連続体モデル、ローレンツ変換式、マッハの原理、ガウスの曲率、宇宙定数λ《ラムダ》、重力場方程式、シュワルツシルト半径、ブラックホール……。いま思い出すと、有名な「双子のパラドックス」などよりも、こうした厳密で大胆なフィジカル・イメージを相手に格闘していた自分がなんとも懐かしい。

そのうちアインシュタインその人にも関心をもって、ずいぶんの数の評伝やらアインシュタイン論を読んだ。フィリップ・グラスの名曲《アインシュタイン・オン・ザ・ビーチ》など、何度聴いたことか。もはやホワイトヘッドやカッシーラーやガードナーのアインシュタインものを二度と読むことはないだろうものの、いつかアインシュタイン編集遊びなんぞを工夫してみたいとも思っている。子供たちに〝物理親父アインシュタイン〟のことを話してもみたい。

アインシュタインの出発点は、高校生のときに「もし光と同じ速度で走ってみたとしたら、光はどんなふうに見えるのか」と考えたことにあった。ませた高校生だが、ませていない青少年ほどつまらない生きものはない。

ませた高校生の疑問を大人になったアインシュタインがどのように再構成したかというと、次のようになる。第一に、光は電磁波の一種であって、光が進むというのは電場と磁場の振動が空間を伝わっていく現象だということを言う。第二に、その電磁波が横波だということまでは当時から知られていたのだから、電磁波が横波だということは、電場と磁場の振動の方向は光の進む方向と直交していると説明する。第三に、そこで光の進む方向に同じ速度で走ってみたとすると、電場と磁場はそれとは垂直になるので、電場と磁場の振動は止まっては見えないにちがいない。光速の列車から光を見てもやはり光は走って見えるはずである。ここまで話をしておく。

しかし第四に、これはちょっとおかしいかもしれないというふうになる。時速二〇〇キロの列車から時速二〇〇キロの列車を見たら、止まっているように見えるはずであるからだ。では、なぜ光速度で走ったまま観察すると相手の光は止まって見えないのか。こうして第五に、ここから特殊相対性理論のための原理の探究と構築が始まり、このような順で「光の正体」とは何なのか、「光と空間の関係は何なのか」と問うたことが、相対性理論の基礎になったのだと言うのである。

ガリレオにも相対性原理というものがあった。時速二〇〇キロで走る新幹線を時速一〇〇キロで走る車から見れば、新幹線は時速一〇〇キロに見える。これがガリレオの相対性原理で、速度の合成則を成立させている。しかし、アインシュタインがのちに定義したように、光速度は秒速三〇万キロで一定の速さをもっている。光速度一定である。このような光を光速で追いかける観測者が見ても、光の速度はやはり三〇万キロに見える。3マイナス3は、まだ3なのである。

ここには新たな速度の合成則がある。このアインシュタインの合成則はいまでもかんたんに確認できる。加速器で二つの荷電粒子を衝突させると、光速に近い中性パイ中間子という素粒子をつくることができるのだが、この中性パイ中間子はすぐに二つの光に壊れる。中間子はほぼ光速で運動しているのだから、ここから放たれた光は速度が上乗《うわの》せされて、秒速六〇万キロに近くなるはずなのだ。が、やはりその光は秒速三〇万キロになっている。

ガリレオの相対性原理はニュートン力学を前提としている。その法則にあてはまらない現象があるということは、ニュートン力学ではない力学があてはまる物理世界があるということだった。アインシュタインの力学世界が予想外に巨《おお》きい顔をあらわした。新たな運動方程式の登場だった。


特殊相対性理論は運動の速度が光の速度にくらべて無視できないほど大きくなる物理現象を扱っている。完全無欠と見えていたニュートン力学による運動の法則は、光の運動については成り立たない。

光が走りまわっている世界近くの観測者にニュートン力学が成り立たないとすれば、宇宙空間にはそうした「世界」がいくらでもあるということになる。しかしアインシュタインはその「いくらでも」については、空間そのものの捉《とら》え方を変えなければ、これ以上の説明はつかないのではないかと考えた。空間には「世界」の性質が付着しているという考え方だ。

まずユークリッド空間が破棄された。代わってロバチェフスキー空間やリーマン空間が導入された。それらの空間では光はまっすぐ進まない。平行線は交わるか、ないしは永遠に別れ別れになっていく。これは空間に曲率があるためである。しかし空間がそんなものだとしたら、時間も変わってくるのではないか。時間の捉え方も変えるべきなのではないか。

エレベーターの箱の上下に鏡を取り付けて、その鏡を往復する光の運動単位を1とする。このエレベーターの箱を水平方向に移動して、この光の運動を箱の中と箱の外から観測すると、箱の中にいる観測者にはあいかわらず光は鏡を上下するだけだが、外の観測者には光は斜め上に進んで鏡に当たり、ついで斜め下に進んで床の鏡に向かうように見える。

つまり外の観測者には光は長い距離を動くように見える。光の速度は一定なのだから、これは外の観測者にとって「時間が長くなって見える」ということになる。このことは、光速に近く走っている時計を止まっている観測者が覗《のぞ》けるとすると、時間がゆっくり進むということをあらわしている。有名なアインシュタインのウラシマ効果、いわゆる「遅れる時計」と「縮む時計」の話だ。

時間が伸び縮みしているなら、空間のほうには歪み（曲率）がある。時間も従来の理論を逸脱するが、空間のほうも従来の幾何学では説明がつかない。宇宙的時空では時間も空間も従来のモデルでは扱えない。そこで導入されたのが、ミンコフスキーの四次元時空連続体モデルだった。

十九世紀の半ばくらいまで、光はエーテル（aether）の中を伝わって走っていると考えられていた。そう考えるようになったのは、デカルトが空間にはいくらでも細かく分割できる微細物質がつまっていて、あらゆる現象はその微細物質の渦のような運動で説明できると主張したからで、ロバート・フックがその微細物質を「エーテル」と名付けたことによる。

これで光はエーテルの中を伝わる振動だというふうになったのだが、ホイヘンスはそれは波動体だろうと言い、ニュートンは粒子体だとみなした。ニュートンは『光学』を著して、光は微粒子の放射だと説明した。しばらくニュートン粒子説が大勢を占めていたのだが、十九世紀になってヤングとフレネルが、光を横波と考えたほうが波の振幅によって偏光を説明できるし、複屈折や回折を説明できると言って波動説を提唱した。一方、コーシーはエーテルは他の物質によって引きずられているだろうという興味深い見解を持ち出し、エーテルに縦波が発生しないのは、エーテルに圧縮率のようなものがあるせいだ、その値は負になるはずだと言いだした。光が粒なのか波なのか、エーテルが粒なのか波なのか、議論はしだいにややこしくなっていった。

ここに登場したのがマックスウェルで、光は電磁波の一種で、それは電磁場のしくみからも説明できることを明らかにした。電磁波が伝播《でんぱ》する速さは誘電率と透磁率との関係式から導き出せるもので、それが光の速さ（光速度）と合致したのである。

ただし、ちょっと厄介な問題があった。ニュートン力学の基準系はガリレオの相対性原理によって（すなわちガリレイ変換によって）説明がつくのだが、それに従えば光の速さはその光と同じ方向に進む観測者から遅く見え、逆方向に進む観測者からは速く見えるはずなのに、マックスウェルの方程式（電磁場方程式）ではそのことがうまく説明できないのである。辻褄《つじつま》をあわせるには、エーテルの運動を基準にした座標系を想定し、その座標系でマックスウェルの方程式が成立するというふうに考えるしかない。これはガリレオの相対性原理をうっちゃることになる。数学的にはガリレイ変換ではない方法を考えることになる。そこをどうするか。

別の問題も出来《しゅったい》していた。座標系をもつようなエーテルの性質の見当がつかない。空間に充満しているから流体であろうけれど、光を伝えるには連続的な伝播力をもたねばならず、天体に影響を与えないようにするには質量をゼロ近くにみなさざるをえない。そんなエーテルがほんとうに空間にあるのかという問題だ。

このことに決着をつけるにはどうしても「エーテルの風」を測ってみるしかない。何をどう測ればいいのか。

地球は太陽のまわりを秒速三〇キロほどで公転している。地球はエーテルの中を動いているのだから、地球から見れば「エーテルの風」が吹いていることは測れるはずである。地球の運動とエーテルの流れは強くなったり少なくなったりもするだろうし、季節や時間によっても異なるだろうから、いろいろの測定をする必要がある。

こうして多くの物理学者たちが地球とエーテルの相対運動調査にとりくんだ。一八八七年、アルバート・マイケルソンとエドワード・モーリーが精度の高い実験装置を工夫して世紀の決着に挑んだ。実験の結果は「エーテルの風は吹いていなかった」というものだった。デカルトの渦はここで完全否定されたのである。

ただ、実験には説明できないずれが生じていた。干渉縞《じま》に関するずれなのだが、ここに二人の天才が登場して、このずれの説明とそこから導き出しうる仮説を唱え、このことがアインシュタインの特殊相対性理論を武装させたのである。

ひとつは、ヘンドリック・ローレンツがみごとに解いてみせたことで、すべての物体は光速度に近い運動をすれば、その方向に向かって収縮をおこすはずで、干渉縞のずれもそのことで説明できるとした。有名な「ローレンツ短縮」という考え方で、これによって仮にエーテル座標系のようなものがあったとしても、ガリレイ変換ではその座標系は成立しないという展望をもたらした。アインシュタインは「ローレンツ変換」(Lorents transformation) をつかって理論構築にすすんだ。

もうひとつは、エルンスト・マッハがエーテル仮説の全体像を力学的に引っくりかえしてしまったことである。こうして、特殊相対性理論はローレンツ変換したミンコフスキー時空連続体の中でカッコよく動くことになったのである。

では、ここからは一般相対性理論の話になる。相対性理論とはいえ、中身はガラリと変わる。戦場は時空、相手は重力場だ。

等速直線運動を基準系とした特殊相対性理論を加速度系に拡張したものが一般相対性理論である。「一般」というネーミングがわかりにくいかもしれないが、これは相対性理論という骨組みをジェネラルに(一般に)展開したいということで、その一般性《ジェネラリティ》をもっているのは宇宙全般なので、時空間と物質と重力の関係の一般化理論だといったほうがいい。だからこの理論の核心は、物質の質量が周囲の空間の性質を変えて重力場をつくるということにある。

重力理論はもともとニュートンが確立していた。ニュートン力学では重力（引力）は波として伝わるのではなく、無限の速さで伝わるようになっている。したがって重力を信号に使えばどんな信号でも無限の速さで伝わる。どんな遠方であっても〝時刻合わせ〟ができる。そのためには宇宙のどこでも時間が一定でなければならない。

特殊相対性理論はこのようなニュートンの絶対時間の考え方を採用しなかった。それなら、その重力と時間はどのように関係すると説明すればいいのか。そのとき重力と時空はどう関係するのか。特殊相対性理論のままではこれには応《こた》えられない。そこでアインシュタイン自身が十年をかけて、この思想に新たな解決を与えたのが一般相対性理論というものだった。本書もこのあたりのことをいちばん集中的に熱意《ゼスト》を存分に注いで書いている。

そこには「加速度と重力は似たようなものだ」という見方が導入された。マッハによる「等価原理」(equivalence principle) の援用だ。

少年がエレベーターの中にいてリンゴを持っている。突然にエレベーターのワイヤーが切れ、少年はびっくりしてリンゴを放した。そういう状況を仮定する。これでエレベーターもリンゴも同じ加速度運動をする系が想定できたことになる。

エレベーターの中にいる少年にはリンゴはどう見えるだろうか。エレベーターとともに自由落下するリンゴはあたかも止まっているごとく宙に浮いていると見えるはずである。少年がエレベーター落下という事実を知らなければ、少年は自分やリンゴにはたらいていた重力が突如として消えたと感じるにちがいない。いわば存在の裏地とでもいうものが奪われたと感じるにちがいない。

この思考実験は、加速度運動によって重力を消してしまうことが可能だということを暗示する（これを利用したのが、宇宙飛行士の疑似体験で、高速で上昇したジェット機のエンジンを切って自由落下すると無重力が少しだけ生まれるという実験である）。ということは、ひょっとすると重力は「みかけ」の力かもしれないということになる。もしそうならば重力の運動方程式を、重力がはたらいていない時空での加速度運動として記述できることになる。が、はたしてそうなのか。

そこで今度は自由落下するエレベーターで、少年が二つのリンゴを両手で同時に手放したとする。二つのリンゴはやはり宙に浮いたままだが、厳密に観測してみると二つのリンゴは少しずつではあるが、近づいていることがわかる。リンゴが地球の中心（重力中心）に向かって落下しているので、この方向のわずかなずれがあらわれたためだ。これは地球の重力の強さが一様でないためにおこる現象である。

この「重力の強さと方向のずれ」にアインシュタインは着目して一般相対性理論という名の重力理論をつくりあげた。どのように？　「重力の強さと方向のずれ」は実は「時空間の歪《ゆが》み」であり、それはその時空にどのように物質が詰まっているのかということのあらわれだとみなしたのだ。

空間の中に物質があるのではない。物質の詰まりぐあいそのものが空間なのである。その空間は空間として単独にはいない。空間は時間に連続し、重力の性質をつくっている。重力の分布こそが空間であって時間なのである。光はこれらの時空の性質に沿って動き、そして時空の特異点のなかで幽閉される。

このように「時空間の曲がりぐあい」と「物質の詰まりぐあい」に、根底的な相対性があることを示したのが一般相対性理論のキモなのである。このキモは宇宙一般における重力場の特色をあらわすので、アインシュタインは数学に強い友人のマルセル・グロスマンの力を借りて（テンソル変換の工夫はグロスマンのヒントだ）、これを重力場方程式としてあらわした。いわゆる「アインシュタイン方程式」である。

重力場方程式は左辺に「時空の曲がり具合」を示し、右辺に「物質のエネルギーと運動量」を示して、これを等号で結んだものである。図①のようになる。Gは重力定数、Rはスカラー曲率、cは光速度を、左辺の$g_{\mu\nu}$が重力ポテンシャルをあらわす。説明すると図②のようになる。$g_{\mu\nu}$は「ジー・ミュー・ニュー」と発音するので、物理屋たちは「ジー・ミュー・ニューの方程式」というふうに言う。方程式が完成するまでに十一年かかっていた。

図①、図②が示しているように、重力場方程式は、左辺が「時空の曲率」をあらわし、右辺が「物質分布」をあらわしている。右辺の物質分布の分布量によって、左辺の時空の曲率が決まり、逆に時空の曲率によって物質の詰まり具合が決まる、というふうになる。真空の時空なら右辺がゼロなのである。

重力場方程式の出現は物理学の革命だった。ニュートン力学では説明できない驚くべき現象が次々に明らかになってきた。方程式の解からは、重力波が予告され、中性子星の構造やブラックホールの構造などが予告された。

図①

$$R_{\mu\nu} - \frac{1}{2} g_{\mu\nu} R = \frac{8\pi G}{c^4} T_{\mu\nu}$$

ジー・ミュー・ニュー

図②

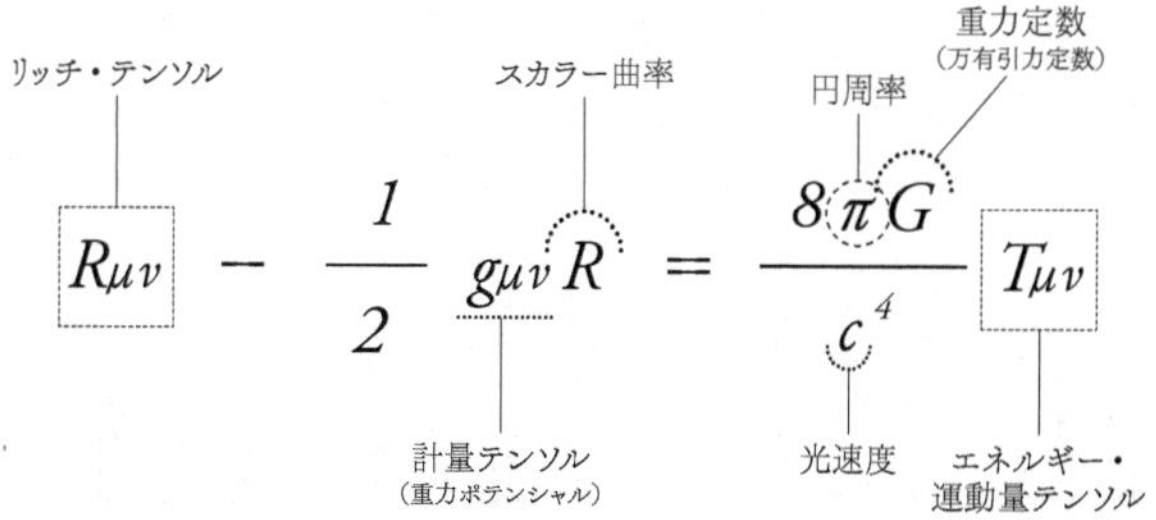

アルバート・アインシュタインはアシュケナージ系のユダヤ人である。ウルムに生まれてミュンヘンで育った。五歳のころまであまり言葉を喋《しゃべ》らなかったようだが、直流電流による電気機器を製造していた父親から方位磁石をもらったとき、何かが急にめざめたと言っている。

六、七歳からはヴァイオリンを習いはじめ、モーツァルトが好きになった。九歳のときにピタゴラスの定理を知って昂奮《こうふん》し、その証明の仕方に耽《ふけ》ったり、叔父《おじ》からユークリッド幾何学の本をプレゼントされて、ずうっと独習で遊んでいたという。微積分にも天文学にも少年期にはまったようだ。ただ、統計や確率は苦手だったらしく、そのクセがのちの量子論の統計力学や確率振幅になじめない理由になったとおぼしい。

父の電機工場はうまくいかない。子どもを残してイタリアのミラノに引っ越した。ギムナジウムでのアインシュタインはダダをこねていた。父からは電気工学に進むように言われていたので、一八九五年にチューリッヒのスイス連邦工科大学を受験するのだが、総合点に達せず合格が叶《かな》わなかったところ、数学と物理の点数が最高点だったため、翌年度の入学資格を得た。

本人はこんな意外な展開にも、あまり歓《よろこ》んでいない。大学の授業はサボるし、恋人に夢中になるし、化学実験はまちがって爆発事故をおこしている。一九〇〇年の卒業後も教育資格を行使せず、大学の助手にもならず、保険の外交員、代理教員、家庭教師などで糊口《ここう》をしのいで、好きな論文に向かうばかりだった。

一九〇二年、友人のマルセル・グロスマンの父親の口利きでベルンの特許庁の技術専門職につくと、俄然《がぜん》の集中と電光石火が始まった（グロスマンはのちのちまでアインシュタインの数学思考を補助しつづけた）。一九〇五年は二六歳だが、見ちがえるように滾《たぎ》っていた。「光量子仮説」「ブラウン運動の理論」「特殊相対性理論」に関する五つの論文をたてつづけに発表した。大学に提出したものの、その意図は伝わらなかったのだが、幸いマックス・プランクがその考え方を支持した。プランクの加担は大きい。

二八歳のとき、かの「$E=mc^2$」を思いついた。エネルギー（E）は質量（m）が光速（c）に近づくにつれ、いくらでも莫大《ばくだい》になるという、「世界で最も恐ろしい関係式」だ。原子核反応のプロセスから導き出した。特殊相対性理論のための一連の論文のひとつ、「物体の慣性はその物体の含むエネルギーに依存するであろうか」で発表された。

それにしても、この〝一九〇五年の奇跡〟と称された若きアインシュタインの起爆は異様なほどの冴《さ》え方だ。その後、たくさんの評者たちがその発想と技法の起爆の秘密を解説しようとしてきたが、ぼくはこれは「マッハ的起爆」だったろうと思っている。互いに異なる現象のパラメーターを、ふいに出会わせて別様の可能性を言いあてるという、あのマッハ的な知覚物理的な魔術が火を噴いたのだ。

ただ、マッハはこの起爆に向かわなかったのだから、アインシュタインだけが、そのコンティンジェンシーに突入できたのである。それがなぜできたのかと言われても、そこはアインシュタイン・オン・ザ・ビーチのみ知るところと言うしかない。


このあとのアインシュタインは、ひたすら特殊相対性理論の一般化を考究しつづけたのだろうと思う。ここは起爆ではないし、マッハ的でもない。チューリッヒ大学の員外教授となり、プラハの大学の教授となり、一九一一年のソルベー会議に招かれもして、世界中の最高の科学頭脳と出会った。一九一四年からの第一次世界大戦の渦中で研鑽《けんさん》を続けたことも「深み」に向かわせたのであろう。ぼくはロマン・ロランと意気投合して、ベートーヴェンの秘密に向かい、「世界」とはどういうものかを交わしあったことも大きかったと想像する。

ともかくも、こうして一九一六年に一般相対性理論が完成し、重力場方程式が告示されたのである。一九一九年、ケンブリッジ天文台のアーサー・エディントンの一団が皆既日食中に太陽の重力場で光が曲がる観測結果を成就させたこと（水星の近日点運動の立証）は、おそらく生涯最大の温かい栄誉だったのではないかと思う。

アインシュタインがどうして量子力学と折りあいがつけられなかったのかといったこ

とについては、今夜は介入しない。ボーアにもアインシュタインにも、シュレーディンガーにもボームにも、それぞれの重力場があったのだ。

本書の第三部「全体としての世界の考察」で、アインシュタインは控えめだが、まことに示唆に富む一行を示している。それは「われわれは宇宙や世界について〝箱〟と〝空虚〟という考え方をもちすぎたのではないか」というものだ。

たしかにそうである。相対性理論をちょっとでも理解したいのなら、世界を眺めるにあたって、まずは世界像にまつわる「箱」というイメージをなくしてしまうことだろう。それには、自分のアタマの中に浮かんでいるどのような形の箱であれ、それを構成している仕切りや厚みをできるだけ消してしまうことである。そしてその次に、その〝仕切りのない箱〟は実は別の理由でそこにさしかかっているように感じただけだと、あるいはそこに投影されているように感じただけだと、そしてひょっとすると別の仕切りがあったのだろうと思うことである。

かつてぼくは、このように説明して若者たちに相対論的宇宙論の入口を覗いてもらおうとしたことがあったものだが、多くの諸君が〝仕切りのない世界〟や〝厚みのない世界〟に抵抗を示した。しかたなくガモフや一般科学書の説明に切り替えた。こういうことが多いので、相対性理論は数学から入ったほうがわかりやすいということになる。しかし、アインシュタインのメタフォリカルでフィジカルなイメージとの壮絶な闘いこそを、ほんとうは理解すべきなのである。

第五七〇夜　二〇〇二年七月一日

参照千夜

一五七夜：マッハ『マッハ力学』　九九五夜：ホワイトヘッド『過程と実在』　八三夜：マーティン・ガードナー『自然界における左と右』　一七三四夜：ガリレオ・ガリレイ『星界の報告』　七六八夜：ジョージ・ガモフ『不思議の国のトムキンス』　八二八夜：湯川秀樹『創造的人間』　一〇四三夜：シュレーディンガー『生命とは何か』　一〇七四夜：デヴィッド・ボーム『全体性と内蔵秩序』

特異点定理と虚時間の導入をしなさい。
量子重力理論に、もうすぐ達します。

ホーキング、宇宙を語る

スティーヴン・ホーキング

林一訳　早川書房　一九八九

Stephen W. Hawking: A Brief History of Time 1988

その男は小さかった。有楽町マリオンは超満員だった。ぼくはそんな日にかぎって必ず介入してくるちょっとした都合で、そこへ遅れて入った。一番後ろに立った。

ステージの中央でスティーヴン・ホーキングが特殊な車椅子にへたばるようにして奇妙な人工音声を発していた。いったいどこから響いているのか。ホーキングは車椅子、というよりも精密きわまりない個人用ヴィークルといったほうがよさそうなのだが、その構造に体を海老《えび》のように斜めに寄せ倒しながら、世界で唯一のキーボードを打っているように見えた。それがどこにもアリバイのない機械のような声になり、会場に響いていた。その人工音声化した英語を、さらに木幡和枝がイヤホンで日本語に通訳していた。

ぼくは立ち尽くしたまま聞き入った。いや、茫然《ぼうぜん》と眺めていた。

ゆっくり、ゆっくりと宇宙仮説が解読されていった。衝撃的だった。この遠くのステージで何かをしている生き物が現代科学の最終目標のひとつである「全宇宙を記述する単一の理論」にただ一人敢然と挑戦しているのかと思うと、胸が熱くなった。

ホーキングが試みてきたことは、宇宙総体の大きさにかかわる尺度の構造をあらわす相対性理論と、極度に小さい尺度の現象をあらわす量子力学とを組み合わせて、これまで誰もが成功していない理論、すなわち量子重力理論を提出することにあった。

今日の科学では、相対性理論と量子力学の両方のすべてが正しいということは、ありえない。どちらかが完全にまちがっているなどということも、ありえない。そこで両者をとりこんだ理論が要請される。これがアインシュタインの晩年このかた追究されてきた大統一理論（Grand Unified Theory）というものだ。それは仮に「重力の量子論」であろうというふうに言われてきた。まだ誰もその理論を完成させてはいないのだが、つくる前から、そのような理論は根本的な矛盾に見舞われるだろうという予想もついていた。

なぜなら、もし完全な大統一理論（GUT）ができるとすると、そこにはわれわれの行為もたぶん決定されていることになるはずで、そうだとすれば、この理論を探究して得られる結論や結果はこの理論自体が内包しているものだということになり、この理論への到達が不可能になるからである。

ホーキングが最初に着手したのは、この根本的な矛盾から脱出することだった。それは次のような、どこか過剰に自尊に満ちたものだった。

自己増殖する有機体のどんな集団であれ、そのなかの個体がもっている遺伝材料と生育状態には変化の幅がある。このことはある個体が他の個体よりも上手にまわりの世界に対する正しい結論を引き出しうることを意味する。このような個体は生き残って繁殖する見込みが大きいから、やがてはその行動と思考のパターンがまわりの世界を記述するに足りるところまで成熟することが考えられる。そうだとすれば統一理論としての量子重力理論は、そのような行動と思考の究極的なしくみにもとづきさえすれば、きっと生まれるはずのものなのである……。

本書の著述（といっても、「リヴィングセンター」という専用コンピュータプログラムとスピーチプラス社が特別設計した音声合成装置による組み合わせの記号が、さらに何人かの手をへて英語になったもの）は、最初はアインシュタインの相対性理論とハイゼンベルクの不確定性原理とビッグバン理論についてのユニークな解説になっているのだが、一六〇ページをすぎるころから、しだいに佳境に入っていく。

宇宙の大局には相対性理論が適用できるが、そこには不確定性原理は入っていない。

けれどもこれは一緒に考えるべきであるとホーキングは断言する。では、そこをどう考えればいいのか。そのことを求めてホーキングはゆるぎない自信をもって仮説の渦中に入る。その矢先、こういう決意がのべられる。「われわれが存在するがゆえに、われわれは宇宙がこのようなかたちであることを知る」。

ホーキングはまず宇宙インフレーション理論の限界を指摘する。ついで「泡宇宙」の問題を整理する。

泡宇宙というのは、宇宙には相転移（phase transition）がおこりうるのだが、そこには破れた対称性による〝泡〟のような現象が古い相のなかに生じることがあるというもので、アラン・グースらが言い出した。そういう泡が集まったものが泡宇宙である。しかし、宇宙があまりにも高速で膨張していると、泡がたとえ光速で成長しても互いに離れてしまって〝合体〟がおこりにくいのではないかとホーキングは考えた。実際にも宇宙の一部の領域には異なる力のあいだの対称性が残響しているはずなのに、それは見えないからである。

ついでアンドレイ・リンデらの「新インフレーション理論」の限界を説明する。新インフレーション理論というのは「緩慢な対称性の破れ」という卓抜なアイディアにもとづいたものだが、へたをすると泡のほうが宇宙より大きくなるか、バックグラウンド輻《ふく》射《しゃ》に大きなゆらぎがあることになるという欠陥がある。そこでリンデもカオス的インフレーションによる仮説にとりくんだ。

これには相転移や過冷却がないかわりにスピン0の場が入っている。ホーキングはこのことには半ば賛意を示した。宇宙がきわめて多様に異なった初期配置から生じただろうという仮説がもっともなことに見えるからだった。しかしまだ不満なところがいろいろあった。

こうしてホーキングはロジャー・ペンローズとともに証明した有名な特異点定理を持ち出し、これによって現状の宇宙論に修正を加えていくことにした。

特異点定理（singularity theorem）は「時間のはじまり」が無限大の密度と時空歪曲《わいきょく》率によって生じた特異点だったのではないかというもので、一世を風靡《ふうび》した。わかりやすくいえばビッグバンそのものが特異点なのである。ここからホーキングは量子重力効果が大きくなればなるほど重力場が強くなるという可能性を導き出していく。

けれども試算してみると、なかなかうまく進まない。アインシュタインが懸念したように、やはり量子力学と重力の相性が悪いのだ。そこでひらめいたのが虚時間の導入である。虚時間（imaginary time）は実時間に対して設定された数学的概念で、ヘルマン・ミンコフスキーの時空幾何学のころから便法のようにつかわれていた。それをファインマンの経歴総和法（経路積分法）をヒントに試してみた。やってみるといろいろおもしろい。時間と空間の区別がまったくなくなるし、その大きさは有限ではあるけれど無境界になる。これはいけるというので、組み立てが始まった。

虚時間とはいえ、時間を0まで戻すのでは宇宙に「無」が入ってしまうため（アレキサンダー・ビレンキンの仮説）、それ以前、すなわち0以前まで考えられるように発想した。これでだいたいの概観がつかめた。まとめると、こういうふうになる。

宇宙はほぼ一〇〇億年ないしは二〇〇億年前には最小の大きさで、そこでは虚時間の経歴の半径は最大だったにちがいない。そこは有限であるが境界がなく、したがって特異点はなかった。やがて宇宙に実時間が動きだし、そこからカオス的なインフレーションによる急速な膨張がおこっていく。ついで宇宙は再崩壊を避けられる臨界速度にごく近い速度で膨張し、きわめて長い期間再崩壊をおこさなくなった。

ただし、これではまだホーキングのヴィジョンはおさまらない。宇宙の片隅になぜ知的生命が偶発的に発現したかがわからない。それがわからないと、なぜ人間が考える宇宙の全貌がこのようなものになってきたかという最後の説明の辻褄《つじつま》があわない。

ホーキングは本書の最後で、この問題を説明する。実は時間の矢には三つの種類があったのではないかと仮説する。第一の矢は「宇宙が膨張する方向に進む時間の矢」だ。第二の矢は「無秩序を増大させる熱力学的な時間の矢」、いいかえればエントロピーの矢だ。そして第三のものは「われわれが未来ではなく過去を憶《おぼ》えている方向にある時間の矢」というものだ。第二の矢と第三の矢はほぼ重なって動いている。

もし、時間の矢がこのようになっているとすれば、宇宙の膨張は無秩序の増大をひきおこしているのではなく、むしろ無境界条件が無秩序を増大させたのだということになる。そして、宇宙における知的生命は宇宙の膨張期だけに出現するということになる。それなら、われわれが宇宙をこのように見てきたという理由にもおおざっぱな蓋然《がいぜん》的説明がつくことになる……。

ホーキングはオックスフォードを首席で卒業し、ケンブリッジの大学院に進んだところで筋萎縮《いしゅく》性側索硬化症（ALS）にかかり、あと数年の命だと宣告された。なんとか一命をとりとめたが、今度は一九八五年に重度の肺炎に襲われて気管切開手術をし、意思伝達がほとんど不可能になった。

本書にはこのホーキングを襲った事態の前後の経緯についても冒頭で説明がある。なぜなら、本書はこの激変以前に執筆に入っていたからである。このときホーキングを救ったのが学生のブライアン・ホイットだった。ホイットはワーズプラス社が開発した「リヴィングセンター」とよばれるコンピュータプログラムをホーキング用につくりあげ、スピーチプラス社の音声合成装置を加工した。もう一人、デイヴィッド・メイスンがこうした一連の装置と車椅子を合体していった。一挙的な仕事だったという。

本書を読むと、こうした絶体絶命の危機回避が、ホーキングの理論形成上で何度もおこっていることが伝わってくる。早くから〝アインシュタインの再来〟とよばれたこの天才は、まことに多くの科学者たちとの水際だったコラボレーションをなしとげてきたのである。本書を読む愉《たの》しみは、この科学的共同思考のドラマを〝観劇〟するということにある。

第一九二夜　二〇〇〇年十二月十五日

参照千夜

五七〇夜：アインシュタイン『わが相対性理論』　二二〇夜：ハイゼンベルク『部分と全体』　一七三三夜：佐藤勝彦『宇宙137億年の歴史』　四夜：ペンローズ『皇帝の新しい心』　二八四夜：ファインマン『ご冗談でしょう、ファインマンさん』

「引きこもり物質」と「ボイド」とが宇宙の大半をつくっているらしい。

宇宙創造とダークマター

マイケル・リオーダン　デイヴィッド・N・シュラム

青木薫訳　吉岡書店　一九九四

Michael Riordan & David N. Schramm: The Shadows of Creation 1991

小さいころ、教会の日曜学校ではクリスマスになるとキラキラ光る星のついたカードをくれた。また「星の界《よ》」という讃美歌《さんびか》っぽい歌を、東華幼稚園の才女ヨコシマタカコちゃんに袖《そで》をつかかれ、促され、なんともはずかしげに唄《うた》った。

ぼくはクリスマスはなぜか嫌いだったのだが（いまでも嫌いである）、オルガンの音とそれを弾くシスターの笑顔と「星の界」だけは好きだった。「月なき御空《みそら》に、煌《きら》めく光」という歌詞と「輝く夜空の星の光よ、瞬《まばた》くあまたの遠い世界よ」という歌詞が二つあったと憶《おも》う。その、まるで冬の夜空で凍えているような歌の言葉の響きがこの世のものともおもえず、子供なりに「悠久」というものを感じたものだった。

以来、星座を追いかける少年をへて、宇宙の構造に関心をもつ青年になり（ぼくが最初に書いたエッセイは「十七歳のための幾何学」という非ユークリッド幾何学に関するものだ）、さらには『全宇宙誌』（工作舎）という全ページが漆黒で行間におびただしい星々が瞬《またた》く書物をつくるようにもなって、ぼくの「星の界」は変化していった。そしてしばらくは空間と時間をつなぐ天文学の最前線を理解することをひそかな課題にしているような日々が続いてきたのだが、あるときその持続がぷっつり切れたのである。

どこかでふと目をそらしてしまったせいなのだろう。それから、突如として宇宙の正体に関する議論が様相を一変させたことに気が付いた。一九八〇年代半ばのことだ。そのうち、宇宙の正体よりも宇宙の方法に関心が移っていった。

宇宙の方法というのは変な言い草だが、これは宇宙についての理論をつくりあげる考え方を示すことのほうがおもしろいということで、すべての宇宙論は「方法宇宙というモデル」なのではあるまいかという見方を意味している。

方法的な見方がどうしても必要だと感じさせたのは、いわゆる「インフレーション理論」と「ダークマター仮説」の登場のせいだった。ぼくはおおいに考えさせられた。この仮説がもたらす全貌《ぜんぼう》はまだまだぼくを満足させていないし、そのすべてが説得力をもっているとも感じてはいない。すでにホーキングによって批判もされている。けれどもこれらの理論のなかのいくつかの推理法がどんな分野のセオリー・ビルディングの仕方よりも刺激的なのである。スリリングなのだ。

そこで、これから試みる拙《つたな》い黒板講義は、最新の宇宙論仮説が運んできたクリスマスの贈り物……ではなくて、その贈り物を包んでいた包み紙にくっついてきた「星の界」のお話ということになる。ではしばし、冬の夜空に耳を澄まして、星たちの呟《つぶや》きをぶつぶつツブツブぶつぶつ……。


さあ、みなさん、この冬の星座に似た黒板を見てください。ここには天体に関するむずかしい数字がいっぱい並んでいます。カムパネルラ君、いいですね。でもよく注意してください。このような数字による理論の仮説には、しばしば「望まれないもの」が入っているんです。そういうことってよくありますね。

詳しい説明はしませんが、重い粒子の「磁気単極子」（モノポール）もそのひとつでした。なぜなら理論上では一応は定義されたこの粒子は、いくら試みてもいっこうに観測にかかってはこないのです。どうやっても存在が確認できないのです。そこで物理学者や天文学者たちは、この「望まれない粒子」を理論的に消すことにしたのでした。

一九七九年のことでした。ＭＩＴのアラン・グースや日本の佐藤勝彦という天体物理学者が考えたこともだいたいそのようなことで、宇宙は誕生してすぐに途方もなく膨らんでいってインフレーション（物質が光の量にくらべて過剰になってきたことです）の状態になり、そこに、仮にも重い粒子があったとして、きっと彼方に吹き飛んでいったのではないかと考えたのです。いわば辻褄《つじつま》合わせでした。

ところが、この辻褄合わせのアイディアがたちまち新たな仮説を引き出していったのです。それがこれからちょっとだけ紹介するダークマター仮説です。ダークマターだなんて暗黒物質という意味ですから、とても変ですね。怖そうですね。

ダークマターは、観測にかからない物質で、光を出すことも反射することもしない物質です。これだけでも奇妙ですが、これまで人間がつきとめてきたどんな物質とも似ても似つかない物質という意味では、もっと変です。しかもその大半はなんと行方不明なのです。どこにいるのかがわからない。

そういう不気味なダークマターがおそらくは宇宙の九〇パーセントほどを占めているというのだから、とんでもないことです。まったくもってたいへん変てこりんな話なのですが、いまこの仮説を全面的に疑う天文学者はごく少数しかいません。みんな、そういう変な物質が宇宙中にあるんだろうなと思っています。それにもかかわらずダークマターの正体はほとんどわかっていないんですね。

さてこの本は、とても評判がいい本です。二五年ほど前にワインバーグという人が書いた『宇宙創成はじめの三分間』(ダイヤモンド社→ちくま学芸文庫)がたいへんなベストセラーになったのですが、それ以来の最もすぐれた宇宙解説の名著だといわれています。べつだんベストセラーだから名著だというのではありません。それからこの本には車椅子の天才スティーヴン・ホーキングが序文を書いているのですが、それだから名著というのでもありません。実際にとてもよく書けているのです。

でも、そんな名著でもダークマターの正体をあきらかにはしていません。けれども、このような本を読んで知るべきことは、WHATではなくてHOWということを発想する大事さです。WHATは時代によっても立場によってもいくらでも名称と数値を変えます。けれどもHOWは何百年に一度か二度しか変わらない。だからHOWを考えましょう。この本では、HOWがどのような宇宙仮説になったのかということを知ってほしいのです。今夜は「宇宙の正体」より「方法の正体」のほうがずっと大事なんです。

さて、みなさん、宇宙というものはたとえどんなに革命的な装置があっても、その全貌が観測できないようになっているのです。それが宇宙というものです。

宇宙が最初のビッグバンでつくられたことは知っていましたね。最初は火の玉宇宙です。そのときたくさんの光が放出されたのですが、その火の玉宇宙が冷えてからだいたい一三〇億年か一五〇億年ほど過ぎ去ったいま、私たちがここにいます。

ということは、その最初の光がそのあいだに飛ぶことができた距離よりもっと遠いところは、私たちには絶対に見えないわけです。これを「宇宙の地平線」とか、その半径をシュワルツシルト半径といいます。それ以上の先が見えない境界です。それから、そのように宇宙が膨張しつづけていることをハッブル膨張といいます。

このことは地球上のどんな観測者にとってもあてはまるだけでなくて、宇宙のどこにいる観測者にとってもあてはまります。つまり宇宙はどこから見ても「ちょうどいっぱいの半径」というふうに見えるのです。これを臨界密度というふうに考えてみます。

そんなふうに膨らみつつある宇宙には、さあ、何十億もの銀河や銀河団や超銀河団が浮かんでいます。英語でいえば、たくさんのクラスターやスーパークラスターですね。これらのクラスターはビッグバンから数えておおよそ十億年ほどたったころに、ほぼ形成されました。当初は無数の小さな「泡」のようなものだったのに、それがどんどん大きくなり、それぞれが巨泡めいたクラスターになっていったわけです。

そのクラスターたちがそれぞれの臨界密度のなかで、ハッブル膨張をつづけます。互いに遠ざかりあっていくのです。ジョヴァンニ君、わかりますか。天体は互いに遠ざかりあっているんです。くしゃくしゃの風船に銀色の点をたくさん打っておいて、それをだんだん膨らませると、その銀色の点はだんだん離れていきますね。銀色の点もぼんやり大きくなってきますね。その銀色の点がクラスターです。宇宙はそのように、おのおののクラスターが互いに離れて遠ざかりつつあるのです。けれども、ここにちょっと疑問が生じます。

なぜ、これらの天体クラスターはそれ自身が重力をもっているはずなのに、互いをめざして落下しないのでしょうか。だって重力は引力のことですから、互いに引き合うはずです。それにもかかわらず、クラスターは引き合わない。なぜでしょうか。

きっと引き合うと困るんです。そう、考えてみるのが大事です。では、引き合わないようにするにはどうしたらいいですか。わかりますか。

この銀色の点たちはきっと自分で落下しないだけの速度を発揮できているということでしょう。いいかえれば、風船を膨らます速度よりも、銀色クラスターが遠のいている速度がちょっとだけでも上回っていればいいんです。こういうとき、風船の速度と銀色クラスターの速度がちょうど釣り合っているばあい、それを単体クラスターは臨界速度をもっているというふうに考えます。でも、クラスターはどうしてそんな臨界速度をもっているのでしょうか。

ここからがいよいよダークマター仮説の本番の入口です。ここでいろいろのことを頭をひねって考えます。たくさんの考え方が出てきそうですね。

こうしたとき、考え方がいくつもありすぎるばあいは、理論物理学者や数学者がよくやるのですが、ファッジ・ファクター（補正のための因子）を少なくするということが大切です。考え方を進めるにつれて、途中でその不備を埋めるための要素をあらかじめ減らせるように考えるということです。そうすると、だいたいは次のような考え方が出てきたんです。

まずひとつは、宇宙は天体クラスターをぶつかりあわなくさせるような時空の形状をもっているのではないかと考えることです。すでにアインシュタインは重力というものは「空間の曲がりぐあい」であるということをあきらかにしました。そして、その「曲がりぐあい」は「物質の詰まりぐあい」（物質分布）によって決まるとしたのでした。天体力学では、このような空間の中の物質たちを相手にするときは、お互いの物質がもつ臨界密度と臨界速度の関係をΩ《オメガ》であらわします。そして、Ωの値によって宇宙形状を決めてきました。

Ωが1よりも大きければ、宇宙はどこかで閉じた四次元空間になっていて、それは三次元表面をもっていることになります。巨大なボールのようなものですね。また、Ωが1よりも小さければ、宇宙は双曲状に開いていて馬の上にのせる鞍《くら》の形のようになり、幾何学でいうロバチェフスキー空間に似たものになります。では、もしΩがちょうど1ならばどうなるか？　宇宙はわれわれには馴染《なじ》みのある平坦《へいたん》なユークリッド空間になるのです。

実はアラン・グースのインフレーション理論が正しいのなら、Ωは1にかぎりなく等しいはずなのです。ただし、無数の小さな泡をもった宇宙風船がかぎりなく膨張したために各所の泡も平らに近くなったというだけで、ぺったんこの宇宙が無限に広がっているというのではありません。

しかしそれにしても、Ω《オメガ》が1の状態の宇宙がどうしてつくられたのでしょうか。なぜ、でこぼこしたりしないのでしょうか。ビッグバン理論では宇宙はハッブル膨張をつづけているということですから、どこにも平坦めいた空間（時空）がつくれるには、そこに何か異なる力がまんべんなく関与していて、巨大な泡が閉じないようにしているとでも考えなければならなくなるではありませんか。

ところが、そんなものは見当たらない。少なくともそういう事実が観測されたことはないのです。では、何かがまちがっているのでしょうか。

そこで、次のように考えてみます。ビッグバン理論が正しくて、インフレーション理論も正しいのなら、にわかには想像しにくいことではありますが、われわれの観測にかかる物質以外の何百倍何千倍もの〝見えない物質〟がまんべんなく宇宙の随処各所にあって、その物質たちの影響によって天体クラスターが相互落下しないようになっているにちがいない。そう、仮説してみることです。そして、そのようになっているから、Ω

が1に近い状態でいられると考えてみることです。結論を先にいえば、のちのちダークマターこそがこの〝見えない物質〟にあたることになったのでした。

物質というものは、ある状態である性質の光を放出しているものです。電磁波の波長はそうやってできています。けれどもダークマターは光はおろか、何も発信していそうもありません。こういうのって、いったい何がおこっていると考えればいいのでしょうか。二つの考え方がありえます。

第一には〝見えない物質〟ことダークマターは、光すら放出しない〝引きこもりの物質〟であるか、第二にはそれともなんらかの理由によって光を届けられない〝忙しい事情をもつ物質〟であるか、そのどちらかだということです。

後者のほうは、みなさんがよく知っているブラックホールに似ています。ブラックホールなら光を届けられないのは当然です。なぜかといえば、ブラックホールには毛がないからです。毛がないから、みんなブラックホールの中にすべり落ちていく。これなら〝見えない物質〟があってもおかしくはありません（いえ、おかしいですね）。それらはブラックホールの囚人なのですからね。しかし、そうだとすれば、そういうブラックホールの数は宇宙の九〇パーセント近くを占めていなければならなくなってしまいます。

これはありそうもないことです。だってそうだとすると宇宙全体がブラックホールになってしまいます。それでは私たちも存在していなかったでしょう。そこで前者の見解をとることにします。さきほどの〝引きこもり物質〟ですね。

宇宙はさきほども言ったように銀河団やら銀河やらからできていて、その銀河は星でできています。その星は何でできているかというと、今日の科学では「バリオン」という基本粒子群でできていると考えます。

バリオンというのは、定義が時代によって変化しているのでややこしいのですが、かつてはバリオンは重い粒子のことで、たとえば陽子や中性子のことをさしていました。それに対して「レプトン」は軽い粒子で、主に電子やニュートリノのことをさしていました。いまでは大半を「バリオン物質」とよび、そこに結びつく相手のことをレプトンというふうに見ることになっています。

ところが〝引きこもり物質〟は、そういうバリオンとしての特性をもっていません。もっていないから、何の情報もやってこないわけです。それでは〝引きこもり物質〟はバリオンではない物質なのでしょうか。〝見えない物質〟はバリオンではできていないのでしょうか。実は、そうらしいのです。ダークマターはバリオンではない物質で、つまりは「非バリオン物質」でできているようなのです。

しかし、そう考えてみてもまだ不都合があります。そういう非バリオン物質によるクラスターが天体の各所にあるとしても、それらがクラスターの成分なら、すでに非バリオン物質のちょっとくらいの特性が見えてきてもよさそうなのに、まったくそういうことが見えてこないからです。やっぱりのこと、ダークマターは〝見えない物質〟なのです。とすると、それらは何も情報を送ってこないでいられる事情の持ち主だということになりますね。

さあて、こうなってくると、ここで大きな発想の転換が必要になります。どういう転換なのでしょうか。〝見えない物質〟というのは、きっと「見えない」ことをこそ特性としている何かの力だろうと考えてみるのです。これはピンポーン！です。抜群の発想の転換です。物質なのに見えないのではなくて、見えないという物質があるということですね。そうなると、これはいつまでも「物質」という言葉をつかってきたことがまちがっていたかもしれない、そういうことになるでしょう。

こうして、さらに新しい考え方（方法）を駆使した発想の世界が次々に広がります。ここからは、ジョバンニ君、これまで以上に想像しにくい考え方がいくつも組み合わさっていくのです。でも、それこそがたのしい「星の界」の物語なんですから、どきどきしてくるでしょう！

というわけで、ここで、突如として浮上してくるのが、とくに「負の見方」と「柔らかい見方」というものです。

数学や電磁気学や理論物理学は、ずっと以前から「負」については、けっこう自信に満ちた伝統をもってきました。マイナスの符号をつくり、負の電荷を設定し、虚数のiを考えだしました。学校で習いましたね。また、量子力学者のポール・ディラックのように「マイナスの真空の海」といった、とてつもないアイディアもつくられてきました。ディラックはそれでノーベル賞をうけました。

それから、物質には正の物質のほかに「反物質」があることも証明されてきました。たとえば電子に対する陽電子が反物質の例ですね。負の物質です。いまでは反ニュートリノも確認されていることは、カムパネルラ君も知っているでしょう。

このように現代物理学にとっては、「負」という考え方はおなじみなんです。これに対して「反言語」とか「反俳句」って考えにくいでしょう。人文系では、この「負」が苦手です。けれども、これからはそういう考え方も必要です。

もうひとつの考え方は、これまでの古い定義によらない空間や時間や物質の属性を柔らかなソフトウェアに見立てることです。といっても、何のことかわかりにくいでしょうが、すでに有名になっている例でいえば、素粒子よりもさらに小さなクォークというものがありますが、あのクォークには、「奇妙《ストレンジ》」、「魅力《チャーム》」といった、柔らかくてソフトな名前がついているんです。とても物理的な属性とは思えないでしょうが、そのような「みかけ」や「様子」を属性だとみなすことも大事です。いわば見立ての属性を想定してみるのです。

ですから、ダークマターが「見えない」のなら、たとえば「インビジブル係数」とか「けむたい度」とか「隠れぐあい度」などを考えてみたって、いいわけです。宇宙にもこの見立てソフトを使ってみてはどうでしょう。実のところをいえば、今日の科学ではこのような負の属性やソフトな見立てだけの属性をもつものを、かっこよく「非バリオン風だ」とみなすことになってきたのです。

しかしながらあれこれを検証してみると、どうも非バリオン物質をいくら総動員してもダークマターには届かないということがわかってきました。ほんとうに、ダークマターは厄介ですね。

なぜ届かないのでしょうか。ここであきらめてはいけません。もし何かの理由があって届かないなら、その「届かなさ」というものを想定してみればよいわけです。それがさきほどのソフトな見方であって、「負」の考え方を持ち出してみるということにあたります。わかりますね、この発想法。そこで、そのような「届かなさ」を仮に「ボイド」(void) という性質をもつ状態だということにしてみましょう。届かないのなら、そこにボイドという隙間があるということです。

これで、やっと突破口が見えてきました。問題はボイドをつくっている力を考えればいいのです。念のためにいいますが、ボイドの正体があるわけではないんです。ここはボイドとでもよぶしかないような「負の性質」が想定されるということなのです。いいですかジョバンニ君、そろそろ眠くなりましたか。もうちょっとです。

こうしていよいよ最後に登場してくるのがダークマターと重力の関係です。ダークマター群には見えない腕のようなものがついていて、これが重力の架橋となって天体クラスターの動きに影響を与え、相互の落下を阻止しているのではないかとか、宇宙の各所のΩを調整しているのではないかという見方です。

どうやら「ボイド」や「負の性質」とは、重力のブリッジのようなものだったんですね。重力ならもともと〝見えない物質〟だったわけですからね。しかもその重力はダークマターという重力物質のような姿をしているのですから、これは見つからなくても仕方がありません。

ここから先、今日の宇宙論はもっともっと複雑な仮説を組み合わせて、もっともっと不思議な姿を描きはじめています。けれどもそれを話しはじめると話がもっともっと長くなるので、省きましょう。だって、ジョバンニ君はもう夢を見はじめているようですからね。ちなみにカムパネルラ君のために言っておくと、このもっと複雑な仮説というのは、たとえば熱いダークマターと冷たいダークマターとか、シャドーマターとか重力レンズの作用とか、さらにはスーパーストリングとか十一次元のM理論とか、そういうものです。すごいですね。むずかしそうですね。

でも、これは、方法の冒険のお話なのです。いくらだって正体はつくれるという話なんです。ですからぼくのクリスマスの贈り物の包み紙遊びもこのくらいでやめておきましょう。大事なことは、すでにのべておいたように宇宙の正体がどういうものかということではなく、宇宙が見せている方法の正体はどうなっているのかということなのですよ！　今宵《こよい》は二〇〇二年のクリスマスです。では、メリー・クリスマス！　メリー・ダーク・クラスター！

第六八七夜　二〇〇二年十二月二五日

参照千夜

一九二夜：ホーキング『ホーキング、宇宙を語る』　一七三三夜：佐藤勝彦『宇宙１３７億年の歴史』　一六七夜：エドウィン・ハッブル『銀河の世界』　五七〇夜：アインシュタイン『わが相対性理論』

ハッブル宇宙望遠鏡がとらえた銀河団 Abell 1689（写真提供：NASA）

おとめ座の方向・約24億光年彼方にある「Abell 1689」は、1000の銀河と何兆もの星を含む巨大銀河団。2002年に撮影されたこの画像は、銀河団の向こう側の天体の光を変形させる「重力レンズ効果」を捉えることによって、銀河団の中心にある「暗黒物質」の分布を明らかにした。

並行宇宙がいくらだってある?
「情報」で説明できる宇宙像の可能性だってある。

もう一つの宇宙

フレッド・アラン・ウルフ

遠山峻征・大西央士訳　ブルーバックス(講談社)　一九九五
Fred Alan Wolf: Parallel Universes 1988

ウッディ・アレンがこう言ったそうだ。「目に見えない世界があるのはまちがいない。問題は、それがミッドタウンからどれくらい離れたところにあって、何時になったらオープンするかということだ」。

目に見えない世界というのは、そこに未知の情報世界があるだろうということだ。きっと新しいレストランがオープンしていて、これまで見たことのないような時空メニューが用意されているのだろう。それなら早くミッドタウンの地図を片手に走りたい。

もう一人、登場してもらう。アルバート・アインシュタインだ。アインシュタインはこう言った。「数式であらわされた法則が現実を記述するかぎり、その法則は信頼に値しない。法則が信頼に値するかぎり、それは現実を記述するものではない」。アインシュタインは、未知の情報に関しては既存のどんな数式も法則も役には立たないと言ったわけである。地図はない。ひょっとしたらミッドタウンから近いかもしれないけれど、既存の道順ではそこには辿《たど》り着けない。そう、言ったわけである。

それなら、既存の数式も法則も役立たないようなそんな未知の情報を、いったいどうやって知ればいいのかとウッディ・アレンがまた聞いた。アインシュタインはどうしたかというと、ネイサン・ローゼンと組んで「アインシュタイン＝ローゼン・ブリッジ」というかっこいい橋を宇宙に架けて、そこから未知の世界を見ればいいじゃないかと言った。ワームホールやホワイトホールの可能性も議論された。そして既存のものではない数式と法則をつくればいいと考えたのである。

世の中には一握りのアインシュタインとたくさんのウッディ・アレンがいる。ウッディには〝橋上の数式〟から未知の世界像など見えてはこない。アインシュタインにも分の悪いところがあった。仮に〝橋上の数式〟が何かを指示しているのだとしても、それが観測できなければ科学は科学にはなれなかった（と、思われていた）からである。

実際にもそのような〝橋上の数式〟による未知の情報は、これまで確認されてこなかった。たとえばブラックホールはその実在こそ指示できたけれど、その「穴」の中の情報は見えないままにある。引っこんでしまっているからだ。引っこんではいるが、情報がないわけではない。だとすると、未知は未知のままで終わりそうである。

しかし、そんなふうに考えこむのがまちがっていた。未知の世界とか未知の情報というものは、それを既知にするためにあるものではなかったのだ。それは観測するためにあるのではなく、そのような未知の情報によって宇宙がつくられているのかどうかを、われわれはどのように納得するか。そのことをもっと大事な問題にするとよいということだったのだ。ブラックホールの例でいえば、そこを「未知の情報があるということを本質としている実在」とみなせるかどうかが重要な見方なのであって、その未知の情報が辿れないからといって、そういうものは実在していないなどとは批評すべきではなかったのだ。

ということは、ウッディ・アレンのあてずっぽうこそが正解だったということだ。ただしこの映像作家の奇才には、なぜ自分がそのように感じられたのかが説明できない。だったら彼はこう答えればよかったのである。「ぼくがここにいるということそのものが、すでに未知の情報をつかったうえでのことだったわけよ」。

宇宙論の一番の問題は、そもそも「情報」というものをちゃんと摑《つか》めていないということにある。情報というもの、最初はたいてい化学的な高分子のセットのかたちをとっている。だからその情報フォーマットはそのまま生命体にも変換できる。これがＤＮＡなどの遺伝子情報になる。生命の本質を一言でいえば、情報高分子が自分を維持するための生体膜をもったということにあった。

そうやって発生し、進化してきた生命体は、やがて植物となり動物となって、その一部の生物が体の中に不出来な神経系をつくり、次に上出来の脳をつくっていった。まさに情報編集のための体内センターの確立だ。そして次には、そのセンターの活動の一部が線分や言語やメロディとして体の外に投げ出され、それが社会の中に入りこみ、いろいろなメディアと交じって生きのびてきた。こういうわけだから、われわれ自身がすでに情報体なのである。しかし、ここまでの話だけではまだまだ「情報」を捉《とら》えたことにはならない。

そもそもわれわれが地球上にいて、何億光年だか何百億光年だかの遠方からやってくる星の光を認めているということそのものが、「情報のあらわれ」なのである。そう、考えなければいけない。なぜなら、星の光というのは「時間のあらわれ」であり、情報はその時間に乗るものであったり、その時間を含む時空間のどこかに刷られているプリント柄のようなものであるからだ。

われわれは最初から宇宙的原々原々情報状態の中にいる。その原々原々情報をもとにして、植物が光合成をしてあれこれの情報高分子をつくり、その原々情報の特徴をまた使って、動物が神経系のようなごくごくちっぽけな情報処理システムをつくり、その原情報をもとにして人間はいま何かを考えたり表現したりしている。

なにごとにも「原」があり、そのまた「原」の「原々」や「原々原々」がある。だから、われわれにいま知覚できない情報系がこの世にいくつもあったとしても、べつだん何の不思議もない。

もっとも「この世」というのがはなはだあやしいもので、いったいどこからどこまでを「この世」と見るかは、巨《おお》きな原々原々情報系からすれば、どうにも決定できないことである。つまり「現在」ということがはっきりしないのだ。

たとえばわれわれは晴れていさえすれば、今晩も満天にキラキラ光る星を確認するはずだろうが、その星の光は「大過去に発した情報」であり、その光を受けているのは「現在のわれわれ」ということなのだから、さていったいそれらのうちのどこを切り取って「この世」と言うのかは決めがたい。それなら、どこからが「この世」、どこからが「現在」と決めるより、時空まるごとに多様な情報世界がいろいろ動きまわっていると考えたほうが正しいということになる。

本書は、そのような切り取り不可能な現在をもとにして、多様で無限の時空的情報世界に諸君を案内してくれる。ミッドタウンにあるかもしれない「もう一つの宇宙」とは、このことなのである。

著者のフレッド・アラン・ウルフはＵＣＬＡで理論物理学の博士号を得たあとサンディエゴ州立大学などで教え、次々に説得力のある著書を発表しつづけている科学者である。とくに“Taking The Quantum Leap”が全米書籍賞を受賞してベストセラーになった。邦訳は『量子の謎をとく』（講談社）で、本書と同じブルーバックスに入っている。

新書に入ったからといってタカをくくってはいけない。ウルフの本は量子力学が迷っていた七〇年代をおえた一九八一年の刊行だということをべつにしても、物質的な世界観や波動的な世界観の〝はざま〟にある動向を、ふんだんに巧みに描出してみせて冴えていた。とりわけ、われわれが“in here”と“out there”とをどのように区別したかという視点をうまく操っていた。

ぼくも“here”と“there”という言葉はよくつかってきた。此岸《しがん》と彼岸《ひがん》だ。穢土《えど》と浄土だ。ウルフの言う“in here”は「内のここ」を、“out there”は「外のむこう」をさしている。われわれが暮らしているユークリッド空間では、この二つの言葉のあいだにはたいした差異はない。「ここ」と「むこう」は結局のところは連続してつながっているからだ。「ずうっとむこう」といったって、そこはしょせんはつながっている。おまけに地球は丸いから、「ここ」は結局のところは「むこう」からの差し込みなのである。

けれども「ここ」と「むこう」が極端に離れていたら、どうなるか。地球上と宇宙の彼方というふうに。そうすると、そこには「ここの時間」と「むこうの時間」、「ここの物質」「むこうの物質」ともいうべきほどのオーダーの差異が出る。あてはまる科学も時空モデルもすっかり変わってきてしまう。ウルフはこの“in here”と“out there”の比喩《ひゆ》をたくみに操って、前著でも本書でもうまく議論を誘導してみせた。

本書は並行宇宙論を扱っている。並行宇宙論とは、この世界には原則的には無限個の並行宇宙があっていいという、たいへん不埒《ふらち》な見解をいう。並行というのは、それらが同時にあるということだ。SFのパラレル・ワールドよりラディカルなのである。

宇宙がいくつもある？　無限にある？　同時に？　そんなことはとうていありえないか、あったとしてもイメージなんてできっこないと思うだろうが、必ずしもそんなことはない。どう考えるかは、何をもって「宇宙」と呼ぶかにかかっている。たとえば一キロの長さの中には一〇〇メートルは一〇個だが、一メートルは一〇〇〇個ある。だが、点の数なら両方とも無数なのである！　まして宇宙が「情報の時空」だというふうに捉えられるなら、原々原々情報を一つの単位とでもしてみれば、宇宙がいくらあったっておかしくはない。

すでにブラックホールが並行宇宙仮説につながる位相幾何学的な「穴」であることが

何度も指摘されてきた。このとき「穴」を何と見るかがちょっと工夫のしがいがあるところで、宇宙物理ではブラックホールの「外」から眺めてその「むこう」が見えないときに、それを「穴」とよぶことにした。そのギリギリのところをシュワルツシルト半径という。

宇宙にもこういうギリギリがある。それを「宇宙の地平線」という。ただし宇宙の形はまだ決まっていないから（球形のようなリーマン型か、馬の鞍《くら》のようなロバチェフスキー型か、それとも別の型なのか）、宇宙の端を想定することはできない。まして、その「むこう」とか、そこに「穴」があるとは考えてはいけない。そこは次のように考えるべきなのだ。宇宙はビッグバンの当初から、いくつもの宇宙に分かれて隙間をつくりつつ発達してきたのではなかったか、というふうに。

もともと並行宇宙論の出発点は量子物理学だった。量子物理学が提示した物理像は数々あるが、穿《うが》っていえば次の三つの見方をルールにした物理学のことをいう。

第一に、やたらに微小なものは大きな世界で何かを見せるふるまいをしていない。第二に、そういう微小なものはその観測者の見え方から客観的に独立して存在することはできない、第三に、一見してこの宇宙の秩序が崩れたように見えることがあったとしても、宇宙にはきっと未知の秩序がひそんでいるはずである。

この三つだ。そこでこの出発点を前提にしてみると、宇宙のある部分は一つの可能性に従っているが、別の部分は別の可能性に従っていたってかまわないということになる。そういう別々の可能性に従った実在する宇宙があってよいことになる。この実在するものとは、もう諸君も見当がついただろうけれど、「情報」なのである。

なぜ実在が情報かということがまだわかりにくいなら、情報とは見えないところからやってくるメッセージの可能性の予測の束だというふうに考えるといいだろう。部屋があってドアがある。そのドアから次々にやってくるものが情報だ。このとき、その情報はドアを入ってくる前からすでに可能性として実在していたはずである。いや、そのようなものを情報というわけなのだ。

このような見方で多様な時空を眺めてみると、ほら、宇宙は「どこでもドア」ばかりに満ちていて、それゆえ原々原々情報が待ちつづけているということになってくる。並行宇宙論とは、この「どこでもドア」に関する説明を、量子力学と相対論力学との両方をつかって説明する挑戦なのである。どこをどうつなげるとうまく折り合いがつきそうで、何を見まちがえると失敗になるかは、本書を読まれたい。

何にせよ「すべては一つ」という統一像を求めすぎているか、「すべては変化する」と思いこみすぎているのだ。しかし「すべては一つ」を説明する方法と「すべては変化する」を説明する方法とは、宇宙論ではなかなか合致してくれない。いや、社会のなかでもうまくは折り合わない。ここはいったん自分が知っている説明方法を放棄することである。さもなくば「既知」と「未知」とは両方とも情報であることを観念すべきなのである。

アウグスティヌスはこう言った、「時間とは何かと訊《き》かれれば答えはわからないが、訊かれなければわかっている」と。ウッディ・アレンはこう言ったそうである。「並行宇宙？　それがうちの女房とのあいだにあることじゃないって保証してくれたら、説明してあげるけどね」。

第七六〇夜　二〇〇三年四月二三日

参照千夜

五七〇夜：アインシュタイン『わが相対性理論』　七三三夜：アウグスティヌス『三位一体論』　一七三夜：佐藤勝彦『宇宙137億年の歴史』

第四章 千一夜目の宇宙論

ブライアン・グリーン『エレガントな宇宙』

量子重力と超弦《スーパーストリング》理論について、
そして十一次元の空間について、ゆっくり考えてみた。

ブライアン・グリーン

エレガントな宇宙

林一・林大訳　草思社　二〇〇一

Brian Greene: The Elegant Universe 1999

1

二〇〇四年七月七日、前夜に「千夜千冊」千夜目の良寛を書いて、そのまま那須に飛んだ。北山ひとみ・内藤廣・和泉雅敏さんたちとともに、四国の庵治《あじ》から運んだ巨石を立てる「立床石之儀《りつしょうせき》」という記念式に臨んだのだ。

体はくたくたぼろぼろで、このまま倒れるのではないかと思ったが、なんとかもちこたえて三十人ほどで大竹に短冊を結びあい、そのまま風呂《ふろ》に入り、二期倶楽部の一室に臥《ふ》せった。夜中にふと目がさめて、ふらふらと外に出て星を見た。七夕《たなばた》の天体である。見上げると、目がぐらりと回った。ふと、「宇宙のさざなみ」を感じた。

何かの感傷なのだろうか。何かの去来なのだろうか。どちらでもないようだ。「宇宙のさざなみ」は、NASAが打ち上げたCOBEが一九九二年に発見した宇宙背景輻射《ふくしゃ》が僅《わず》かにみせていた「ゆらぎ」のことである。COBEは全天からほぼ一様に二・七三Kのプランク分布をもつマイクロ波を受信し、そこにごくごく小さな温度ゆらぎがあることを見いだした。

この「ゆらぎ」は温度ゆらぎであって、また密度ゆらぎだった。それが宇宙が最初期にインフレーション膨張していることの、ひとつの証拠になった。ぼくは天体直下で立ちくらみを感じながら、一千一夜目の「千夜一尾」の一尾には、「宇宙のさざなみ」の向こう側でおこっている動向を付け加えようと思った。宇宙論の一番新しい尻尾《しっぽ》にくっついているフィジカル・イメージを書いておこうと決めたのだ。「千夜千冊」にはケプラーもポアンカレもアインシュタインもホーキングもとりあげておいたけれど、それから暗黒物質ダークマターや並行宇宙のことも書いておいたけれど、そうだ、M理論についてはまだ書いていないと思ったのだ。

千一夜目だからといって、『アラビアン・ナイト』の大臣の娘シェヘラザードがシャハリヤール王の前で最後に語り始めた物語というような、そんな趣向なのではない。これはたんなるぼくの尾学《びがく》、あるいは尻尾のついた燕尾服なんだと思われたい。

とりあげる一冊は、今夜にぴったりというほどには重大著作ではないのだが、なかなか粋《いき》な『エレガントな宇宙』にした。ただしここに書かれている内容の背景はすこぶる重大である。題名が優美であるからといって、軽く見ないほうがいい。それなりに骨がある。その骨のまわりには、アインシュタインが統一場理論を構想してこのかた失敗しつづけた量子重力論が張りめぐらされている。ホーキングもめざしてきたものだ。

量子重力論というのは、重力理論を量子化するにあたっての困難をクリアする理論を組み立てるということであるが、それを数学的に表現する厳密な条件があまりに多いため（たとえば「発散」の問題）、なかなか成功がみられなかった。それが、この十年ほどにスーパーストリング理論（超ひも理論・超弦理論）が組み立てをどんどん加速しているうちに、予想外に痛快な展望が得られるようになってきた。

それをM理論という。本書はそこをめぐっている。著者のブライアン・グリーンはハーバード、オックスフォードをへて、いまコロンビア大学で物理学と数学を教えている理論物理学者で（二〇〇四年現在）、この学界ではまだ俊英に属する。

2

あらかじめ研究の概観を言っておく。

量子重力論の試みでは、スーパーストリング理論が新たな一歩を示していた。M理論はそのスーパーストリング理論に新たな一歩を加えた。それまでにざっと二十年がかかっている。この流れは理論的にも数学的にも、またわれわれの根本的な想像力を試されるという意味でも、おそらくは今日考えられるかぎりの最もめんどうな超難度級の理論であろうと思われる。

だからM理論には、この数十年間に重力理論と量子力学を合併させようとして試みられた大半の仮説が大小にわたって積み重なっている。未解決な問題も多分に含まれている。したがって合併症も出かねない。説明できないことと説明できることが微妙に交差しているのだ。ぼくも自分なりの理解に落着するまでに三年ほどかかった。

しかし、たとえ説明できないことがあっても、その説明不可能性をあえてニューファクターとして含んだセオリー・ビルディングを試みるのは、どんな領域のことであれ、とびきり魅力的な仕事だ。もともと説明とは、説明できないことのために費やされるものなのだから。

M理論はいまのところ正式名がない。「M」だなんていかにもミステリアスなネーミングだが、まさにそうなのだ。だからこのあとうまく書ければ、ダンテ・アリギエーリの天堂篇に輝く「M」に次いで、さらに眩惑《げんわく》的な「M」をちらりとお目にかけられるかもしれないけれど、うまく書けなければ、そのときは松岡正剛は「千夜千冊」の千冊目のあとにM理論というものを一尾ぶらさげたと、それだけを憶《おぼ》えてもらえればいい。そんなつもりで、書く。いずれそのうちM理論が大騒ぎになったとき（そうなるかどうかはわからないが)、このことをそっと思い出してほしい。

M理論 (M-Theory) は、一言でいえば宇宙開闢《かいびゃく》以前の超俊速の事態にかかわっている。その超俊速の事態がおこっているのは、プランク・スケールとよばれるビッグバン直前のところで、考えられるかぎり宇宙最小の場所だ。その宇宙最小の場所で何がおこっているのかを説明しようというのが、M理論の枠組である。

ということはM理論は究極のマクロな宇宙論であって、かつ物質の究極の姿を表現するための究極のミクロな理論なのである。ただしこの理論はまだその一部しか姿をあらわしていない。いまのところは一〇パーセントも組み立てられていない。

だからM理論はまだ生まれたばかりのほやほやなのだけれど、もしこの理論がその全容を少しずつあらわせば、物質・時空・重力・宇宙を統一的に記述しうる最も有力な切り札になるのではないかという呼び声が高い。呼び声は高いけれど、理論が提示するいずれの事象も実証されているわけではない。実証できるかどうかもわからない。むろん壮大な失敗におわるということもある。しかし理論というのはそういうものだろう。仮説とはそういうものだ。これは「方法の宇宙」のための仮説なのである。

この理論がM理論とよばれているのは、いくつかの頭文字「M」を象徴しているためである。何人かの説明によると、Mは、“Mother, Mystery, Membrane, Matrix”などをあらわしている。だから母型理論・メンブレーン理論・マトリックス理論などとよばれる。これで察しがつくだろうが、まだ理論名称としての市民権を得ていないのだ。

けれどもMというのは、こういう多様な象徴をあらわすのに、なんだかぴったりだ。

「Mによるとね、Mから見るとね」というふうに言うのは、なんだかおもしろい。名付け親はプリンストン高等研究所とコロンビア大学の物理学者で、名うての数学的才能で周囲を唸《うな》らせているエドワード・ウィッテンだ。ウィッテンについてもまだあまり知られていないけれど、おそらくはM理論の充実とともに、いずれ宇宙理論の秀抜な革新者として知られることになるだろう。本書の著者はウィッテンの弟子筋になる。

M理論がどういうものであるかを説明するには、この理論がスーパーストリング理論の新たなフェーズの先端に位置しているので、まずはスーパーストリング理論がどうして登場してきたか、それはどういうものなのか、そこを理解しなければならない。これが宇宙語り部が守らなければならない筋である。ところが、それがややこしい。

というのも、スーパーストリング理論そのものがいくつもの仮説を組み合わせた編集複合的産物になっているからで、それを理解するには、「超対称性理論」「超重力理論」「ヒッグス粒子」「メッセンジャー粒子」といった、よほどの専門家でなければ覗《のぞ》いたことがないような、たとえ覗いても際物《きわもの》（まさに「際を」あらわすものたちばかりなのだ）にしか見えないような、そういう数学概念や理論物理概念についてそこそこ通暁しておく必要があるからだ。そうした概念や仮説が登場してきた理由はとんでもなくハードなものである。いちばんハードなのは重力理論と量子力学をアワセ・カサネするということなのだが、それだけでなく、しばらく覗きこんでいるとわかってくるのだが、驚くほど繊細なのである。ナイーブなのだ。

それに加えて「くりこみ問題・特異点問題・ゲージ対称問題・陽子崩壊問題」といった難関ゲートが待ちかまえている。いずれも一級の難問である。むろん、以上の作業のすべてに一般相対性理論と量子力学の最前線の検討が前提になる。

3

というわけで、まずはスーパーストリング理論のあらましから説明しなければならない。この理論は宇宙の究極の単位をストリング（ひも・弦）とみなしたのである。

このストリングは極小の弾性をもつ極小の輪ゴムの連鎖のようなもので、この輪ゴムが素粒子を構成するクォークの、そのまた奥に控える究極の正体になる。そこでは「開いたひも」（端がある）と、両端がくっついた「閉じたひも」（端がない）とが想定されている。「ひも」は物質であるとも、物質でないともいえない。この「ひも」は、大きさがなくて長さだけがある「理想ひも」なのだ。

もし物質であるならば、これまで想定されていたいっさいの究極物質よりずっと小さいものになる。算定されている数値は一〇のマイナス三三乗メートル以下だから（これをプランク長さというのだが）、これは小数点以下の〇が三三も続く。それほどの最小性であるのに、エネルギーは一〇〇ワットの電球一〇〇個を一〇〇時間ほど点灯できるだけのプランク・エネルギーを秘めている。

こういう奇妙な宇宙最小ストリングを想定して、スーパーストリング理論が何を言いたいのかというと、その「ひも」あるいは「弦」が振動することによってクォークや素粒子などを表現すると考えた。この発想が遠くはピタゴラスに通じ、近くはシェルドレイクのリズム振動論に似て、何かの本質性を感じさせている。感じさせるだけではない。これは、これまでの「点粒子」としての素粒子像を捨てたことを意味する。

理論物理学者や実験物理学者たちがなぜ点粒子を捨てたのかという、三十年ほどの冒険のドラマをのべるとキリがない。しかし、このドラマからすべては生まれた。直観に頼って点粒子を捨てたのではなかった。最初のきっかけは一九六〇年代に、強い相互作用をする素粒子が次々に発見されたからだった。これらは総じてハドロンとよばれるのだが、その数がついに一〇〇個をこえた。一〇〇個ともなると、これらすべてが「素」粒子だとは考えにくい。そこで新たな素粒子像が考案された。

ここからは、ぼくのリアルタイムな素粒子物理学との〝交信〟がよみがえる。しばらく思い出を交えてごく最近までの流れをふりかえっておく。

4

第八二八夜や第九九三夜に書いたように、ぼくが湯川秀樹さんに惹《ひ》かれて自宅を訪れていたころ、湯川さんが「素粒子の奥にはハンケチがたためるくらいの広さがあるんや」ということを、しきりに言っていたことはすでに何度も話してきた。

このメタファーは「非局所場」や「素領域」という湯川秀樹独自の仮説理論をくだいて言ったものだったが、残念ながら確立を見ないままに終わった。しかし、このときすでに「拡がった素粒子像」というアイディアが世界を駆けめぐったのである。

このような素粒子像は坂田昌一のサカタ模型のころからちらほら出はじめていた。陽子p・中性子n・ラムダ粒子Λの三つの粒子が基本で、他の粒子はすべてこの三粒子と反粒子の複合像ではないかという提案だった。それらがマレー・ゲルマンによって小さい粒子三つから成りたっていることが明らかになり、この粒子が「クォーク」とよばれることになる。クォークが複合して素粒子を構成するのだという考え方に至ったのである。複合粒子の性質はアイソスピン、ハイパーチャージ（ストレンジネス）、重粒子数などの「量子数」で、すべて分類できるようになった。

複合粒子にはそれぞれの励起《れいき》状態がある。これを、質量の二乗をヨコ軸に、スピン（角運動量）をタテ軸にとると、きれいに直線上に並ぶ。このことが証明されて、ハドロンの構造の解明に大きなヒントを与えることになった。

その後のクォーク理論の伸長はめざましく、ハドロン粒子は「アップ、ダウン、ストレンジ」の三種のクォークによって構成されていることになり、その後、「チャーム、ボトム、トップ」の三種と、それらの反クォークが発見されるに及んだ。

しかし、こうなると〝湯川さんのハンケチ〟は素粒子の奥行にしわしわと畳まれているのではなく、クォーク粒子というもう一段小さな物質粒子の律義な構成を受けているということになる。それはつまらない。

一九六八年にイタリアのヴェネチアーノがハドロンの散乱過程の特性に注目し、「散乱振幅」というアイディアを出した。散乱振幅は粒子相互の散乱を衝突エネルギーと運動量の関数にしたもので、これはハドロン相互の散乱をうまくとらえていた。

このことをヒントのひとつとして、一九七〇年にシカゴ大学の南部陽一郎、ボーア研究所のホルガー・ニールセン、イェシーバー大学のレオナルド・サスキンド、後藤鉄男らが、ハドロンは「点粒子」ではなくて、一次元の「ひも《ストリング》」なのではないかという提案をした。これが「ひも」の登場であり、「拡がる素粒子像」の検討の再開となる。

南部さんについては、いろいろ思い出がある。かつては渋谷松濤《しょうとう》の工作舎に招いて、数夜にわたってクォーク理論の解読座談をしてもらった。十川治江の企画だった。同席者には「漸近的自由」というすてきな概念を提唱した若きデイヴィッド・ポリツァーがいた。この時期、南部さんとポリツァーと素粒子やクォークをめぐってナマの議論ができたということは、ぼくにとっての僥倖《ぎょうこう》だった。鍛えられもした。このときの記録は、海野幸裕君がピンクとオレンジでデザインをした『素粒子の宴』（工作舎）という興味深い一冊になった。

南部さんはそのあと、講談社のブルーバックスに『クォーク』というすばらしい本を書いた。第二版で改稿されてさらに充実した。クォークの解説書は数々あるが、いまなおこの一冊に勝るものはない。南部さんの端正で不敵なセンスを納得させるエピソードがある。東京帝国大学物理学科を卒業したにもかかわらず、その卒論にはウィリアム・ブレイクが選ばれていたことだ。

その南部さんの独創的な研究もあって（南部さんは一九七八年に文化勲章を受章した）、その後、ハドロンがひも状であることは、クォークがグルーオンとよばれるゲージ粒子でひも状に結わいつけられているという解釈に発展していった。この「ひも」は「ひも」ではあるものの、サイズは一〇のマイナス一五乗メートルくらい、エネルギーも一ギガ電子ボルト程度のもので、いわゆるスーパーストリングではなかった。

もうちょっと詳しくいうと、南部・後藤らの「ひも」は、スピンが整数値をとるボソン（ボース粒子）に特有のものだった。素粒子にはボソンとともに、スピンが半奇数値をとるフェルミオン（フェルミ粒子）も、ある。「ひも」の普遍性を考えるなら、このボソンとフェルミオンの両方を満足させる「ひも」が必要なのである。

ここで考案されたのがスーパーストリング（超ひも・超弦）だったのだ。ラモン、ヌボォー、シュワルツらの提案が稔《みの》った。このとき、スーパーストリングは十次元の空間と一次元の時間をもつ十一次元の時空モデルとなった。これこそが「宇宙ひも」あるいは「量子ひも」の最初の登場だった。M理論は、このスーパーストリングをモデルとして「宇宙のさざなみ」の向こうに起爆する。

5

一九八四年のことである。ロンドン大学のクイーン・メアリー校のマイケル・グリーンとカリフォルニア工科大学のジョン・シュワルツが、重力の量子化にあたってあらわれる量子異常項という懸案の不都合をとりのぞいた。

スーパーストリングが量子重力宇宙論の最前線に躍り出た瞬間だった。おおげさにいうのなら、このとき以来、物質のいっさいの基本要素性はいっせいに「点粒子ひも」から「超ひも」に切り替わったのである。画期的な〝着替え編集〟だった。

それからしばらくして、五つほどのスーパーストリングをめぐる仮説があらわれた。おおむね臨界時空十次元を想定したのだが、ただし、これらはそれぞれがバラバラな理論に見えた。こういうことは理論がもつれていくときによく見られる前兆である。多くの仮説理論はたいていこのバラバラを処置できなくて破綻《はたん》する。

スーパーストリング理論もこれまでかと訝《いぶか》られていた一九九五年、エドワード・ウィッテンが国際学会で大胆な方針を発表した。これまで提案されていた五つほどのスーパーストリング仮説は別々のものではなく、実は互いに関連しあっていて、しかもそれらは、いまはとりあえず「M」としか呼びようのない統合理論の「相《フェーズ》」たちなのであると言ったのだ。

ついに十一次元のM理論が姿をあらわしたのである。ウィッテンの提案は、物理学者を動揺させた。それは、宇宙の最小場面を神がスパッと切ったときの最小世界面をあらわすための、いまだ全貌《ぜんぼう》を見せない時空幾何学のようなものだったからだ。そうだとすると、重力理論のいっさいがひょっとするとM理論の一部だったのではないかとも予測された。動揺するのも無理はなかった。

こうしてMは重力であって物質であり、時空であって数学であり、量子であって法則となったのである。いや、そうしたもののいずれの候補ともなった。

以上のことを感じるにはスーパーストリングに触れてみる必要がある。何かの物理学的な感触が必要だ。けれどもこのスーパーストリングがすでにして、素粒子であって場所であり、要素であって振動であり、クォーク的であって相互作用的であり、量子ひもであってトポロジーだった。そんなものに触れることができそうもないことは、なんとなくわかる。

これはどうみても究極のお化けなのだ。研究者たちのあいだでも、こんなもの（スーパーストリング＝超ひも）があるはずがないと言いたいグループと、こういうものこそ待ってましたと言いたいグループとに分かれてしまった。しかもこのお化けの正体は、原理的には「点粒子」を「ひも」に代えただけのものなのだ。この発想だけをとりあげれば（厄介な数学的手続きを省けば）、コロンブスの卵のようなもの、いや、コロンブスの紐なのだ。それが宇宙と物質をめぐる究極の理論の担い手になるなんて、にわかには信じられないにちがいない。しかし、いま、最終理論はそこに着々と向かっている——。

6

M理論やスーパーストリング理論のアウトラインを綴《つづ》ってみる前に、しばらく迂回《うかい》をしておきたいことがある。必要な迂回である。それにはひとつの重要な問いをたてておくのがいいだろう。

宇宙論や物質論はいったいなぜこんなお化けのような奇妙な正体（スーパーストリング）を

想定しなければならなくなったのか。このような理論はどうして「大きい本質は小さい本質だ」という恰好《かっこう》をとるのか。宇宙の本質と物質の本質は（すなわち極大と極小の時空の本質は）どこで重なり合ったのか。こういう問いだ。この問いの方向は、なぜ量子重力理論（相対論を量子化する）の試みはスーパーストリング理論やM理論にまで進攻していったのかという方向をあらわしている。

もともと相対論（重力論）と量子論はまったく別々に生まれてきたものである。それゆえこれらを統合する必要はなかったはずだった。それがいつのまにか、その統合こそが物理学の最後の課題になってきた。問題はそこにある。

すなわち、「大きい本質は小さい本質だ」というのは「宇宙論の解明は素粒子論の解明である」と提言しているようなものであるのだが、このように問題が成立するのは、宇宙がビッグバンで生まれる直前にすでに「ひも」だか「超ひも」だかが動いていたという未知の状態を想定することになるけれど、それでいいんですねと念を押しているようなものなのだ。

仮にそういう想定をするとなると、考えなければならないことは、少なくとも二つある。ひとつはそんなことがわかると何が理解できるのかということ、もうひとつは科学がそのことを最後の問題（最後の問題ではないかもしれないが）として極めるしかなくなってきたのは、いったいどうしてかということだ。順番に考えたい。

現代人には「思想」と「表現」を哲学・文芸・芸術にばかり求めすぎてきた傾向がある。「思想」や「表現」は社会・文化・人間から生じると考えすぎてきた。むろんそれらにも思想と表現は発生もし、派生もしているのだが、それらを根こそぎ支えているのはあくまで基本的自然像であり、そこから生じた宇宙観であり、そこにまとわりつく空間と時間の観念なのである。

プラトンの哲学はプラトンの宇宙観と結びついていたのだし、デカルトの思想はデカルトの近接作用論にもとづく宇宙観と不即不離になっていた。ニュートン力学やファラデーの法則がなかったら、どんな動力も動かせなかったし、したがってどんな都市像も描けなかった。それればかりか印象派の絵画にすらニュートンとホイヘンスの物質観の論争が下敷きになっていた。どんな「思想」も「表現」もその起源には宇宙観がどこかで関与していたものなのである。いいかえれば宇宙観に介入しないでいては、思想や表現が問題にできるはずはなかったのだ。

ところが近代科学の確立と二十世紀科学の登場によって、こうした哲学と宇宙観との蜜月《みつげつ》関係がぎざぎざに分離していった。

宇宙観が分離した理由はいろいろあるが、二十世紀科学を代表する相対性理論と量子力学があまりに難解であったことがある。また、脳神経科学や心理学の発達が「脳」や「心」といった〝もうひとつの宇宙〟を想定したこともある。科学の成果が技術にばかり集中し、あまつさえ原子爆弾などの軍事目的に流れていったこともある。さらに決定的なのは、相対性理論と量子力学がわれわれの知覚する世界には直接には影響を与えていないということが喧伝《けんでん》されすぎたことだろう。こういうことがいろいろ重なって、科学の求める宇宙像と人間社会が求める世界像は分断されたのだった。

むろんそれでも、宇宙観から「思想」と「表現」を導き出そうとした哲人たちもいた。ホワイトヘッドやボームはその一人であったし、ペンローズもホーキングも宇宙理論の想定と人間思考の原理を重ねて考えようとした。しかし多くは、そんな難題を抱えるのをできるだけ避けた。実は、スーパーストリング理論やM理論だって、いまのところは宇宙像と人間像とをこれっぽっちも重ねて考えてはいない。が、ぼくには、このような理論もまた、いずれは近未来の「思想」や「表現」の根本的変更を迫るものであろうと思えるのである。

なぜそんなふうに思うのかはここでは説明しないが、そのかわりにぼくの思索体験を少々さしはさんで、ぼくがどのように宇宙観と思想とを重ねて考えてきたかを回顧しておきたい。きっとそのほうが話がわかりやすくなる。あらかじめ言っておくけれど、「宇宙」と「思想」と「表現」をつなぐもの、それは「方法」だったのである。

7

ぼくには、自分に課していることがいくつかある。煙草をやめない、ホワイトヘッドに加担する、サラダおかきを手離さない、思索は図にしてみる、夜半三時まで起きている、生命系を情報とみなすなどなどだが、そのひとつに約十年ごとに宇宙論と物質論を検討してみるという作業がある。自分でもときどき驚くのだが、ぼくはこの課題をかなり律義にこなしてきた。

十年ごとというのはその程度しかとりくむ余裕がないということと、そのくらいの仕切りで見ないと、宇宙や物質や数学をめぐる理論成果や実験成果の全貌が見えないからである。ざっとふりかえることにする。

最初はなんであれロマンティックなおとぎ話の宇宙だった。物質についても、鉱物や自転車や食塩が「驚き」でありさえすればよかった。だからここには宮沢賢治やノヴァーリスや野尻抱影がいた。この少年期のディケードこそ懐かしくも根本的なフィジカル・イメージが生成されていた時期であるのだが、ここでは話をはしょる。すでに「千夜千冊」のそこかしこに書いてもきた。

学生時代から二十代半ばまではきっと多くの者がそうだっただろうように、もっぱらアインシュタイン宇宙論一辺倒だった。ここにはロバチェフスキー宇宙やリーマン宇宙やフリードマン宇宙模型やド・ジッター宇宙模型が含まれた。ぼくはこれらの宇宙モデルを通して「かたち」の起源が宇宙にあることを知った。やがて、これにすぐさまミンコフスキーやワイルらの時空幾何学と、百花繚乱《りょうらん》の量子力学が加わった。

いったん量子力学を知ると、これまたきっと多くの科学者たちの卵がそうだったろうと思うのだが、こちらのほうに宇宙を感じた。極小時空のほうがずっと宇宙っぽかったのだ（この実感をなぞるのはむずかしい）。ともかくも宇宙と物質の秘密を嗅《か》ぎたくて、一番どぎまぎして夢中になった時期である。ドゥ・ブロイ、シュレーディンガー、ディラックらに憧《あこが》れた。湯川さんを頻繁に訪れ、詩人の高内壮介さんに湯川論を書いてもらい、林忠四郎センセイを訪ねたのもこの時期になる。

次の十年のディケードは、電波天文学や宇宙線天文学が発達して、ビッグバン理論と宇宙構造論とシュワルツシルト半径をともなうブラックホール理論とが課題になった。ここではぼくの相対論も深まって重力場方程式が格闘技リングのチャンピオンになった。ここまでがわが編集歴に照らしていうと、五年をかけた漆黒の書物『全宇宙誌』（工作舎）でおおよそ扱った範疇《はんちゅう》になる。

続く十年では、「時空の相転移」をめぐった。ぼくに「思想」と「表現」があるとすれば、この相転移や臨界面に編集思想を結集させるという方法に全力をかけるところがミソだった。それにはときどき時空論を扱っておく必要がある。ベンヤミンの「パサージュ」だって相転移が都市に降りてきたということなのだ。

そのため新たな時空論としては、アラン・グースや佐藤勝彦のインフレーション理論やホーキングとペンローズの特異点理論などをパサージュすることが大きな課題になった。これらは「かたち」ではなく「変異」を扱っていた。とくにホーキングとペンローズを追跡するのはとても危うく、そこが痛快だった。ペンローズがホーキングの博士論文を審査する立場にあったこともあって、二人は緊密な共同見解を発表するとともに、量子重力論においてはかなり対立してもいた。だからこの二人の相違に気がついていくのがやたらにおもしろかった。たとえば、二人が互いを意識して連続交互講演をした『時空の本質』（早川書房）からは、ホーキングが「ペンローズはプラトン主義者だが、ぼくは実証主義者なんだ」と言っている意味がびしびし伝わってくる。


もっともこういう作業を自分に課しつつも、さっぱりお手上げの苦手領域が出てきてもいた。たとえば、これらに絡むトポロジー理論やくりこみ理論をクリアするのはとても厄介だった。宇宙というもの、どの部分をとってもトポロジカルなのであるが、けれどもそういうトポロジーを時空知覚的に理解するのがむずかしい。

また、このころには「情報としての宇宙」をどう見るかということが気になってきた。

ぼくは物質やエネルギーの動向を「情報」として語りなおしたくなっていた。ただし、それにはプリゴジンらの熱力学宇宙論やヘルマン・ハーケンのシナジェティックスや津田一郎のカオス論にいったん傾倒してみることが必要だった。

こうしてこの直近の十年になってからは、以上のことをオブリックに交差させる作業にとりくんだ。いわばカイヨワの「斜線」を極大宇宙や極小物質の範疇でも動かしたかったのだ。宮沢賢治ではないが、ぼくは北に行ってゲージ理論の行方を追い、東に向かっては泡宇宙やインフレーション理論やダークマター仮説と語りあい、南ではワインバーグ＝サラム理論やカルツァ＝クラインの統一理論の消息を尋ね、西に赴いてWボソンの正体に驚き、町に戻ってはあわただしくスーパーストリング理論を読むといった作業を、オブリックに交差させる日々をおくったのである。

このような作業によって何が見えてきたかは、このあとまとめて書く。いずれにせよこのあたりで、ぼくには宇宙観と物質観と人間観はやはり密接に絡まっているはずだという確信が、ふたたびよみがえってきた。とくに、南部陽一郎さんの「ひもクォーク」と「自発的な対称性の破れ」をめぐる考え方のその後の変遷をつぶさに追ったことは、量子重力論の謎こそがすべての思想議論の鍵《かぎ》になっているという展望をもたらした。こうしたなか、いよいよM理論の萌芽《ほうが》に出会うことになったのだ。

だいたいこんな作業をしていたことが、ぼくが哲学と宇宙観の、すなわち文科系と理科系の分断の裂け目に墜落しなかった背景になっている。

まったく理科系と文科系なんてくだらない分別である。どう考えたって、これらは同じルーツをもつ母胎であったはずなのだ。われわれの想像力の根底にあるものは、古代から今日にいたるまでなんら変わらないはずなのだ。まとめれば、その根底にあるのはフィジカルイメージとバイオイメージの姿、あるいはその二つがエッシャーふうに絡まった姿というものだ。

ぼくは三十代の半ばまで、この二つのイメージの交じりあいを「物質の想像力」と「生命論的超越」の絡みとよんでいたのだが、その後はこれらをいったん「自然と生命をめぐる情報編集力」ととらえ、その成果と捩《ねじ》れと暴走がもたらした想像力をなんとか統合的に眺めようとしてきた。そしてその絡みぐあいのすべてに宇宙論的投影があると考えるようになった。

しかしそれからしばらくたって「方法」こそがこうした絡みぐあいの本体であることに気がついた。ケプラーからホーキングにおよぶ幾多の宇宙論も、まさに「方法宇宙」であると思えるようになった。とくに特異点理論やゲージ変換理論が現代宇宙物理学の中央に躍り出るようになってからは（ゲージ理論についてはのちに説明する）、「宇宙は方法論である」ということが、より鮮明に確信できたのだ。ぼくにとっては存在と運動をめぐる関係のいっさいを描出するための方法論、それが宇宙論なのである。宇宙論とは「方法の宇宙」そのもののことだということなのである。

この結論は、まずまちがってはいないはずだ。宇宙の描像を獲得するための方法の統合が、宇宙の構造や本質なのである。ただ、このことをわかりやすく説明するのがけっこう面倒だ。

面倒な理由はわかっている。今日の宇宙論は長らく「四つの力」を別々に議論してきて、その統合にとりくんでいる真っ最中なのだが、その別々に議論してきた「四つの力」にはすでにたくさんの子供やルールや数学がひっついてしまっているからだ。宇宙は方法の統合であるけれど、その方法の出自にちがいがありすぎた。

8

宇宙とは「方法の宇宙」のことである。これは、哲学や科学がたどりついたいくつかの記述を総合していけば、宇宙の相互作用をめぐる統合的な記述が可能になるのかどうかを問うことにあたる。統一像が見えるのではない。記述の統合をめぐる方法が向こう側に見えるのだ。

ニュートン力学は重力をめぐる運動の統一的な記述を可能にした。マックスウェルによって発見された電磁力学も統一的記述を可能にしてみせた。けれども二十世紀科学はそれらとは異なる記述の中にも真実のパースペクティブがあることをつきとめた。それが相対性理論と量子力学である。

　ところが、ここで方法は統合を阻まれた。ニュートンの運動方程式とマックスウェルの電磁場方程式は容易に関連させられないことがわかってきた。四つの相互作用の相互記述が容易ではないことに気がつかされたのだ。この四つの相互作用は広く「四つの力」とよばれているものである。A「重力」、B「電磁気力」、C「強い力」(強い相互作用)、D「弱い力」(弱い相互作用)をいう。

　これらは人間の想像力の歴史がやっとたどりついた相互作用としての究極的な「フォース」(力)であったはずである。それなのに、いっこうに相互の関連をあきらかにしてくれない四つの異なる力であった。

　まず、A「重力」である。重力の正体はまだはっきりしないが、まっさきに知っておくべきは、重力は「四つの力」のなかでは最も弱い力しかもっていないということだ。重力は太陽と地球に軌道を与え、恒星が爆発するのを防ぎ、宇宙全体の制御エンジンをつかさどっているはずなのに、力(相互作用)としては四つの力のなかで一番弱い。この意外性はついつい忘れがちになることなのだが、宇宙と物質の現象学ではきわめて重大な意味をもつ。

その重力の源は質量である。それをあきらかにしたのがニュートン力学で、質量が大きければ大きいほど重力は強くなっていくということを教えた。それゆえ重力は宇宙のどこにもはたらいている。重力にはどんなばあいも中断がない。どんな遠くにも重力はとどいている。われわれの血液が球形をとりやすいのも重力によっている。素粒子にもクォークにもはたらいている。これを「重力の普遍性」という。ただし、極小空間にかかわるその効果はほとんど計測にかからないほど小さい。

一方、アインシュタインの力学では、重力は宇宙の存在様式の根源的な特徴を決定づけられている。このことはニュートン力学からはまったく出てこない。一般相対性理論が初めてこのことをあきらかにした。その内容は、「重力は空間の曲率を決めている」ということに尽きていた。

このことは、いくつもの言い換えが可能になるけれど、なかで丸呑《の》みしてでも理解してしまうといいと思われるのは、われわれは長らく空間の特性のあり方を、たまさか重力とか物質とかよんできたにすぎなかったということだ。もっというなら、物質とはそもそも「重力時空の皺」だったということ、重力とはそもそも「時空間の歪みの発現」だったということだ。このことが理解できたかどうかということは、次のことを感じられるかどうかをみてみるとよい。

重力には重力加速度というものがあって、重かろうと軽かろうとどんな物体をも一秒ごとに秒速約一〇メートルずつ自由落下速度を増大させている。これがマッハの「等価原理」の原形である。ただし、この落下という感覚がまぎらわしい。ガリレオの落下の法則は落下でいいが、自由落下するエレベーターの中で落ちる二つのリンゴがしだいに近づくのは、空間を曲げているほうの重力の影響によっている。

赤道上の二点から飛行機が飛び立って北極に向かって出発すると、最初は平行して北へ飛ぶが、北極に近づくにつれ二機の距離は狭くなっていく。これを外から見ると、二機のあいだに何かの力(相互作用)がはたらいているように見える。けれどもこれは地球の表面空間の曲がりのせいである。二機を引き寄せているのは空間の特徴のせいであり、それは重力のせいなのだ。

こういう空間を重力場という。アインシュタインの一般相対性理論はこの重力場をめぐっている。中央に有名な$g_{\mu\nu}$（ジー・ミュー・ニュー）をつかった重力場方程式がある。重力場を担っているのが重力子《グラヴィトン》や重力波であろうことも、いまでは認証されている。しかし、重力はどんなばあいでも「場」の方程式でしか表現できない。

次は、B「電磁気力」であるが、この力がいまのところは一番わかりやすいと思われる。ファラデーの法則やマックスウェルの電磁場方程式を筆頭として、ほぼそのふるまいが説明されてきた。ダンテの「M」を輝かせていた光は電磁波だった。

もうひとつ、ホッとすることがある。ここではすでに、電気力と磁気力が一緒になっている。これで、もともとは「五つの力」が並立していたのが、そのうちの一組が消されたわけなのだ。

電気力は電荷をもった粒子のあいだにはたらいている。その基本は、粒子の電荷はプラスを陽子がもち、マイナスを電子がうけもっているということにある。ふつうの物質原子ではこのプラス・マイナスのやりとりが中性になる。ということは電磁気力からみれば、物質とは、原子のなかでプラスの電荷をもった原子核がマイナス電荷の電子を引き付けていることを成立させている状態の、別名にすぎなかったということだ。これは、重力から見た物質像とはまったく異なっている。このちがいはいつまでも重力と電磁気力の二つの婚姻を妨げてきた。

ファラデーやマックスウェル以上に、電気の本質を暴いた科学者がいた。J・J・トムソンだ。トムソンは「電子」をつきとめ、それが原子核のまわりをまわっていることに気がついた。それでわかったことは、電子は原子核に捉《とら》えられているということだった。これは電子の力ではない。原子核が秘めている力である。これが次の「強い力」とか「弱い力」と称されているものになる。磁気力については、多少の謎も残っている。そのひとつが「モノポール問題」なのだが、ここでは触れない。

さて、ここからがミクロにおける二つの力のことになる。C「強い力」（ストロング・インタラクション）とD「弱い力」（ウィーク・インタラクション）だ。

C「強い力」は、原子核を引き付けている力のことをいう。かつては原子核のなかで陽子と中性子をパイ中間子のキャッチボールによって結びつけている核力のことだと考えられていたのだが、その後にパイ中間子以外のハドロン粒子（メソンやバリオン）が数多く発見されるにおよんで、事態が一変した。

ハドロンの存在はその奥にひそむ何かの奇妙さに因《よ》っている。この奇妙さこそ、ゲルマンが「ストレンジネス」とよび、それをきっかけにクォークが発見されるようになった当のものである。ハドロン粒子はアップ、ダウン、ストレンジ、チャーム、ボトム、トップと、その反クォークによって構成されることになった。

「強い力」がはたらいている時間は10のマイナス22乗秒くらいだから、まことに短い。これに対して「弱い力」は中性子が陽子に変わるのに十五分ほどかかる。こうして問題はいよいよ「弱い力」とは何かということになる。

D「弱い力」は、ぼくが注目もし警戒もしている力である。この力はもともとは中性子のベータ崩壊の特性として理解されていた。ベータ崩壊は素粒子現象学のなかでも格別に興味深いもので、中性子が電子とニュートリノを放出して陽子に変わることをいう

(これが十五分かかる)。ぼくはこのベータ崩壊の魅力に惹かれて、ニュートリノの追っかけ(カミオカンデを訪れることなど)をしていた時期がある。

けれどもこのベータ崩壊も、いまではダウンクォークが電子とニュートリノを放出してアップクォークに変わる現象というふうに理解される。「弱い力」はクォークの種類を変える力なのである。またレプトンのあいだではたらく力にもなっている(レプトンとは、電子やニュートリノのような軽粒子のことをいう)。

しかし「弱い力」にはさらに注目すべき性質がある。なんと保存則が成り立たないのだ。「強い力」ではインタラクションの前後でアイソスピンやストレンジネスが保存されるのに、「弱い力」はそれを破ってしまう。ストレンジネスも残さない。のみならず「弱い力」は、パリティ(対称性)をも破る。このことはまだ十分には説明がつかないことなのだが、宇宙における「時間の対称性」に微妙な影響を与えている。

これが「四つの力」のあらかたの特徴なのだが、以上のような「四つの力」の相互関連を求め、そこに「力の統一理論」をむりやりにでも仮想してみようというのが、コスモロジー(汎《はん》宇宙論)とコスゴノミー(宇宙進化論)の最大課題なのである。

順番にいうなら、まず、「電磁気力」と「弱い力」の統一がはかられた。二つの力を比較すると、電磁気力が弱い力の数億倍もの力があったり、電磁気力がパリティを保存するのに対して弱い力がパリティを破ったりするというようなちがいもあるのだが、どちらもスピン1のボソンをやりとりしているところは共通する。これが「ゲージ場」というもので、ワインバーグ＝サラム理論が用意した。

ワインバーグとサラムは、電荷をもった粒子（電子など）と弱超電荷をもった粒子（ニュートリノなど）を、一つの粒子のコインの両面のようなものと仮定し、そこに「ヒッグス粒子」という新粒子を想定した。ヒッグス粒子は三〇〇〇兆度以上では蒸発しているが、それ以下になると凝縮して真空空間を埋めつくすという性質をもっている。水は一〇〇度以上では蒸発しているが、それ以下になるとお湯になるようなものである。このヒッグス粒子の作用によって「真空の相転移」がおこると考えられた。こうして電磁気力と弱い力が重なってきたのだ。これをまとめて「電弱力」という。

そこで次には、この「電弱力」と「強い力」との統一が試みられた。統一した力には「大統一力」というおおげさな呼称を期待されているのだが、そのころは理論的な成功にまでは至らなかった。

成功しきれなかった理由は、電磁気力と弱い力が統一されるのに必要な温度が約三〇〇〇兆度なのに対して、電弱力と強い力が統一されるのはその一兆倍近くの温度が想定されていたことにある。ビッグバンがおこって、三〇〇〇兆度の相転移から次の相転移までに、これほどの差があるのは不自然ではないかというのだ。実際にも、この何も事件がおこらない時期を、天体物理学者たちは月の砂漠ならぬ「宇宙の砂漠」とか、もっと野暮には「階層問題」とよんでいた。かくして、この砂漠や階層問題を解決するために「超対称性理論」なるものが提案されたのである。

ここからの話はゲージ対称性などの、ちょっと厄介な話をしながら進めなければならない。けれども一尾ないぼくとしては、ここでいったん宇宙の「火の鳥」がどのように生まれてこの世にあらわれたのか、その話をしておきたいと思っている。究極の宇宙と究極の物質の〝関係〟をめぐるM理論の案内所の看板は、そのあとに見えてくる。

9

地球から一億五〇〇〇万キロ離れたところに太陽がある。半径七〇万キロの巨大な恒星だ。過去四六億年にわたってエネルギーを放出しながら輝いてきた。日本の原子力発電所が発電するエネルギー（二〇〇四年現在）の一兆倍の一万倍になる。

このエネルギーは核融合反応による。だから太陽の中心部は温度が一五〇〇万度になっている。太陽の主成分は水素だが、一五〇〇万度の中心部では水素原子は陽子と電子に分解している。陽子が互いに激しくぶつかりあっている状態だ。このプロセスがくりかえされると、最終的にはヘリウムの原子核ができる。このとき水素一グラムにつき約二〇トンの石炭が燃えたのと同じ莫大《ばくだい》なエネルギーが生み出される。これが核融合反応エネルギーで、太陽はこの状態のままま五〇億年は輝くだろうと予想される。

こういう太陽によって地球型（水星・金星・地球・火星）と木星型（木星・土星・天王星・海王星）の惑星ができた。そのほか冥王星《めいおう》、無数の微小天体ができた。そもそも惑星はこの微小天体が渦巻いてつくられたものだった。

太陽系を飛び出ると、冥王星のはるか彼方《かなた》に「オールトの雲」がある。ここは彗星《すいせい》たちを作製している工場で、太陽系が生まれたときの初期の塵《ちり》やガスの名残《なご》りが吹き溜《だ》まった空間だと考えられている。彗星はここから飛び立っていく。「オールトの雲」の先には空虚な空間が広がっていて、それをしばらく突き進むと、やっとケンタウルス座のアルファ星にぶつかる。太陽系から一番近い恒星だ。

ここまで、太陽中心から光速で飛んで四年以上かかる。すなわち四・二二光年。仮に「千夜千冊」を光速で書けば、千夜目にちょうどここまで着くということになる。一光年は地上の距離になおすと、約一〇兆キロになる。

さらに進むと、一〇光年の距離のあたりに一〇個ほどの恒星がある。こういう恒星はわれわれも夜空を見上げればだいたいわかる。観測する気になれば、およそ一〇〇〇光年の距離までの星たちが見える。見ていると、星々は夜空にびっしり針の穴をあけたように煌《きら》めいてはいるが、実際の恒星と恒星のあいだは少なくとも三光年（三〇兆キロ）ほどは開いている。恒星間の平均距離は直径の三〇〇〇万倍以上はある。

この疎密感はわかりにくいだろうが、太平洋にスイカが三個ほどぷかぷか浮かんでいる程度だ。だから恒星どうしが衝突するなんてことはまずありえない。

もっと太陽系から遠ざかると、多様な天体が見えてくる。たとえば、おうし座の中のスバル（約四〇〇光年）、白鳥座の北アメリカ星雲（約二三〇〇光年）、オリオン座のオリオン大星雲（約一五〇〇光年）、こと座のリング星雲（約二六〇〇光年）、へび座のわし星雲（約七〇〇〇光年）、おうし座のカニ星雲（約七二〇〇光年）などである。これらはすべて野尻抱影さんのロング・トムでも、ぼくが軽井沢に置いてあるちっぽけな天体望遠鏡でも、だいたい見える。アマチュア天文ファン垂涎《すいぜん》の天体たちだ。これらはおおむね十八世紀の天体観測者メシエによって精密に分類され、メシエ天体目録に登録された。「M31星雲」などの名称はここに由来する。またもや「M」なのだ。


こういった星はすべて「星の一生」をもっている。星の誕生は宇宙空間に漂っている星間ガスがゆっくり回転しながら〝星の種〟をつくっていくことに始まる。

星間ガスは平均して直径一〇〇光年くらい、質量が太陽の一〇万倍ほどもある。密度は一立方センチメートルあたり原子が一〇〇〇個。温度は絶対温度で一五度（摂氏マイナス二五八度）くらい。ガスの九〇パーセントは水素原子だ。残りはヘリウム原子だが、ごくわずかに炭素・窒素・酸素・ネオン・マグネシウム・珪素《けいそ》・鉄がまじる。この超微量な原子が星の一生が進むうちに、中心部にたまっていく。

このガスがなんらかのきっかけでゆっくりと回転しはじめる。回転すると同時に中心部ができてきて、そこに質量の収縮がおこる。ぼくはかつてここに「光圧」がかかわったという仮説にご執心だったのだが、いまこの仮説がどうなっているかは知らない。

回転と中心収縮とともにそれにつれて温度も上がり、一万年から一〇万年くらいたつと温度は一〇〇〇万度ほどになる。こうなると水素がヘリウムに変わる核融合反応が連続的におこって、恒星は自立する。星は「回転する水爆装置」なのである。

やがて生まれたばかりの星は進化して表面温度を上げていき、だいたい太陽と同じくらいの規模に成長したときに主系列星にランクされる。天文学ではつねに太陽が水準モデルなのだ。星が主系列星になるのは水素がヘリウムに変わり始めたときと見てよい。ヘリウムに変わる量が大半を占めはじめると、「星の一生」は次のステージに移る。いわゆる赤色巨星だ。

ヘリウムは一億度程度以下の温度では核融合をおこさない。だから熱も発生しない。そういう状態では熱発生による内部圧力が小さくなっていくから、星は自分の重みで潰《つぶ》れはじめる。潰れはじめると、その勢いで中心部の温度が上がり、そのため水素がよく燃えるので、星の外側は逆に膨張していく。そうすると表面温度が下がって、星は赤く見えてくる。これが赤い星の外見になる。

赤色巨星の潰れ方が進むと中心温度は一億度に上がってしまう。そうなると今度はヘリウムが核融合に入る。ここで炭素や酸素ができあがり、メンデレーエフの元素周期表の順に星の内側に向かって元素が着々と組成されていく。ここから先、星はまことに多様な展開を見せる。星の人生に個性が出てくるわけである。

星の個性は質量によって決まる。大きいか小さいか、筋肉質か柔らかな体かで、個性の発揮が異なってくる。星の個性は体質で決まるのだ。天体物理学の目盛りでは、太陽の質量の四倍以下と四倍以上で体質を区別する。

その四倍以下の「軽い星」では、中心部の温度はそれほど上がらず、元素複合星ができあがって、星は摂動してその外層をまわりの空間に吹き飛ばす（頻繁きわまりない火山噴火のようなものである）。そのため内部の高温部分が素通し丸見えになることもあり、この高温部分の明るさが吹き飛ばした外層を輝かせることもある。これはリング星雲になる。まことに美しい。しかし、こんなことをしているうちに、優等生の「軽い星」も中心部が収縮をくりかえして、見かけはついに半径数千キロの地球くらいの星となっていく。そのくせ質量が一立方センチメートルあたり一トンにものぼる。これが白色矮星である。白色矮星《わいせい》はしだいに冷えていって、静かにその一生を終える。

一方、太陽の四倍以上の「重い星」のほうは、ヘリウムが核融合するまでは「軽い星」とほぼ同じ人生を歩む。「軽い星」と「重い星」は小・中・高が同じなのだ。ただし、スピードがちがう。「重い星」は飛び級をした。そのため中心部の温度は大学を出るころには約三億度に達する。この温度上昇はその後もとまらず、ここで「重い星」は二つのコースを選択する。

ひとつは、炭素の核融合がおこって、星全体を内側から一挙に吹き飛ばしてしまうコースで、これがその名も有名な「スーパーノヴァ」(超新星)になる。カニ星雲はこうして生まれた。I型超新星という。もうひとつのコースは太陽質量より八倍ほど重い星がとるコースで、ここでは炭素の量が多いので核融合によって大量の熱が発生する。そのため中心部がいくぶん膨張して温度上昇を抑える。その結果、核融合反応が適度に進行して次々にそこから元素が生まれ、最後に鉄の原子核ができる。鉄の原子核は核融合しないので、中心部は冷えていく。

これがぼくが名付けた「宇宙のアイアン・ロード」というもので、これについては二五年ほど前のことになるが、『全宇宙誌』(工作舎)に詳しい解読をしておいた。「重い星」はノヴァになって宇宙空間に飛び散るか、中心に鉄を作ってその荷重の宿命とともに進むか、この選択をしているという論考だ。

鉄の荷重をふやした星は、やがてその荷重に耐えられなくなって中心部が押し潰されて、外層も中心部にむかってなだれこむ。ここでふたたび岐路がくる。きわめて堅い中心部ができたばあいは、外層が中心部に急速にぶつかって、ここにまたまた大爆発がおこってハイパーノヴァになる。これを含んでII型超新星という。大爆発がないばあいは、さきほどの白色矮星に近い道を歩む。

II型超新星になった「重い星」は、その中心部分が鉄の原子核が溶けてできた中性子だらけになるので、ここで中性子だけからできた中性子星に姿を変える。他方、太陽の質量より三〇倍も重い星では、この中性子星の段階になるよりはやく、鉄の中心核に星の外層が落ちこんできて、この小さな中心領域に重力が集中して、すべてのものがこの中に吸い込まれた状態になる。これがブラックホールである。ブラックホールは「毛がない」といわれるように（外がハゲているのではなく、中がハゲている）、この世で一番速い光さえもここからは抜け出られない。重力場の特異点がつくられたのである。

ざっとこんなふうに、天体たちはそれぞれの体質にもとづいた別々の人生を歩んでいく。人生は別々だが、これらの星々はそれぞれ集まって銀河系をつくり、さらにその銀河系が集まって銀河団をつくっている。

天の川は銀河系のひとつで、左右に長い腕をもった円盤状の姿をしている。それでもざっと二〇〇〇億の恒星が集う。その中心には「バルジ」とよばれる直径一五〇〇〇光年の球状星団がある。バルジの星は古い星ばかりで、いわば銀河の古老集団にあたっている。ハローには約二〇〇個の球状星団がいる。

銀河団には、たとえば、おとめ座方向約五九〇〇万光年のところにおとめ座銀河団がある。三〇〇〇個をこえる銀河でできている。べらぼうなスケールだ。視線方向に細長く、九〇〇〇万光年にわたる巨大フィラメントをつくる。

われわれの銀河系（天の川）をふくむ局所銀河系群は、このおとめ座銀河団の重力の中心のほうに引っ張られて悠然と動いている。銀河団のコアがほとんど楕円《だえん》銀河で占められている理由ははっきりしない。

そうした銀河団が一〇個以上ほど集まったものを超銀河団という。その大きさは三億光年におよぶ。おとめ座銀河団も超銀河団に属する。かみのけ座銀河団もかみのけ座超銀河団に属する。重要なのは、銀河団は銀河団どうしの重力によって引き合っているのだが、超銀河団は宇宙の膨張速度による影響をうけているということだ。

超銀河団には、もうひとつ特徴がある。鮮明な境界がない。超銀河団がくっつきあっている。けれども超銀河団としてのまとまりもある。そこで一九九〇年代に入って、このような超銀河団が形成する宇宙構造に「泡宇宙」という、いささかいかがわしい名称が与えられた。なんだか宇宙全体がソープランドのようになってきたのだった。しかし泡宇宙論はきわめて重要な発見もした。泡の一部には巨大なボイド（空洞）があるのではないかというのだ。実際にも、うしかい座方向五億光年のあたりになんと二億光年にわたるボイドが発見されもした。

ここまでくると、宇宙の全体はいったいどのように決まっているのか、それが気になる。銀河系や銀河団や超銀河団が宇宙全体に組み合わさっているということまではわかるものの、では、これらが総じて、どういう大ドラマの中にあるのかということは、以上のような個々のドラマからは見えてはこないからだ。

そこでここからは宇宙全体の進化というシナリオを用意する必要がある。これがビッグバンからビッグクランチにおよぶ宇宙進化シナリオというものになる。最初の鍵は宇宙が何によってどのように膨張しているのかにかかっていた。

10

いま、宇宙の歴史はおよそ一三七億年か一三八億年くらいであろうということになっている。そう言われてもすぐには見当もつかないけれど、この年齢を、なんだそんな程度かと思う向きもあろう。生命の歴史が三〇億年とか四〇億年とかいわれているわりには、浅い気がする。しかし、これは浅いのではなく、速いというべきなのだ。

第一六七夜（ハッブル『銀河の世界』）にのべたように、宇宙年齢の本格的な算定を最初になしとげたのはエドウィン・ハッブルである。観測と計算によって宇宙が膨張していることから逆算した。

最初に狙いを定めたのはアンドロメダにあるセファイド変光星だった。ウィルソン山天文台の二・五メートル望遠鏡（当時世界最大）を自由に駆使できるハッブルならではの発見だった。遠く離れた銀河が互いに遠ざかりながら離れつつあることを知ったハッブルは、互いに一〇〇〇万光年離れた二つの銀河が秒速三〇〇キロで遠ざかっているのなら、以前にはこれらがもっと近かったと推理して、一〇〇億年ほど前には二つの銀河は重なっていただろうと結論した。

こうしてハッブルは、銀河の遠さの距離が二倍になれば遠ざかる速度も二倍になるという「ハッブルの法則」（後退速度は距離に比例する）を発見した。

遠くの銀河ほど高速で遠ざかる。これはどういうことを意味しているのかというと、たとえば、われわれがいる銀河が過去に爆発していることは観測されているから、その銀河爆発の力によって星々が遠ざかっているのだろうと考えてみる。けれども、この見方で後退速度が距離に比例することを説明しようとすると、昔に飛び出した銀河ほどより速く飛んでいることになる。銀河は昔のほうが威勢がいいということになる。これは辻褄《つじつま》があわない。われわれの銀河から銀河が飛び出していくとすると、われわれの銀河の数はどんどん少なくなっていくはずである。

銀河は何万何十万とあり、一つの銀河に含まれる星は少なくとも一〇〇〇億はある。

太陽系が所属している銀河の星の数はだいたい二〇〇〇億だ。そう考えていくと太古の銀河はばかでかかったことになる。それに、あと一、二回ほど銀河爆発がおこると、われわれの銀河の星はどうみてもほとんど飛び散らかって、なくなるにちがいない。こんなことがおこっているとも思えない。

加えて、宇宙の膨張はわれわれが地球から天体を見てそうなっているだけではなくて、どの銀河の一点から見てもそれぞれ遠のいて見えるはずなのだ（宇宙の等方性）。銀河爆発で宇宙が膨張しているという説は、この条件も満たさない。

ハッブルの法則があてはまる宇宙膨張の理屈を考えるには、新しい考え方をとるしかない。とくに、宇宙に中心があってこれが膨張していくという見方を捨てなければならない。

われわれの身のまわりのものは、だいたい中心がある。森にも都心にも家にも中心が想定できる。が、これらはすべて端か周囲かがあるものであって、端がないものには中心があるとはかぎらない。球には中心がある。その中心が球に覆われている。では球の表面はどうか。球の表面世界にはどこにも中心はない。だから端もない。無限に長い棒にも中心はない。棒の中心はちょうど長さが半分のところにあたるのだが、無限に長い棒ならどこをとってもそこが中心になる。これは中心がないに等しい。

宇宙もこういうものなのである。かつてジョルダーノ・ブルーノが命がけで主張したように（結局、火あぶりになった）、宇宙はどこにも中心がないか、もしくは多中心なのだ（宇宙の多中心性＝宇宙原理）。ということは、われわれの銀河から見てすべての銀河が遠のいているということは、他の銀河から見ても互いに遠のいているということになる。つまりは、すべての銀河は透き通った球の表面にくっついて動きまわっている巨大なアリの集団なのだ。そして、その球自体が風船のように膨らんでいる。

そこで、このアリ銀河とアリ銀河の距離の計算を、観測できたすべての銀河アリにあてはめてみると、あらゆる銀河（銀河団・超銀河団）がほぼ一〇〇億年前には一点に集中していることになった。このような結論が得られるのは、やはり宇宙が膨張していることを告げている。

ハッブルの算定はいまではさまざまな訂正をうけて改正されている。膨張速度が宇宙史のフェーズによって異なっていた。最初期の爆発膨張力がものすごく、それがしだいに衰えていくことがわかった。また、銀河と銀河集団（銀河団・超銀河団）の遠ざかりの度合がかなりちがっていた。

遠ざかりあうばかりではないこともわかってきた。たとえば、われわれの銀河とアンドロメダ銀河は秒速二〇〇キロの速さで互いに近づいているのだが、銀河団の中ではハッブルの法則があてはまらず、銀河間の重力の力が関与しているからだった。

さらに最近になってわかったことは、宇宙は星と真空ばかりで構成されているのではなく、そこらじゅうにおびただしいボイド（空洞）とダークマター（暗黒物質）とがあって、星はほんの少々しかないだろうということだ。そのダークマターにも、熱いダークマターと冷たいダークマターのちがいがあることもだんだん見えてきた。もっとごく最近には、時間の進みぐあいとともに変化する正体不明の「クインテッセンス」（五番目の奴）という未知のエネルギーの影響があることもわかってきた。

こうした条件を組み合わせて、宇宙半径をコンピュータではじくと、一三七、八億年くらいという数値になったのである。こういう宇宙史のなかで最も重要なドラマは、すでに見当がついただろうとおもうが、宇宙膨張と物質の量の関係である。

宇宙膨張は重力によって引きとめられるが、その重力は物質の存在によって生じる。したがって物質の量が少なければ、宇宙膨張はいくらでも続く。物質の量がある分量に達すれば、宇宙は膨張したのちに収縮に転じる。

そのある分量を「宇宙の臨界量」というのだが、この臨界量をこえてもなお物質の量がふえつづければ、宇宙はどんどん収縮しつづけて、論理的にはついに一点に縮んでしまうはずである。これがビッグクランチである。一巻の終わりではなく、一点の終わりになる。

これらのことから、宇宙が「閉じた宇宙」なら膨張はいつか収縮に転じ、「開いた宇宙」なら永遠に膨張をつづけるというヨミになる。そのヨミの決め手を握っているのが物質の臨界量なのである。臨界量は一立方キロメートルあたり、たった一〇〇兆分の一グラムしかない。銀河の平均密度はその一〇万倍の高密度だから、計算すると、宇宙の任意の一立方センチメートルあたり水素原子一個という物質密度になる。つまり宇宙はきわめて稀薄《きはく》なのだ。稲垣足穂がいう「薄板界」である。

しかし、この話は観測可能な物質を計算の前提にしているだけなので、ダークマターやダークエネルギーを勘定に入れると、とたんに事情が異なってくる。宇宙が膨張するか収縮するか、宇宙のかたちが開いているか閉じているかは、いまのところは計測不能のダークマターやダークエネルギーこそが鍵を握っているということになる。

と、いうことで、宇宙は一三七、八億年をかけてどのようになろうとしているかはまだわからないのだが、その逆に、かつてはどういうものであったかは、だいたいの太始の事情が見えてきた。

11

一三七、八億年前の宇宙はどういうものであったのか。ビッグバンがあった。ビッグバンがあったということは、巨大宇宙はたった一点に集中していたということだ。どうにも信じがたい結論であるけれど、ハッブルの法則から帰結できる唯一の結論がこれなのだ。ということは、約一二〇億光年以前あたりの宇宙光景こそが、落語の与太郎が大家に聞いても聞いてもわからなかったいわゆる「宇宙の果て」だったということになる。けれどもその奥があった。与太郎は驚いたであろう。「宇宙の果て」は実は「宇宙の原初」だったのだから――。

原初の状態がどういうもので、その後どうなっていったかは、大家はむろん、ハッブルの法則をいくらいじくってもまったくわからない。これを解きあかそうとしたのがビッグバン理論である。宇宙は最初の爆発でその原形のすべてをつくってしまったという大胆な説だった。かつては火の玉宇宙論ともいわれた。

ビッグバン理論の最初の提唱者は「不思議の国のトムキンス」を語り部にした、かのジョージ・ガモフだった。協力者にラルフ・アルファやハンス・ベーテもいたので、いっときはかれらのイニシャルをとってαβγ（アルファ・ベータ・ガンマ）理論ともいわれた。ぼくはそう言われたほうが懐かしい。

ビッグバンによって何がおこったかといえば、最初に空間と時間が発生した。宇宙膨張は空間の膨張である。だから、論理的にはまず空間が生まれたと考える。

時間とは、ひとつずつの空間を一秒、一時間、一日、一年と積み重ねることをいう。これは物理的な時間にあたる。時間には、この物理時間とはべつに生物的な時間などもある。いずれにしても時間は空間なしではありえない。ライプニッツはいみじくも「時間は秩序の継起である」と言った。そうだとするとビッグバンによって空間とともに時間も生じたということになる。

ビッグバン時の宇宙は火の玉みたいになっていた。そこにはガス状の水素とヘリウムくらいしかない。あとは光(電磁波)だ。光の波長は宇宙膨張とともに伸びて長くなるから、過去にさかのぼれば光の波長はずっとずっと短かったと考えられる。波長が短くなるということは、高エネルギーになっているということであり、アインシュタインによればエネルギーは質量と同等だから、宇宙が過去にさかのぼればさかのぼるほど、光は重くなるわけである。

火の玉宇宙では、その、高エネルギーで重い光が最初に満ちていた。さしずめ「火の鳥」だ。この「火の鳥」は最初に翼を広げて飛び立つところが一番の見どころで、それもあっというまに飛び立った。

最初期のビッグバン宇宙は、「宇宙最初の三分間」といわれてきたように、超スピードで仕上がった。しかしいくら「火の鳥」だとはいえ、そんなことってあるのだろうか。

宇宙の卵がたった三分間でできたなんて、それじゃ、宇宙は〝ゆで卵〟みたいじゃないかと言いたくなる。ぼくもスティーヴン・ワインバーグの『宇宙創成はじめの三分間』（ダイヤモンド社→ちくま学芸文庫）を読んだときは、納得しなかった。

何がおこったかということは、なんら証明されているわけではない。いくつかの観測事実を組み上げてはいるものの、あくまで理論仮説なのである。けれどもいまのところはこの仮説以上のものはない。異なる理論もありうるだろうが（スウェーデンのノーベル物理学賞の受賞者ハンネス・アルヴェーンのプラズマ仮説など）、まだビッグバン理論の精緻《せいち》な組み立てを崩すほどの反論は成立していない。それでも『ビッグバンはなかった』（河出書房新社）とか『宇宙誕生の疑惑』（大和書房）といった本がつねに書店を賑《にぎ》わせている。

だからとりあえずはビッグバン理論を拠《よ》りどころに考えるしかないのだが、そう決意して詳細に立ち入ると、たしかにこれほどよくできた理論はないということもわかる。なによりも素粒子の究極の姿がつかまえられる。今日のビッグバン理論が「素粒子的宇宙論」とよばれるのも、この魅力によっている。

12

宇宙の最初は「熱い光」そのものだった。これが「火の鳥」だ。温度は約一〇〇〇億度。物質と輻射はまったく分化していない。想像つきにくいことだろうが、そのときの宇宙の大きさは米粒かボウリングの玉くらいだったろう。やっぱり〝ゆで卵〟くらいだったと思えばいい。そこには瞬間的に陽子・中性子・電子・ニュートリノ・反ニュートリノなどが混じって現れては消えていた。最初の熱平衡状態なのである。

　この直後に宇宙が膨張を始めた。インフレーションだ。それとともに温度が下がりはじめた。温度がちょっと下がると水素からヘリウムができて、すべての中性子はヘリウム原子核の中にとりこまれた。最初の原子核の誕生である。最小宇宙の誕生だった。この出来事がビッグバンのほぼ三分後にあたる。温度は約一〇億度になっていた。宇宙は最小の「素粒子の缶詰」の蓋《ふた》があいて、動きだしたのである。

　ビッグバン宇宙は超高温・超高密度のプラズマ状態だった。そのためそこでは、水素やヘリウムの原子核と電子は完全自由な状態でとびまわっていた。このときの完全自由な光の放射が、いまでも宇宙を観測するとうっすらと感知できる宇宙背景輻射というものになっている。

　この輻射は絶対温度三度の物体から放射されるマイクロ波と同質のものであることもわかっている。発見したのはベル研究所のペンジアスとウィルソンで、これがビッグバン理論の最初の歴史的証拠となった。七月七日の那須で、ぼくが七夕の天体に感じた「宇宙のさざなみ」というのは、これだった。

　あらかじめ注意しておきたいのは、宇宙最初の三分間には、最初の最初の宇宙開闢の瞬間は含まれていないということだ。最初の宇宙の温度が一〇〇〇億度に下がったときから数えての、三分間の出来事だけが組み立てられたにすぎない。ということは、この三分間のそのまた「直前」という状態があるわけで、この「直前」(すなわち缶詰の中)を問題にしたときにこそ、スーパーストリング理論やM理論が浮上してくるということなのである。

その「直前」とは、まさに一秒とか一〇〇〇分の一秒の宇宙の出来事になる。それを宇宙と言ってよいかどうかはわからないが、その缶詰の中を覗けば、そこには「四つの力」が互いに分離する前に、自由クォークとレプトンと光子のスープがあったことが見えるにちがいない。

話を戻して、ビッグバン後の光景を眺めておく。光景としては二つの出来事がとくに重要になる。ひとつは「インフレーション」とよばれる高速膨張が急速におこったこと、もうひとつは「宇宙の晴れ上がり」がおこったということだ。

宇宙はビッグバンから一〇万年ほど時間がたった。温度は三〇〇〇度くらいに下がっている。ここではそれまで自由に運動していた電子が、陽子やヘリウム原子核のような正の電荷をもっている粒子に引かれ、それぞれ水素原子やヘリウム原子をつくった。原子は中性だから、この時期を「宇宙の中性化」ともいう。これは宇宙から電荷をもった粒子が消えた時期である。

宇宙が中性化すると、光と物質の関係が変化する。宇宙の温度が三〇〇〇度以上のときは高温のなかで電荷粒子が運動するので、光は放出されたり吸収されたりする。そのため陽子と電子と頻繁に衝突する。粒子が中性になってからは、光は放出も吸収もされないので、物質の状況とはまったく無関係になる。

かくて三〇〇〇度以下の宇宙では、宇宙を飛び交う光は物質と衝突することなくまっすぐ走る。この光景が「宇宙の晴れ上がり」にあたる。雲がぱっと晴れて見通しがよくなったからだ。初めて光はまっすぐ進めることになった。「宇宙の晴れ上がり」は物質と光が無関係になって、宇宙に密度のゆらぎが登場してくる境目にあたる。

ここまでくれば宇宙はいよいよ堂々たる光速進化の旅になっていく。ここからさきは星があらわれてもくれるし、銀河や銀河団も登場してくれる。太陽の一生の物語もスタートする。けれども、問題はそれ以前の話なのである。初期の宇宙がどうして急激にインフレーション膨張できたのかということ、それ以前の三分間を素粒子的宇宙論として解読するとどういうことになるのかということ、そして、三分間以前（つまりビッグバン以前）はどうなっていたのかということだ。

もう一度、ビッグバン前後の光景を組み立てなおしてみたい。次にはその話をしてみるが、ここからがいよいよ素粒子的宇宙論と量子重力理論による宇宙論になっていく。

スーパーストリング理論とM理論は、この途中から姿をあらわしてくる。

13

これから覗いてみようと思うのは、世界と万物に関するいっさいの始まりの始まりの物語についての仮説だ。宇宙史がまさに始まろうとする瞬間の物語だ。ビッグバンの物語ではない。ビッグバン直前のドラマだ。始原をめぐる想像の最初の一撃がついに立ち上がってくる物語である。

空間も時間もまだなかったときの物語だと言いたいが、必ずしもそうではない。そのときすでに空間と時間の次元はあった。たぶん空間は十次元くらい、時間は一次元が芽生えていた。これほどの宇宙始原の物語となると、まだ科学は説明しきれない。すべては仮説にすぎないし、細部もよくわかってはいない。説明しきれてはいないけれど、よくもそんなところまで物理学者や数学者たちのフィジカル・イメージが触知したものだと思う。まずもってそのことに敬意を表したい。

この「ビッグバン直前の宇宙」は、同時に素粒子の奥の極小宇宙のことでもある。この仮説は素粒子の奥にあるクォークの、そのまた奥の奥の、究極極小の状態のことでもある。

すでにのべてきたように、極大の始原の本質が極小の立ち上がりの本質であるということは、今日の宇宙理論と物質理論がともに辿《たど》りついた唯一の結論になっている。そのように考えることが絶対に正しいとはいいきれない。しかしそれとともに、どのような経過をへて獲得したのであれ、宇宙理論の究極と物質理論の究極とを結びつけるために、科学者たちが「四つの力」を統一的に記述できるように試みた成果がムダだったとも、いえない。

いまさらこんなことを言うのも気がひけるのだが、「四つの力」を統一することが新たな展望にとって本当に必要なのかどうかは、まだわかってはいない。それでも理論物理学の総体はその一点に向かって驀進《ばくしん》しつづけたのだ。それゆえ見落としてはならないことは、「四つの力」を統一することが何にあたるのかを科学者自身が問いながら、現代宇宙論も現代素粒子論も先に進むしかなかったということである。

統一理論を前に、科学の意見が分かれるのは、やむをえなかった。たとえば、重力量子論のポール・デイヴィスの『宇宙を創る四つの力』（地人書館）は、統一理論の発見にしか明日の科学の可能性はないと見ているし、全米で話題になったデヴィッド・リンドリーの『物理学の果て』（青土社）は、統一理論は数学を弄《もてあそ》びすぎた物理学者たちの神話にすぎないという見解をとった。

また、ドナルド・ゴールドスミスの『宇宙の正体』（青土社）では、多くの統一理論の試みはしょせんは辻褄あわせであるが、そのために用いられた「ファッジ・ファクター」（補正因子）には新しい物理学を展開する〝正体〟が混じっているという意見が躍り、重力物理学者のリー・スモーリンの『宇宙は自ら進化した』（NHK出版）は、この統一理論の夢こそはライプニッツ以来の自然哲学の根本問題だろうという立場を表明した。こうして、多くの科学者たちは〝万物理論〟をもう一度、夢見るようになったのだった。

おそらく「四つの力」の統一の試みやビッグバン理論以前を問うための仮説は、ムダではなかったのである。ムダだったどころか、そのように仮説してみた成果にもとづいて、究極の粒子をついに探しだしてしまった夢男もいた。たとえば、レオン・レーダーマンに『神がつくった究極の素粒子』（草思社）という著書があるのだが、ここには究極の素粒子が発見された経緯の一部始終が書いてある。

レーダーマンはボトムクォークとタウ粒子の発見によってノーベル物理学賞を受賞した実験物理学者で、ぼくも一度は訪れたいとおもっていたフェルミ国立加速器研究所の所長として、超伝導スーパーコライダーの設計にかかわった。そういうものを設計させれば、右に出る者はいないという男だ。リチャード・ファインマン亡きあと、ファインマンふうのセンスと洞察力とユーモアをもっている物理人格は、この男をおいてないとも言われる。

そのレーダーマンが書いた『神がつくった究極の素粒子』（原題は"The God Particle"）は、本書『エレガントな宇宙』のまさに直前の段階までの、〝プロジェクトX〟的な科学者たちのぎりぎりの挑戦を綴《つづ》っている。

内容は、周囲五四マイルにわたる超巨大加速器のなかで〝原初の宇宙〟をどのようにつくりだしたのかという長編ドキュメントになっているのだが、クォーク発見の事情をめぐる説明といい、「四つの力」をめぐる説明といい、実験科学者ならではのとびきりの解説力が堪能《たんのう》できる。圧倒的におもしろい。ぜひとも一読されることを勧めたい。

では、その夢男がこの本のなかで「究極の素粒子」と呼んだのは何かというと、それが神の素粒子こと、その名をヒッグス粒子という仮説粒子なのである。理論的に仮説されてきたものだった。ところが、それが発見されたのだ。

そもそも素粒子は各種のゲージ場（重力場や電磁場）からエネルギーを得ている。この意味を知るには、次のようなことがわかればよい。たとえば、鉛の塊を東京タワーのてっぺんまでもっていけば、その塊は地球の重力場での位置が変わったのだから、その位置エネルギーを得る。鉛の塊自体には変化はないのに、場のほうがエネルギーを付与したり剝奪《はくだつ》したりできるのだ。

この位置エネルギーは、アインシュタインの戦慄《せんりつ》的な関係式$E = mc^2$を適用すれば、その増加量は質量の増加量に等しく、そのばあいの鉛の質量は「地球と鉛の相互変換の系」の質量なのである。

同じように、素粒子もゲージ場からエネルギーを得ている。素粒子はすでにして「場の系」に属している。いろいろ計算してみると、ゲージ場ではない場からもエネルギーを得ていると想定できることがわかった。この新たな場のことをエディンバラ大学のピーター・ヒッグスの名を借りてヒッグス場という。

ヒッグスの場は真空にもはたらいている場で、そこに「隠された対称性」があると仮定すると、素粒子はこのヒッグス場から質量を得ている粒子だろうというふうに想定できる。質量のない粒子に質量を与え、$E=mc^2$によって粒子にエネルギーをもたらしている場のことだ。そのようなヒッグス場にある素粒子がヒッグス粒子である。

この仮説はピーター・ヒッグスと南部陽一郎によって素粒子物理学に導入されたのち、しばらくその考え方が大胆すぎて議論さえ進捗しなかったのだが、スティーヴン・ワインバーグとアブドゥス・サラムによってゲージ場理論に採用され（ワインバーグ＝サラム理論）、電弱力の相互作用を担う主語のひとつと想定された。

それでどういうことになったかというと、宇宙のごく初期か、素粒子活動のごくごく極小の場面では、ヒッグス場はたいてい超高エネルギーのために壊れて（これが「真空ゆらぎ」や「量子ゆらぎ」にあたる）、その場を中性化しているのではないか。極小粒子と最初期宇宙をつなげた理論のもとでは、初期宇宙は最初こそ純粋でまばゆいばかりの対称性を示すのだが、絶対温度一五一〇度以下では、あるいは一〇〇ギガ電子ボルト以下のときは、ヒッグス場はわさわさ騒ぎだして、質量をつくる仕事をはじめるのではないか。こう、なってきた。

ということは、ヒッグス場が出現する以前には、いずれも質量のないW粒子・Z粒子・光子と、統一された電弱相互作用が先行していて、そのうち宇宙が膨張し、しだいに冷えてくるにしたがってヒッグス場があらわれてきて、そのことによって電弱相互作用の対称性が破られたらしいということになる。そうだとすると、そこにヒッグス粒子とでもいう変なものがあると仮定してもよい。そういう仮説になったわけだ。

しかし、こんなことはあくまでも高度な理論仮説にすぎないじゃないか。そう、思われていた。ところが、レーダーマンはそのようなヒッグス粒子を超巨大加速器の中で発見してしまったのである。

こういうことは理論物理学と実験物理学のあいだでは、しょっちゅうではないけれど、しばしばおこっていたことである。湯川秀樹の中間子はそのように仮説されたのちに発見されたのだし、ポール・ディラックの「反電子」も「真空の孔《あな》」も、そのように仮説され、そして実証され、発見された。

では「量子ひも」や「重力ひも」はどうなのか。スーパーストリングはどうなのか。そこにいったい何が仮説され、何が発見されることになりうるのか。

14（一時中断やむなきの弁）

と、ここまで書いていたところで、ぼくは緊急に入院し手術を受けざるをえなくなった。突然に癌《がん》を宣告されたのだ。胃癌である。

実は「千夜千冊」が九三〇夜にさしかかったあたりから、ぼくの胃は空腹時にしくしく痛んでいた。適当に売薬をのみ、背中を押してもらったり揉《も》んでもらったりしていたけれど、いっこうに治らない。頭痛・腰痛が続き、とくに目は三時間でかすみ、いくら目薬をさしても画面がくもるばかりだった。胃のほうは確実に四時間ごとに痛んでいる。慌ててちょぼちょぼ食べたり、ガスター10をのんだりした。

医者へ行けばよかったのだが、ほったらかしにした。こうして五月に突入した。千夜千冊は休むわけにはいかない。連休前を『近松浄瑠璃集』でとどめをさし、連休あけを井上ひさし『東京セブンローズ』と土方巽『病める舞姫』で再開したときに、ぼくは覚悟した。これは、このまま突っ走るしかあるまい。ここで何かの半畳を入れたら、ぼく自身の気持ちがガタガタになる。それを食い止めてくれたのが『東京セブンローズ』と『病める舞姫』だった。そして、自分自身の覚悟の表明が、九七七夜のアンリ・ミショー『砕け散るものの中の平和』となった。

このあとのことはいちいち書かないが、ともかくもこうして小さなオデュッセウスめいたセイゴオが良寛の兎となって千冊目に達したわけである。

ここで医者に走ればよかったのだろう（実際には、そのときではすでに遅かったのだが）。ところが、その隙間がなかった。七月七日がすでにして那須二期倶楽部でイサム・ノグチの庵治石《あじいし》を運んできての「立床石之儀《りつしょうせきのぎ》」で、その翌日が編集工学研究所と松岡事務所と編集学校メンバーによる心づくしの「千糸和心」の宴《うたげ》であった。

これらを外すわけにはいかない。おまけにぼくは「一尾」を加えて、まだ千一冊目を書いていたのだ。

さらに大事《おおごと》が待っていた。七月二四日の「縁會・千夜千冊達成記念ブックパーティ」と八月一日の編集学校「感門之盟」である。これでダメなら日本は闇よと、ほざいている当人がこれらを挫折《ざせつ》するわけにはいかない。多くの協力してくれた方々の尽力にも応じなければならない。いとうせいこう君に司会をしてもらったブックパーティには、杉浦康平、田中泯、坂田明、安西祐一郎、高山宏そのほか千夜の著者たちが登壇してくれた。編集学校生もたくさん駆けつけてくれた。「感門之盟」も欠かせない。こうして、ぼくが医者に駆けつけたのは八月二日となったのだ。医者は明日には内視鏡の検査をしましょうと言った。

内視鏡で覗いたところ、胃潰瘍《いかいよう》がいくつも発生していることがすぐにわかったが、中目黒の足高・森内科クリニックの森先生は組織を培養してみたいので、その結果を五日間ほど待ってほしいと言った。

八月七日、「松岡さん、胃癌です」と言い渡された。「おそらく早期癌でしょう。すぐに胃を三分の二ほど切除したほうがいいでしょう」という。ぼくは生まれて初めて自分に向けられた「癌」という言葉を聞いたまま、その足で千鳥ヶ淵のギャラリー「册《さつ》」のオープニングパーティへ向かった。そこで冒頭に講演をし、建築家の内藤廣さんと対談をしなければならなかったのだ。

九日から築地の国立がんセンターでの本格検査が始まった。三日間にわたって精密検査した結果は、十八日に深川剛生《たけお》先生から言いわたされた。早期癌でしょう、遠隔転移はない。ただし切開してみなければ一部に進行癌があるかどうかリンパ節に転移しているかどうかはわからない。切りましょう、そういう診断だ。ちらりと民間療法も考えていたので、「切らないとすると、いつまでもちますか」と聞いてみると、「五年くらいでしょう」との答えであった。

というわけで、数日後にぼくの胃の大半が切除されたのである。このあとどうなるかはまだわからないが、合併症さえおこらなければおそらくは完治して、十月にはふつうに活動を再開しているだろうと思う。それまでは、「一尾」は尻尾をくねらせたままになる。まあ、猫の尻尾がまだ動いているのだと気長に待っていただきたい。

15

それにしても、宇宙の原初と物質の究極のことを書いている途中、M理論についての説明を始めようとしている途中に、癌だなんて、まったくもって痛恨なことである。

分子は原子でできていて、原子は原子核と電子でできていて、それぞれ反対の電荷をもって原子は中性になっている。その原子核は陽子と中性子を中心に構成され、その陽子や中性子はクォークでできている。宇宙が現在の一〇〇〇分の一のときは、光は現在の一〇〇倍で、まだ原子ができていず、原子核と電子が勝手に動いていた。一〇〇億分の一のときは光は一〇〇億倍で、原子核すらできていず、陽子と中性子と電子が完全自由の状態のなか、ひんぱんに光と衝突をくりかえしていた――。

というような光景に浸っていた者の体の一部に、〝他者〟としての異物が繁殖しつつあったとは、これはやっぱり礼節をもって宇宙的自戒をしなければならないということなのだろうと感じた。そうか、「ひも」はぼくの体の中で振幅をしていたのかとさえ思わされた。診断によれば、この〝他者〟は年末か年始あたりから動きはじめた何本かのストリングのようなものだということらしい。

ついでに余談をはさむが、ストリングといえば、ぼくには懐かしいジェフリー・チューの「ブーツストラップ仮説」というものがある。この「ストラップ」は靴紐《くつひも》メタファーになっていて、究極の物質が自分で自分の靴紐を締め上げるように、究極の構成要素をそれ以上ふやさないように自分たち自身で結び上げているという、そういうフィジカル・イメージを用意していたものだった。

残念ながら、当時はクォーク理論がまだ充分に発展していなかったので、ブーツストラップ仮説は陽子や中性子などの素粒子の奥に靴紐が巻かれているというイメージで終わった。しかし考えてみれば、そのクォークにも紐がひそんでいたというのがスーパーストリング理論なのである。だからチューがもっと長生きして研究を持続していれば、〝スーパーストラップ理論〟ができあがっていてもよかったわけである。

こういう理論が成立するのは、「系」の記述をコヒーレントにするために導入するファッジ・ファクターを実在とみなし、さまざまな理論を組み合わせて極大と極小の現象をつなげきってしまうこと、そういう試みに果敢に挑むかどうかにかかっている。それが万物理論の夢をみる科学者たちの挑戦なのである。このような方法を駆使した仮説には、人間の想像力の最も困難な作業が試されている。そこには「知の実験」というべきものの限界に挑む飛沫《ひまつ》が湯気をたてて沸騰しつづけているようにも見える。

しかし、ぼくの体の一部に癌がいるということは、いまのところはファッジ・ファクターにすらなりえていない。これらは撲滅される対象になったにすぎない。手術後、ぼくはいったんは癌から解放された体をもつことになるのだろうが、そのあと、はたして「一尾」をどう書けるのか、いまは保証のかぎりではない。深川先生、願わくは、ちょっとは尻尾を残しておいてください。

16（再開）

科学の発展は「見えないもの」を想定しつつ、そこに実体を発見していくことによってずっと保証されてきた。今後もきっとそのように発展していくだろう。ただし、「見えないもの」はベンゼン核やオランウータンや黒体輻射やウイルスのように偶然に発見されるばあいもあれば、数学的な提案が先行するばあいもあるし、中間子のように理論的に提案されてそれがのちに発見されることもある。それはいろいろだ。

いま、宇宙物理学や理論物理学ではいくつもの「見えないもの」の候補があがっている。ダークマターもヒッグス粒子もその候補だったし、「ひも」もスーパーストリングもその候補である。いまのところは「量子ひも」や「重力ひも」は発見されていず、検証されてもいない。けれども、おそらくはそのようなものが物質世界か宇宙世界のどこかにあるだろうことは、この十年の数学的アプローチと理論的アプローチを検討するかぎりは、高い確率で予想できるようになってきた。

少なくとも世界が点粒子でできているのではなく、「ひも」っぽい要素でできていて、その「ひも」にはたとえ各種の特徴があったとしても、それらはスーパーストリングのつながりの中にあるだろうことも、予想されてよい。そのように考えれば「四つの力」の連携も見えてくる。

そうだとすると、このような数学と理論だけが先行したスーパーストリング仮説からどのような宇宙像や物質像が生まれるのか。また、それはかつての言い方を変更しなければならないような宇宙像や物質像なのか。

これまでの話を総合しながら、いま考えられるかぎりのことをまとめてみたい。さいわい、ぼくの胃癌は切除されて、いまはマグロの切身のように縦に二〇センチほど切られた腹の痛みのみをかかえて、ふたたびM理論に戻ってくることができた。


一九八〇年代にマイケル・グリーンとジョン・シュワルツ（本書ではシュワーツと表記）が提案した「十一次元のスーパーストリング理論」は、すでにのべてきたように量子重力理論のモデルだった。この理論にはいまのところ数学的な矛盾はないとされている。

ここまでの成果が第一次スーパーストリング革命である。きっとのちの科学史は、一九八四年からの三年間をこの第一次革命の白熱期とみなすであろう。この三年間だけでも、ざっと一〇〇〇本をこえるスーパーストリングについての論文が世界中で発表された。その後も一〇〇〇本の論文が出たが、飛び抜けた成果は出なかった。

それが一九九五年に南カリフォルニア大学で開かれたスーパーストリング理論国際会議で、エドワード・ウィッテンが並みいる科学者たちを呆然《ぼうぜん》とさせ陶然とさせた仮説を発表したとき、事態が急に動きだした。ここから第二次スーパーストリング革命が始まった。Dブレーン理論やM理論はここから生まれてきたものだった。

第一次スーパーストリング革命の成果を一言でまとめると、量子力学と相対性理論と超対称性理論をつなぐために「ひも」(弦)を活用したということだ。いいかえれば「ひも」を活用しないかぎり、この三つは結びつかないということを証明した。

これによって大きくは二つのことが判明した。ひとつは、従来の「点」の量子力学がほぼ完全に「ひも」(弦)の量子力学にジャンプしたのだ。いわば「量子ひも」の誕生(正確には理論的な誕生)である。もうひとつは、その「量子ひも」は同時に「重力ひも」でもあろうということだった。

すでにのべてきたようにこの二つのことから、重大な内定がなされた。「量子重力ひも」すなわち「超ひも」あるいは「超弦」、つまりスーパーストリングは、それが振動しているときには素粒子やクォークに見え、かつまた重力子《グラヴィトン》のように観測されるものだろうというふうに。

これらはまことに画期的な描像だが、このフィジカル・イメージは必ずしも新しくはない。だいたいのところを書いておいたが、すでに湯川さんや南部さんが思い浮かべてきたものだった。「物質の究極の奥はハンケチがたためるようになっているはずや」という、例の推測だ。しかし、湯川・南部のみならず、このようなフィジカル・イメージを思い浮かべて仮説にとりくんだ科学者たちの試みのすべては、つねに「発散」や「無限大」の問題で座礁した。点を「ひも」に変え、線を面にするための恰好の数式がつくれなかったのである。グリーンとシュワルツはこの難問を魔法のようにクリアした。

こうして第一次スーパーストリング革命が驀進《ばくしん》して、おおよそは次のような仮説を次々に確立していったのだ。

第一には、「ひも」(弦)には二六次元の「ボソン・ストリング」と十次元の「スーパーストリング」があることになった。

なぜ二六次元とか十次元が確定できるかというと、これは臨界次元というもので、この臨界次元を守らないと量子力学と相対性理論の両方の整合が成立しないからだった。これはちょっとしたコロンブスの卵、いやコロンブスの紐ともいうべき着想で、これまでたいていは時空の次元を設定してから理論的な組み立てがなされてきたのであったのが、ここで初めて数学的理論の要請から時空の次元が決定されることになった。従来にない、まったく新しいアプローチだった。

このうち「ボソン・ストリング」はその後、脱落する。二六次元のボソン・ストリングは相対論とは矛盾しないのだが、タキオンという虚数の重さをもつ超光速粒子が出てきてしまい、真空が不安定になりすぎるのだ。

第二に、ストリングには「閉じたひも」と「開いたひも」があるということになった。「開いたひも」は互いにぶつかったり交じったりして、新たな開いたひもを形成する。最近ではその相互作用の確率のようなものをgであらわし、「ひもの結合定数」としている。電磁場でいえば「電荷」にあたる定数だ。「閉じたひも」のほうは結合定数がgの二乗になっていて、重力子をあらわすと考えられている。ここにスーパーストリング理論が重力理論でもある根拠がメキメキとあらわれる。

第三に、スーパーストリングには一種の励起《れいき》状態が想定できるので、その状態は指数関数的に増すことがわかってきた。「ひも」にも質量スペクトルがあるということだ。わかりやすくいえば「ひも」には重さのような属性があって、それが振動エネルギーをあらわし、その振動は重さによってはいくらだって激しくなるということである。スーパーストリング理論はしばしば「超弦理論」ともいわれるのだが、その弦のメタファーでいうのなら、このスーパーストリングという弦楽器はいくらだって高い音が出せるとみればよい。

それから第四に、「ひも」はいまのところ五種類まで認定されることになった。ただし、この種類の見分けかたがちょっとむずかしい。基本的に「閉じたひもと開いたひも」の組み合わせによるタイプIと「閉じたひも＋何か」というタイプIIがあるのだが、そこに超対称性による与しやすさともいうべき要素が加わって、面倒になる。

　そもそも究極の物質パターンを求めようとすると、前にも説明したように、現代の物質理論では、力を伝える素粒子としてのボース粒子（ボソン）と、物質を構成するためのフェルミ粒子（フェルミオン）をその発生特徴で分ける。これは植物や動物にオスとメスがあるようなもので、また人間界の男女がバラバラにいるように、通常は宇宙空間に自在に分布する。

　ところがこれを宇宙全体の究極的な姿にあてはめたり、極小世界にあてはめたりしようとすると、どうしても厳密なルールにもとづく組み合わせが要求される。すでにのべたヒッグス粒子は、宇宙特質においてボース粒子でもフェルミ粒子でも計算できない粒子像を引き取ったもので、宇宙全体ではこうした「見えないもの」をどこかであてがわないと、勘定が合わなくなる。

　同様に極小世界を「ひも」で描こうとすると、ボース粒子とフェルミ粒子に新たな組み合わせルールが自生する。ボソンとフェルミオンがペアになるか（タイプIのスーパーストリング）、それともボソンひもとスーパーストリングが組み合わされるか（タイプIIのヘテロストリング）、この二つなのだ。これを決めているのが超対称性というもので、組み合わせを記述する数学によって触れるようになる。

だいたいこんなところが第一次スーパーストリング革命があきらかにした成果を、特色のある現象におきかえてみた描像である。

第二次スーパーストリング革命ではこれらにさらに複雑な現象が加わり、その理論化が試みられた。そのつなぎ役をはたしたのがDブレーンという考え方である。膜めいたものをつなぎに入れたのだ。カリフォルニア大学の若き俊才、ジョセフ・ポルチンスキーが提案した。

スーパーストリング理論では「ひも」はおおむね自由に動きまわっている。けれども一部ではもっといろいろなことがおこりうる。そのひとつに「ひも」が切れ、それによってその開いた端っこが別のくっつき方をするばあいが想定できる。これが膜めいたディリクレ・メンブレーン（Dirichlet Membrane）とよばれる現象で、略してDブレーンという。つまり「ひも」はつねにこうした欠陥や切れ目やひびのような特徴をもっているわけで、それがためにスーパーストリングをたえずトポロジカルにする。

が、この見かけの現象をDブレーンを主語にして言いなおすと、実はDブレーンこそが「ひも」の隙間としての本体であって、Dブレーンから「ひも」がはえている（！）とも見られるわけなのである。また、「ひも」はDブレーンの上を泳いでいるとか、滑っているとも見られるわけだ。

こういう逆転の発想あるいは転換の発想は科学ではよくおこることで、とくに境界条件の科学に慣れてくると、こうした発想をしょっちゅうするようになる。

実際にも第二次スーパーストリング革命後は、Dブレーンだけではなく、pブレーンなども提案されて、スーパーストリングの本体は「ひも」から「ひもをとりまく状態」に発展しつつある。加うるに、最近ではDブレーンをコンピュータがはじきだしたものと、ホーキングがブラックホールのためにつくった計算式を比較する作業が試みられていたのだが、これがぴったり一致した。このことは衝撃のように世界をかけまわったニュースで、ブラックホールがDブレーンで説明できるなら、ひょっとしてスーパーストリング理論の先のM理論は信憑《しんぴょう》性があるのではないかと騒がれたものだ。

以上がスーパーストリング理論の大筋である。自分で書いていて隔靴《かっか》掻痒《そうよう》の感覚をまぬがれえないけれど、とりあえずの説明としておきたい。

17

時空の現象を統合的に記述するには、いくつかの前提を確立しなければならない。当初には座標系をつくる必要がある。その座標系は時空の現象というものが各所で性質を変えるのだから、そのつど変換しても性質が変わらないようにしておかなければならない。これは「時空の並進変換」というもので、一般的にはゲージ変換の可能性を追究する方向に進む。

次に、時空の次元を想定しなければならない。アインシュタインは重力と電磁気力を統一的に記述するにあたってミンコフスキーの幾何学から借りた四次元の時空連続体を想定したのだが、統一には成功しなかった。そこに浮上してきたのがそれまで眠っていたカルツァ＝クライン理論というものだった。カルツァは時空を「空間四次元＋時間一次元」の五次元にした。空間の四次元目は方向の広がりが小さすぎて観測にかからないと考えたのだ。このカルツァのアイディアは抜群だった。五次元の時空をモデルにすると重力と電磁気力は統一して記述できたのである。

しかし、ここに「四つの力」をさらに埋めこんで、時空の現象をきれいに記述しようとすると困難がともなってきた。ここから先はカルツァ＝クラインのモデルだけではまにあわない。ゲージ対称性を満足させるだけでは、足りなかったのである。

第二次スーパーストリング革命が産み落とした成果にT対称性がある。対称性というのは「ある操作をしても元と変わらない性質がそこにある」という意味であるが、スーパーストリング理論では、宇宙の半径Rを逆数の「1／R」にしても元と変わらない性質が保存されるということがわかってきた。

さらにS対称性があることも知られた。大きな電荷と小さな電荷をとりかえても状態に変化がおこらないという性質だ。加えて、すでに説明したボソンとフェルミオンをめぐる超対称性もスーパーストリングが保存していることが見えてきた。

そうだとすると、スーパーストリング状態こそがこれらの対称性のすべてを満足させる究極の時空モデルの候補であって、究極の物質状態であるという可能性が出てきたのである。この理論を統括する方法がM理論なのだ。

方法としてのM理論からすれば、究極の時空を記述するにあたって生じた各種のこれまでの理論は、その大半がM理論の近似値だったのではないかということになる。こうしてここに、M理論は「空間十次元＋時間一次元」の究極的な時空をあらわす最終理論の候補ではないかという予告的名声を得たわけである。エドワード・ウィッテンの勝利であった。

事態はかなりはっきりしてきた。最初の最初の宇宙は十一次元であることが見えてきた。そのうちの空間の十次元は、その七次元ぶんが縮退しているか、あるいはクシャクシャにまるまっているか、それとも意外にもちがった見え方をしているにちがいない。そこはわからない。けれども少なくとも、残りの時間を含めた四次元こそはわれわれがこれまで観測し、実感してきた旧宇宙だったのである。

では、縮退しているか、まるまったかとおぼしい七次元はどうなっているかというと、きっとDブレーン状態なのである。ひょっとすると四次元に巻きついているのかもしれないし、べつの見方をすれば、宇宙には七次元ぶんの情報をDブレーン状態に押しこめているなんらかの作用がはたらいているのかもしれない。

そもそも宇宙とは、n次元の情報を「n＋1」次元に投影したものであるか、逆に、「n＋1」の情報がn次元に押しこめられていたものか、そのどちらかなのである。ブラックホールでは、二次元の情報が四次元にさかさまに押しこめられていた。だからブラックホールには「毛」がなかったのである。

これを総じてM理論ふうにいうと、われわれの科学的な知覚のすべてが四次元のブレーン時空モデルにぎゅぎゅっと押しこめられている、というふうになる。

それならばもし、われわれの科学的な知覚がM理論ふうに拡張できたとしたら、どうなのか。そんなことはありえないのだが、思考実験をすることは許される。

たとえばビッグバンである。宇宙はたった三分間で生まれたというのだが、その直前には極小高次元宇宙があって、そこには少なくとも二つのブレーン（膜）世界が先行していたはずだ。この二つのブレーンはおかしなバネのようなものでつながっていて、そのバネから重力が発生していったのだろう。

だとしたら、このブレーンの衝突か重合かがビッグバンの正体だったのである。ブレーンが超高速で衝突重合すると、それまで内在されていたブレーンの「皺《しわ》」がエネルギーの「ゆらぎ」となり、それがやがては銀河の「種」となったのだろう。それでは残りの「皺ゆらぎ」はどうなったのか。おそらくはそれが宇宙の九〇パーセントを占めるダークマターやダークエネルギーであるにちがいない——。

こんなところで、Mな話を閉じることにしよう。「千夜千冊」ではいちばん長い夜になった。何夜にもわたったし、その途中、ぼくは国立がんセンターで腹を切り、胃の三分の二を持っていかれたりもした。まさしく『エレガントな宇宙』にもM理論にもやられた長い夜だったと言うしかない。感慨ひとしおである。せめて、これをもって松岡正剛にふりかかった冬至の祭祀《さいし》のナイトメアだと思われたい。

第一〇〇一夜　二〇〇四年七月二二日〜十二月二六日

参照千夜

三七七夜：ケプラー『宇宙の神秘』　一八夜：ポアンカレ『科学と方法』　五七〇夜：アインシュタイン『わが相対性理論』　一九二夜：ホーキング『ホーキング、宇宙を語る』　六八七夜：リオーダン&シュラム『宇宙創造とダークマター』　七六〇夜：フレッド・アラン・ウルフ『もう一つの宇宙』　一四〇〇夜：

『アラビアン・ナイト』九一三夜：ダンテ『神曲』八二八夜：湯川秀樹『創造的人間』九九三夜：三浦梅園『玄語』七四二夜：ウィリアム・ブレイク『無心の歌・有心の歌』七九九夜：プラトン『国家』八五九夜：ファラデー『ロウソクの科学』九九五夜：ホワイトヘッド『過程と実在』四夜：ペンローズ『皇帝の新しい心』九〇〇夜：宮沢賢治『銀河鉄道の夜』一三二夜：ノヴァーリス『青い花』三四八夜：野尻抱影『日本の星』六七〇夜：ヘルマン・ワイル『数学と自然科学の哲学』三四九夜：ドゥ・ブロイ『物質と光』一〇四三夜：シュレーディンガー『生命とは何か』九〇八夜：ベンヤミン『パサージュ論』一七三三夜：佐藤勝彦『宇宙137億年の歴史』九〇九夜：プリゴジン『確実性の終焉』一〇七夜：津田一郎『カオス的脳観』八九九夜：カイヨワ『斜線』一六七夜：エドウィン・ハッブル『銀河の世界』八七九夜：稲垣足穂『一千一秒物語』七六八夜：ジョージ・ガモフ『不思議の国のトムキンス』九九四夜：ライプニッツ『ライプニッツ著作集』二八四夜：ファインマン『ご冗談でしょう、ファインマンさん』

第五章　素粒子と量子

ヤン・チェンニン（楊振寧）『素粒子の発見』
ヴェルナー・ハイゼンベルク『部分と全体』
ルイ・ドゥ・ブロイ『物質と光』
デヴィッド・ボーム『全体性と内蔵秩序』
浅井祥仁『ヒッグス粒子の謎』
佐藤文隆『量子力学のイデオロギー』

原子と原子核の発見から素粒子へ。
量子とみなされた粒子たちのふるまいの謎。

素粒子の発見

ヤン・チェンニン(楊振寧)

林一訳　みすず書房　一九六八
Chen Ning Yang : Elementary Particles 1961

われわれは鏡に映った自分の左右が入れ替わっているのを知っている。けれども異能の数学者のマーティン・ガードナーが『自然界における左と右』(紀伊國屋書店)に書いたように、鏡では左右が反対になるのに上下が反対にならない理由は、あまりわかっていない。

磁石に北極(N極)と南極(S極)があるのも、電気にプラスとマイナスがあるのも知っている。これらはひっくりかえるとたいへんなことがおこりそうだが、人為的な手を加えなければそういう危険がおこらないだろうとタカをくっている。きっと強い対称性と弱い対称性があって、弱い対称性は大事をおこさないだろうと思っているわけだ。靴下や手袋は左右別々に着けるけれど、また一応の左右も決まっているようだけれど、まちがえても困らないとも思っている。

となると左右や上下は、われわれが勝手に符号を付けているだけのことかもしれないとも感じられてくる。数学では、5やaにマイナス記号をつけて-5や-aを操作することは日常茶飯事だ。両方とも座標に示すときに、空間性をもつ。ということは左右や上下は、空間座標が決めてきたのかもしれない。

しかし自然界が、こうした対称性をそもそももっているのかどうかということになると、ずっと謎だった。いったいどこまで極小の細部に分け入っていくと対称性が出現するのか、そこにはプレ対称性とかコンポン対称性とでもいうようなものがあるのかどうかも、はっきりしなかった。物理学ではこの究極の対称的状態のありかたを「パリティ」(parity)と称《よ》んでいる。

素粒子はスピンしている。物質は極小の状態では、回転基数はまちまちであれ(スピン1とかスピン1/2などという)、必ず旋転をしている。右まわりもあれば、左まわりもある。だから素粒子には「パリティが保存されている」と思われてきた。ところが、そうではなかったのである。

一九五七年、リー・チョンタオ(李政道)とヤン・チェンニン(楊振寧)がパリティの保存と非保存をめぐる研究でノーベル物理学賞を受賞した。中国人初の受賞で、その後もヤンは母国では中国科学史上最高の天才だと評判されてきた。

ヤンは戦後すぐにアメリカに移住して、シカゴ大学でエンリコ・フェルミに師事し、プリンストン高等研究所で才能を開花させた。その時代にコロンビア大学のリーと組んで、素粒子間の弱い相互作用にまつわるパリティを研究して、パリティ対称性の破れがあることを予言した。さっそくウー・チェンシュン(呉健雄)がコバルト60のベータ崩壊でパリティが破れていることを実証し、レオン・レーダーマンらが低温物理学実験でこれを検証した。

リーとヤンの発見は大ニュースだった。「神さまは左利きだった」と騒がれた。自然界の究極のミクロ状態でパリティが破れているとなると、自然像の根本を修正しなければならなくなるだろう。そういう議論が沸騰した。

いろいろなことが思い当たる。たとえばパスツールが証《あか》したことであるが、自然界の酒石酸は三次元の対称性をもっているのに、人工的につくった酒石酸では対称性が破れていた(勝手性が出てきた)。これはのちに化学的には光学異性体とかラセミ混合体というものだということになったのだが、なぜ自然界と人工界にそうしたちがいが出るか、その説明は難解にならざるをえなかった。

またマックスウェルの電磁場方程式から導かれることなのだが、磁気をもつ粒子にはモノポール（magnetic monopole）とよばれるNまたはSだけの磁荷をもつ「磁気単極子」があるのだが、なぜそういうものがあるのかもわかっていないし、説明しようとすると困惑する。

ことほどさように、パリティ（parity）を考えることは自然の究極像にかかわる重大な問題を提供する。リーとヤンはこの重大な問題の端緒を開いた物理学者だった。ちなみに対称性にはCPTの問題があって、電荷のC（チャージ）も粒子のP（パリティ）も、時間のT（タイム）も破れている可能性をめぐって、ずっと研究が続いている。

本書はそのヤンが、一九五九年のプリンストンでのヴァヌクセム講義をまとめたもので、素粒子についてのミニマムな見方がスマートに集約されている。やはりパリティの説明のところは読ませる。ただ、あまりにミニマムなので、今夜はここを拡張して素粒子物理学の概要を紹介することにした。

ヤンは一九五四年にロバート・ミルズと組んで「ヤン＝ミルズ理論」という非可換ゲージ場の仮説の枠組を提唱して気を吐くのだが、そのことはあとで少しだけふれることにする。ちなみに二〇〇四年に、ヤンが五四歳も年下の大学院生と結婚したというニュースが流れた。ヤンは一九二二年生まれなのである。五四歳年下はべらぼうだ。加藤茶も敗ける。もっともアインシュタインもシュレーディンガーも、天才的物理屋はたいてい大の女好きだった。かれらはパリティを破ったり、好き勝手なパリティを選んだりするのはけっこう得意なのだ。

自然界が究極の物質でできているだろうことは、昔からわかっていた。デモクリトスはそれを「アトム」(原子)と呼び、古代インド哲学では「タンマートラ」(微粒子)と名付けた。古代の自然哲学や宗教はたいてい原子論でつくられている。

原子の正体はさっぱりわからないままだったが、哲学や宗教はそれでかまわない。やがて錬金術や錬丹術がさかんになって金(黄金)や不老長寿の薬や賢者の石がほしくなってくると、つまり原子の正体に近づこうとしたところ、話はかんたんではなくて、物質には互いにくっつくものとそうでないものがあることがわかってきた、

ロバート・ボイルは他の物質から合成できない物質を「元素」(element)と名付けた。ニュートンは惑星間にはたらく重力(万有引力)が原子にもはたらいていると見て、原子間にもなんらかの力が作用しているのではないかと考えた。一七七二年、ラヴォアジェは化学反応を通して物質の質量が測れることをつきとめ、そこには質量保存の法則が保たれていることを明示した。

一八〇八年、ドルトンはこの質量を保存しているのが「原子」(atom)だと定義した。こうして元素が原子量によって分類され、天才的編集力の持ち主のメンデレーエフが元素

周期表を考案し、そうした元素（原子）が集まって分子を形成し、その分子が運動をして熱や圧力をつくっているということが、マックスウェルやボルツマンによって証されるのである。

一方、元素が周期表の原子番号にあらわれるような段階的な特徴をもっているなら、原子はたんなる点粒子ではないだろうという見方が浮上してくると、原子にはなんらかの内部構造があると考えられた。最初に内部にあると想定されたのは「電子」(electron)だった。一八九七年、J・J・トムソンが電荷をもった電子を発見した。

トムソンは原子が電気的に中性であるからには、原子の中にはプラスの電荷をもつ粒子が集団をつくっていて、電子はその中にスイカの種のように散らばっていると考えたのだが、これでは水素原子の中にはプラス電荷の粒子が二〇〇〇個ほどあることになって、困っていた。「スイカ型モデル」といわれる。

長岡半太郎が別のモデルを考えた。プラス電荷の粒子は原子の中心にあり、電子はその周囲をまわっているというモデルだ。トムソンの弟子のラザフォードは原子にアルファ粒子をぶつけてその反応で内部構造を調べることを思いつき、原子の中心にはアルファ粒子をはねかえす構造のようなものがあることを調べ上げ、これを「原子核」(atomic nucleus)と呼ぶことにした。原子は原子核のまわりを電子がまわっている姿になったのである。「土星型モデル」といわれた。

アルファ粒子というのは、放射線の一種のアルファ線を構成する粒子のことで、プラスの電荷をもっていて、質量が水素原子の四倍だということがわかっていた。ある種の原子が放射線を出して他の原子に変わるということもわかっていた。そこでラザフォードはアルファ線をつかったわけである。そうしたらアルファ粒子を撥《は》ねとばす原子核を見つけたわけだった。

やがてチャドウィックがその原子核の中には「陽子」(proton)があることを、ラザフォードが「中性子」(neutron)もあるだろうことを予言すると、原子核は陽子と中性子で構成されていること、その原子核のまわりを電子がとびまわっていることが見えてきた。陽子と中性子は同じ性質のスピンをもつので、まとめて核子(nucleon)とよばれた。

原子の内部のあらかたの様子はわかってきたのだが、原子核が安定している理由や、ある種の原子核がベータ崩壊をおこして他の原子核のパターンに変わる現象など、いろいろ説明がつかないこともあった。ここに登場したのがヤンの先生にあたるエンリコ・フェルミである。原子核の内部で中性子が陽子に変わるときに電子が原子核の外に飛び出してくるという説を提案して、ベータ崩壊のしくみをあきらかにした。

それでも原子核をまとめている力が何によっているのかがわからない。若き湯川秀樹が、これをまだ見ぬ「中間子」(meson) による糊付けだとみなした。また中性子が陽子と電子に変わるベータ崩壊のときに、もうひとつ、微細な粒子「ニュートリノ」(neutrino) がもたらされているだろうことを、パウリが予言した。

かくて、原子の中に原子核と電子があって、その原子核の中に陽子・中性子・中間子・ニュートリノなどがあるらしいことが、大筋見えてきた。初期のパイオニア的研究者たちによる「素粒子」(elementary particle) の基本グループだ。

これで蓋《ふた》があいた。大型の加速器が開発作動するつど、さらに多くの素粒子が発見されていく。あまりに素粒子の種類がふえたので、いまではこれらを大きく軽粒子のレプトン (lepton) と強粒子のハドロン (hadron) に分ける。レプトンは内部構造をもたないものたちで、電子、ミューオン、ニュートリノなどがある。ハドロンは強い相互作用をもつものたちで、メソン (π中間子、K中間子など) とバリオン (陽子、中性子、ラムダ粒子など) があると整理した。メソンとバリオンは重さではなくスピンによって見分ける。

素粒子よりもさらに小さなものも発見された。クォーク (quark)、ゲージ粒子 (gauge boson)、ヒッグス粒子 (Higgs boson) などだ。

一九〇〇年、マックス・プランクが光は不連続なとびとびのエネルギーの値をとる粒子であろうという画期的な考え方を発表し (プランクの量子仮説)、この粒子の状態を「量子」

(quantum) と名付けた。光は光子であって光量子なのである。

量子という考え方をとると（粒子の動きにプランク定数を含ませると）、すぐにとんでもないことがあからさまになってきた。一個の光子は粒子としてのふるまいをするとともに、光量子としては波のようにふるまうのだ。ニールス・ボーアは同じことが電子のふるまいにもあてはまると見た。この見方をとると、電子の軌道がとびとびの整数倍の値をもつ理由が説明できた。さらにドゥ・ブロイは光子や電子のみならず、あらゆる素粒子は「物質波」(de Broglie wave) という性質をもっていると考えた。

こんなふうに粒子になったり波動になったりする奇妙なふるまいの光子や電子の運動を、うまく数学的に記述できるのだろうか。この要請には才能あふれるシュレーディンガーが「波動関数」(wave function) をもって答えた。シュレーディンガー方程式という。波動関数は光子や電子が空間のどこにいるかということを確率振幅 (probability amplitude) としてあらわしたのである。確率波ともいう。

アインシュタインはそんな確率分布によって物質のふるまいを記述する解釈が気にいらず、強い抵抗を示すのだが、量子力学ではこれらはコペンハーゲン解釈として、ボーアを中心に勢力を広げていった。

ニュートン力学では、ある時刻での粒子の位置と速度が与えられれば、後のどの時刻での粒子の位置と速度も予測できる。ところが量子力学では粒子の状態が波動関数であらわされるので、粒子の位置と速度は同時に測れないし、点粒子としての記述もできない。粒子の位置を確定しようとすると、その粒子がどんな運動性をもっているかが不確定になり、運動を記述しようとすると今度は位置が不確定になってしまうのである。この不埒《ふらち》な事情をハイゼンベルクは「不確定性原理」(uncertainty principle) と名付けて定式化した。ハイゼンベルク方程式という。

こうして量子力学から「粒子の軌道」という概念が消え、ミクロなどんな当該存在としての素粒子も「おそらくここらあたりの範囲の中にいる」というような変な連中になったのである。

その後、不確定性原理はエネルギーと時間の関係にも、粒子のない真空にもあてはまることがわかってきた。なにもかもが緩慢なあらわれか、あるいは統計的なあらわし方でしか説明できなくなってきたのである。そこへ「パウリの排他原理」(Pauli exclusion principle) が加わった。「同一種類の二つ以上のフェルミオンは、同じ場所にいられない」というものだ。

素粒子がスピンをしていることは、原子に磁場をかけたときの電子の様子からわかっていた。電子は自転することで磁石となり、磁場と相互作用する。電子だけでなく、多くの素粒子がスピンすることもわかっていた。

けれどもスピンは一様ではない。そこでパウリが、素粒子たちのスピンを、プランク定数hを単位として整数倍のばあいをボソンとし、半整数倍のばあいをフェルミオンとすることにした。詳しく調べていくと、二つの粒子を入れ替えたときに波動関数の符号が変わらないボソンは同じところに何個でも存在できるのに、二つ以上の電子やフェルミオンはそれができなかった(同一の量子状態を占められなかった)。これが排他原理になった。

この原理は元素が周期表の上にちゃんと並ぶことを、原子核と電子の数の関係で雄弁に説明できたのだが、他方、量子という見方によって物質存在を考えることの独特の傾向を、不確定性原理とともに難度高く語るしかないものにした。

特殊相対性理論は、一定の速度で運動しているどんな観測者から見ても光速度が一定になるように組み立てた理論になっている。量子力学を代表するシュレーディンガー方程式には、この相対論が要請するさまざまな条件は考慮されていない。そこでポール・ディラックが、量子力学においても観測者と粒子の関係が記述できる方程式を考えた。ディラックの電子方程式という。

この方程式を解くと、電子はエネルギーが正のときに上向きのスピンと下向きのスピンの状態がとれることがわかった。ディラックは、これはエネルギーが負の状態にある電子のふるまいだろうと見当をつけた。電子にはエネルギーの低い状態に移ろうとする性質があるのだが、もし負のエネルギー状態になれるのなら、電子はエネルギーを放出してそうなるにちがいない。しかしパウリの排他原理によって、フェルミオンである電子は互いに同じ位置を占めることができない。どう考えればいいのか。

負のエネルギーをもとうとする電子がすでに空間を埋め尽くしていて、正のエネルギーをもつ電子は負のエネルギーに進めなかったと考えれば、負のエネルギー電子を観測できない理由が何か説明できるはずである。ディラックは、真空状態から一個のエネルギー電子がなくなって「孔《あな》」のようなものが空いたのだと仮定してみると、この「孔」そのものが負のエネルギー電子とは反対の正のエネルギー電子に当たるものを受け持ったのだとみなすことができると考えた。「負のエネルギーに満ちた電子の海」が控えているのだと想定したのである。

そして、そのような電子の海（ディラックの海）から「孔」を媒介にふるまった電子は「陽電子」（positron）ともいうべきものであろうと推理した。

ディラックの仮説は「反粒子」（antiparticle）や「反物質」（antimatter）の存在を予言するものだった。質量とスピンがまったく同じで、構成粒子の電荷などが逆の性質をもつものが、反粒子や反物質である。陽電子は一九三二年に鉛板を入れた霧箱に宇宙線を通した実験で、アンダーソンによって発見された。

ディラックは真空を「何もない」とは見ずに、「無数の負のエネルギー電子で埋め尽くされた状態」とみなした。卓抜な発想だったが、負の電荷をもつ電子ばかりが密集するのは電気的な反発が生じるだろうから、困難なことではないかとも議論された。また仮に埋め尽くせたとしても、そんな真空は無限大の電荷をもつことになってしまう。

ディラックは、真空に高エネルギーの光子を二個打ち込んだとして、そのエネルギーを一個の負エネルギー電子が受け取り、それと同時にそれまで負エネルギーの電子がいたところが「孔」となって陽電子が生成したと考えれば、辻褄《つじつま》があうのではないかと考えた。二個の光子から電子と陽電子が「対《つい》生成」(pair production) したとみなせばいいのである。逆に真空に「孔」が空いてそこに正エネルギー電子が落ち込むときは、それに相当するエネルギーをもった二個の光子を放出するだろうから、これを電子と陽電子がぶつかって「対消滅」(annihilation) したと考えればいい。

この仮説は、のちにビッグバン理論やインフレーション理論のなかで、最初期宇宙では種々の素粒子が激しく「対生成」と「対消滅」をくりかえしている現象にあてはめられ、劇的に注目された。

ディラックの仮説はかなり大胆で、またきわどい。あまりに尖《とが》った粒子が対象になりすぎているきらいもあった。そこで量子力学のステージは、ここから「場の量子論」のほうへ舵《かじ》を切っていく。粒子そのものを扱うのではなく、粒子によって性質が変わったであろう周囲の空間（＝場）を量子力学的に考えようというのだ。ディラック、ハイゼンベルク、パウリらがまずは「電磁場の量子化」にとりくんだ。

電磁場はマックスウェルの方程式で説明されてきた。しかし、それでは場がつるつるしすぎている。ひっかかりがない。新ステージの量子力学では、電磁場にバネのようなものがついているイメージを想定して、電磁場の振動をそのバネが振動しているとみなすことにした。バネの種類は光子のスピンの成分であらわせる。このように電磁場の振動を正数個の光子としてあらわすことを「電磁場を量子化する」という。

これは光子という粒子を量子的に考えることにもあたっているのだが、同様にディラック方程式があらわすディラック場にあらわれるフェルミオンの電子も、量子化するようにした。電磁場とディラック場は別々に独立しているものではなく、同じ場の中の現象が別々に見えているだけなので、この二つの場を相互作用させるような組み立てを試みていけば、そこに光と電子を統一的に扱える理論がつくれる可能性があるからだ。

こうして「量子電磁力学」（Quantum electrodynamics）という領域が誕生した。略してQEDという。シュウィンガー、ファインマン、朝永振一郎などが活躍する。ぼくが量子力学に痺《しび》れていたころは、この三人の試みがなんだか涙ぐましかった。とくに「ファインマン図」や「くりこみ理論」などが、当時の苦闘を物語る。

量子電磁力学に新たな展開をもたらしたのは「ゲージ理論」(gauge theory)だった。ゲージ場の理論とも、ゲージ不変の理論ともいう。

ゲージとは「ものさし」のことで、ゲージ理論は時空の座標の各点ごとに回転や並進といった変換をほどこしたとしても、その構成式が変わらないという要求を満たした理論である。グラショウ、ワインバーグ、サラムがとりくみ、これをヤン・チェンニンとロバート・ミルズが工夫して「ヤン＝ミルズ」理論とし、さらにここにゲージ対称性の自発的な破れやヒッグス粒子仮説がとりこまれて「ワインバーグ＝サラム理論」となると、広く活用されるようになった。いま最も流行している方式である。

初期のゲージ理論の基本形を考えたのは、ぼくがめろめろだったヘルマン・ワイルだった。ワイルは重力と電磁気力のはたらきの共通性を探っているとき、ゲージ理論の先駆体を構想した。

素粒子にはたらく自然の力には「重力」「電磁気力」「強い力」「弱い力」という四つの力がある。これが組み合わさって宇宙構造から生物までが動いている。このうちの重力を除く三つの力の相互作用に注目して、物理学者たちは「素粒子の標準模型」というものを構成してきた。

　重力と電磁気力は見当がつくだろうから、のこり二つを説明しておくが、「強い力《ストロング・フォース》」は原子核をまとめている力で、陽子・中性子・π中間子などを摑《つか》まえている核力と、ハドロンなどの粒子を複合状態にさせている力と、それをさらに奥から摑まえているクォークなどの力によるものをいう。アップクォーク（アイソスピンが上向き）、ダウンクォーク（アイソスピンが下向き）、ストレンジクォーク（ストレンジネスをもつ）の三つが基本のクォークで、そのほかクォークのあいだで頻繁なやりとりを司《つかさど》っているであろうグルーオン（色粒子）が注目されている。

「弱い力《ウイーク・フォース》」は中性子のベータ崩壊から発見された。中性子が電子とニュートリノを出して陽子に変わる現象だ。中性子はアップ一個とダウン二個で、陽子はアップ二個とダウン一個で摑まえられているので、クォークから見るとベータ崩壊はダウンクォークが電子とニュートリノに変わったというふうに解釈できる。

　このような「弱い力」は太陽の輝きをつくっている力であって、核融合反応をおこしている正体にあたる力である。しかし、その力を伝えているしくみが長らくわからなかった。やがてウィークボソンの中のＷボソンがその力を担っているだろうということになり、一九八三年になって大型加速器の中でいろいろ実験をしているうちに確認された。質量が陽子の八〇倍もあった。

こんなふうに「弱い力」の正体が追究されてきたのだが、追究が進めば進んだぶん、標準模型は詳しくなっていって、ゲージ理論のほうもいろいろの変更が迫られた。ゲージ理論は四つの力を統一的に理解するための共通フォーマットなので、まずは電磁気力と「弱い力」を統合する考え方を確立する必要があった。

電磁気力と「弱い力」にはいろいろ異なる性質がある。電磁気力はパリティを保存するけれど、「弱い力」はパリティを保存しない。ニュートリノは「弱い力」の産物であるので、左巻きのパリティしかもっていない。電荷粒子は質量があって光速度近くで走るので、これを見る状態で右巻きになったり左巻きになったりする。

共通するところもある。それがボソン(スピン1のボソン)によって力のやりとりをしているということだった。光子はスピン1のボソンなのである。なかでもWボソンのふるまいが注目され、そのやりとりをうまく説明できるようなゲージ理論がつくれないかということになった。

その後の詳しい理論のつみかさねは省略するが(驚くほど複雑だ)、ともかくもこうしてゲージ理論は最初はヘルマン・ワイルのモデルをもって、ついでヤン=ミルズのモデル、ワインバーグ=サラムのモデルをへて、最近になってヒッグス粒子がかかわる宇宙最初期の「真空の相転移」が説明できそうなところへ、すなわち「対称性が自発的に破れる」

ところの理論づくりまで到達してきたのである。

ふりかえってみると、素粒子論の歴史はずうっとその名にそぐわない「拡がる素粒子」を求めて、ひたすら進んできたわけである。大域的に拡がって、かつ非局所的に拡がってきた。「拡がる素粒子」は「つながる素粒子」でもある。だからいまや「素粒子はかくかくしかじか、こういうものだ」という説明が役に立たない。

うまい説明をするには、量子論と相対論を一緒くたに話すしかなく、ゲージ理論によるゲージ変換のテクニックをいくつも織りまぜなければならない。さらには、素粒子の奥にあるクォークやその奥にあるだろうスーパーストリング（超ひも）や輪ゴム状になった「弦」のようなものを勘定に入れなければならなくなってきた。また宇宙にはたらく四つの力を背負ったものとして、その複雑な相互作用とともに語らなくてはならなくなったのである。

ぼくが二十歳前後にヤンの『素粒子の発見』や湯川秀樹の『素粒子』（岩波新書）を読んでから、すでに五十年以上がたっている。ずいぶん大きな変化があったものである。とくにヒッグス粒子の発見が大きかった。今後、この二冊に代わる本があるとしたら、その本にはもはや「素粒子」という言葉が入っていないのではないかとすら思う。今日の物理学では粒子像よりも「場」や「力」の解明こそが求められているからである。ヒッグス粒子さえ、素粒子というよりヒッグス場なのである。

こうなると湯川さんの「素領域」や「非局所場」の発想がやけに懐かしくなる。最近読んだ大栗博司の『素粒子論のランドスケープ』（数学書房）や『強い力と弱い力』（幻冬舎新書）はこの手のものとしてはとてもよく書けた好著だったが、この二つの書名がこの五十年の流れを一挙に集約しているようにも思われた。

第一七三九夜　二〇二〇年四月十五日

参照千夜

八三夜：マーティン・ガードナー『自然界における左と右』　五七〇夜：アインシュタイン『わが相対性理論』　一〇四三夜：シュレーディンガー『生命とは何か』　八二八夜：湯川秀樹『創造的人間』　三四九夜：ドゥ・ブロイ『物質と光』　二二〇夜：ハイゼンベルク『部分と全体』　六七夜：朝永振一郎『物理学とは何だろうか』　二八四夜：ファインマン『ご冗談でしょう、ファインマンさん』　六七〇夜：ヘルマン・ワイル『数学と自然科学の哲学』

不確定性原理の提唱者が、
量子力学の黄金期をふりかえる。

部分と全体

ヴェルナー・ハイゼンベルク

山崎和夫訳　みすず書房　一九七四

Werner Karl Heisenberg: Der Teil und das Ganze 1969

物理学者の自伝として、名著である。名訳でもある。二十世紀物理学の青春期と壮年期があまりにみごとな対話の輻湊《ふくそう》で蘇《よみがえ》っているので、稲垣足穂はこの言葉の楽譜を『ハイゼンベルク変奏曲』として綴《つづ》りなおした。原稿はぼくに手渡され、「一応、出版社に了解をとっといてくれへんか」と言われた。四〇〇字で一八〇枚くらい。冒頭が「第一章ホックと留金」。さっそくみすず書房に連絡をとり、原稿を見せてくれというのでコピーを渡したところ、「出版、まかりなりません」という返事がきた。内容が原著に近すぎるというのだ。

たしかに足穂さんは『部分と全体』を本歌取りにして、そのメロディはそのままに変奏曲を独自の編集でアレンジしてみせていた。それをもって「半ばは盗作じゃないか」と言うことも、できなくはない。その判断は微妙だが、ともかくはそういうわけでこの足穂原稿はいまだにお蔵入りしたままにある。すでに杉浦康平さんと原稿用紙を再現したような本文二色刷りの造本で出版しようと決めていたのだが、あきらめた。そして足穂さんはこのあと一年たらずで、亡くなった。

一九九八年、筑摩書房が『稲垣足穂全集』を刊行するにあたって『ハイゼンベルク変奏曲』の収録を打診してきたが、そんな事情があっていまなお陽の目を見ないままになっている。科学書が好きだったタルホが最後に愛し、最後に執着しつづけた一冊、それが『部分と全体』だったのである。

本書は、いってみればハイゼンベルクの『ソクラテスの弁明』であり、『ヴィルヘルム・マイスター』であるのだろうと思う。二十世紀を代表する一人の科学者が歴史を決定するような対話を通して自らの科学の確立に至るという筋書きからいえば、善財童子《ぜんざいどうじ》ふうの五十三次・科学遍歴といってもよい。

叙述は一九一九年のミュンヘンから始まっている。青年ハイゼンベルクがプラトンの『ティマイオス』の一節に興味をおぼえ、屋根の上でプラトンを読みながら、物質の究極に正多面体のようなイデアがあるのか、それとも数式があるのかという煩悶《はんもん》をするところが振り出しである。ハイゼンベルクはこういう問題を新プラトン主義者のように一人で哲学するタイプではなかったようだ。彼は学生時代から仲間たちとハイキング（ヴァンダールング）に行くたびに闊達《かったつ》に議論し、自分の思索の閃《ひらめ》きと深化のほとんどをこれらの会話の奥から引き出すほうがおもしろかったようだ。また、そういうことに熱心になれる能力に長《た》けていた。

書物との出会いも大きい。学生ハイゼンベルクは早々にヘルマン・ワイルの『空間・時間・物質』（ちくま学芸文庫）に出会っている。

これはぼくも夢中になった本のひとつで、本書ではハイゼンベルクが「ワイルの言葉に心が惹《ひ》かれるのに、その内容が見えきれなかった」と書いているのが印象深い。ワイルとはそういう自然科学者なのだ。「生きているものと死んでいるものとの共存。それがこの世界における最も著しい特徴なのである」――ワイルはこういうセリフを平気で連発できる人だった。

ワイルだけではない。リーマンもヒルベルトも、そういう大人物だった。ハイゼンベルクはかれらを親にもつ世代にあたる。だから錚々《そうそう》たる対話の相手に恵まれた。自ら進んでその渦中にとびこんでいったという感じもある。対話が好きなのだ。

その最初のきっかけはアーノルド・ゾンマーフェルトの門下に入ったことにあったよ

うだ。ゾンマーフェルトは当時の原子物理学の親分のようなもので、それも山口組・稲川会といったふうにいくつかの縄張りを張る親分の一人だったから、ハイゼンベルクはいろいろの親分一家を訪れ、その兄弟子たちと他流試合をする必要があった。「ゾンマーフェルトのところでワラジを脱いでます」といえば、どの親分にもお目通り可能だったのだ。このころ原子物理学の舞台はゲッチンゲン、コペンハーゲン、ベルリンの三都で革新されつつあった。そしてウィーンとライプツィヒとロンドンが別格本山のような趣きをもっていた。

ゾンマーフェルトのところで、ハイゼンベルクは生涯にわたる刎頸《ふんけい》の友となるヴォルフガンク・パウリと出会う。

二人はほぼ対照的な性格で、パウリはどうみても天才肌で早熟だったし、これに対してハイゼンベルクはバランスのよくとれたプロセス思考型だった。ハイゼンベルクが明るい陽差しが大好きな朝型人間だったとすれば、パウリは典型的な夜行派の思索者で、ゾンマーフェルトの講義にさえ午前中には出てこなかった。のちにパウリがユングとのあいだでシンクロニシティに関心を示すのも、パウリの闇思考を暗示する。しかし、二人のこの相いれない対照性こそは、のちに量子力学と原子物理学の根本に大変動をもたらしていく。

ハイゼンベルクはついていた。次の出会いはボーアとアインシュタインである。ボーアはゾンマーフェルトとは別の一家の組長か、もしくは筆頭舎弟にあたる。そういうボーアとハイゼンベルクとの対話は主に政治と科学をめぐる議論だった。この時代は第一次世界大戦後のドイツが激しく遷移しつつあったので、科学者といえどもそうした政情の変化をいっときも思索からはずしてはいない。とくにボーアはのちのアインシュタインとの論争を含めて、当初から政治と科学を分断しなかった。対話はコペンハーゲン解釈をめぐる対立を浮き彫りにして、後世に問題を残していった。

一方のアインシュタインとの対話はマッハの「思惟《しい》経済」をめぐるちょっとした議論になっている。ぼくには懐かしい。なぜ懐かしいかというと、ぼく自身がマッハをへてアインシュタインに至るのに、たった一人でとぼとぼ歩いた記憶が蘇ったからだ。ハイゼンベルクは颯爽《さつそう》と、かつ謙虚ではあるが断固としてアインシュタインと対座した。マッハの思惟経済をめぐっても対立をおそれぬ議論に挑んでいる。

原子の中の電子の実在をどのように観測するのか、どう証明するのかという議論だ。この個所をよく読めば、のちにハイゼンベルクが提唱する不確定性原理の意味がよくわかる。

つづいてハイゼンベルクの前に登場してくるのは、物質波の提唱者ドゥ・ブロイと波動関数の旗手シュレーディンガーである。量子力学が秘めるこみあげるような感動という点からいえば、ぼくがいちばん影響をうけた二人だ。

ここでハイゼンベルクは自分を議論の外において、ボーアとシュレーディンガーの長めの論争を観戦する。当時は「月水金が粒子で、火木土が波動であるような物質とは何か」という問いが物理学の全容にのしかかっていたころで、この奇妙な物質の正体を説明するために、多くの研究者が「量子飛躍」とか「量子雑音」といったキマイラ的なアイディアを交わしていたのだが、結局は霧箱の中でおこっている量子のふるまいをどのように記述するか、その決定打を互いに模索し、探しあっていた。

ハイゼンベルクはボーアとシュレーディンガーの譲りあわない主張のどちらにも属さずに、新たな問題を研究することを決意する。霧箱の中に電子の軌道が存在しているということはあきらかだった。当時の物理学者たちはその証拠を明白に見ているのだし、つまり観測していたのだ。

一方、量子力学のいくつかの数学的図式もほぼ完成しつつあって、物質の究極像は粒子的なものと波動的なものを同時にあらわしているだろうことを主張していた。この二つの議論のあり方には何かがつながりあっていい。また、そのあらわし方には確率論的な解釈が要請されていいと思われた。では、これらをどうつなげたらいいのか。ハイゼンベルクはアインシュタインが言ったことを思い出す、「なんらかの先行する理論があってはじめて、それが何を観測できるかということを決定できるんじゃないのかね」。

ハイゼンベルクは「霧箱における観測」がもたらす存在の問題と「量子力学をめぐる数学」がもたらす存在の問題とを、なんとか新しい理論でつなげようと覚悟した。この思索が有名な不確定性原理になったのである。存在と運動を同時に観測できそうもないことが問われたのである。

このあたりのはこびには、プラトンの『ティマイオス』が生きているようにも見えるし、また、いかにも観測理論の名人にふさわしい立場のとりかたのようにも見える。ハイゼンベルクという物理学者、どこか戯曲作家のようなところがある。

こうして本書はしだいに一九二九年の世界恐慌から一九三〇年代に入っていく。ライプツィヒに移ったハイゼンベルクの周囲にはポール・ディラックやオスカー・クラインが登場し、仲間たちの議論のテーマも宗教や生物学や化学におよぶ。

これらの興味深い対話を読むと、ハイゼンベルクがその根底にホワイトヘッド流の有機体の科学の確立にも関心をもっていて、最終的には物理学にも「意識」を記述しうる場所をあけたがっていることがよく伝わってくる。このことに着手したのは、よく知られているようにハイゼンベルクではなくて『生命とは何か』(岩波文庫)のシュレーディンガーや『全体性と内蔵秩序』(青土社)のボームだったのだが、ハイゼンベルクも「生きている科学」に触手をのばそうとしていたようだ。第十章「量子力学とカント哲学」、第十一章「言葉についての討論」あたりは、今日の認知科学者やコンピュータ・サイエンティストが読めば、きっとヒントを得るものがあるだろうが、ぼくにはセンスがないように感じた。

一九三三年に、量子力学と相対性理論を背景にした物理学のすさまじい黄金期がおわる。ナチスが政権をとった年である。

あらかたの成果はもう確保されていた。ボーアの相補性仮説、シュレーディンガーの波動関数、ドゥ・ブロイの物質波の提起、ディラックの「電子の海」仮説、パウリの排他律、そしてハイゼンベルクの不確定性原理。

しかし、これらを統合するにはまにあっていない。本書を読んでもひしひし実感できるのだが、このあと物理学者たちは全員が戦争を逃れて、ふたたび戦後社会のなかで統一理論にとりくんでいくのにもかかわらず、そこには、かつてハイゼンベルクたちがヴァンダールングをしながら議論した潑剌《はつらつ》や、コペンハーゲンやゲッチンゲンの夜を徹した会話は蘇らなかったのである。そのかわり、物理学はリーとヤンによる「パリティ崩壊」のニュース以降、自然界の最も奥にひそむものが時間なのか、対称性なのか、場所そのものなのかということを悩むことになる。

そういう意味では、本書は二十世紀物理学の青春譜であって、かつ鎮魂譜であったのだ。ぼくはぼくで稲垣足穂が『ハイゼンベルク変奏曲』によって何を訴えたかったのかということを、いつかどこかで公開したいと思っている。

第二二〇夜　二〇〇一年一月三一日

参照千夜

八七九夜：稲垣足穂『一千一秒物語』　九八一夜：杉浦康平『かたち誕生』　七九九夜：プラトン『国家』　六七〇夜：ヘルマン・ワイル『数学と自然科学の哲学』　一三三夜：ヒルベルト&フォッセン『直観幾何学』　八三〇夜：ユング『心理学と錬金術』　五七〇夜：アインシュタイン『わが相対性理論』　一五七夜：マッハ『マッハ力学』　三四九夜：ドゥ・ブロイ『物質と光』　一〇四三夜：シュレーディンガー『生命とは何か』　九九五夜：ホワイトヘッド『過程と実在』　一〇七四夜・デヴィッド・ボーム『全体性と内蔵秩序』　一七三九夜：ヤン・チェンニン『素粒子の発見』

月・水・金が粒子で、火・木・土が波動？
そんな「物質波」がこの世の究極にあるだなんて！

ルイ・ドゥ・ブロイ

物質と光

河野與一訳　岩波新書　全二巻　一九三九
Louis de Broglie: Matière et Lumière 1937

この本は古本屋で買った。いまはボロボロだ。昭和十四年初版の岩波新書で、手元にあるのは昭和十六年の第四版である。

懐かしい仁科芳雄の荘重な序文がついている。「ハイゼンベルクはボーアの對應原理を指針として、物質粒子に對する量子力學の樹立に進んだのであるが、これより先ドゥ・ブロイは〈物質は波動なり〉といふ意表に出づる着想により吾人の概念に新しい目を開かせたのであつた云々」といった序文で、要を得て簡潔。いま読むと文体と指摘が重なって見えるためか、妙に味がある。仁科の序文も本文翻訳も旧仮名遣いである。そういうボロボロの古本だが、この上下の二冊はぼくを虜《とりこ》にした。

正確な順番はおぼえていないけれど、ぼくの量子力学へのふつつかな独学独習が始まったとき、ドゥ・ブロイ、シュレーディンガー、ボームの三冊が最初のバイブルになっていた。ディラックや朝永振一郎の有名なテキストにふれたのはそのあとのこと、ハイゼンベルクの行列力学、ボーアの対応原理、ローレンツの電子論というふうにさかのぼったのは、さらにそのあとだった。

なぜドゥ・ブロイに熱中したのか、おそらくはその思考が速いことに惚《ほ》れたのだと思う。読んでいてセクシーだった。ドゥ・ブロイが〝科学の貴公子〟と呼ばれていたからセクシーなのではない。ぼくのばあいは大学で理論物理学や量子力学を学ぶのではなく、誰の手も借りずに一人でただひたすら夢中になろうというのだから、手元のテキストが明快きわまりないか、さもなくば思考の展開がセクシーでなくては困るのだ。

例を出してみる。ドゥ・ブロイはソルボンヌ大に入って力学をアッペルとポアンカレに、光学をドルーデに習うのであるが、そのときすでに力学と光学の論理的同時性に気がついていた。

光線束の伝播《でんぱ》を記述する幾何光学はフェルマーの原理にもとづいている。その原理では光はつねに最短経路を通る。いいかえれば、通過の時間が最小になるような経路をたどる。一方、力学ではエネルギー保存則を守る運動はモーペルテュイの原理に従う。質点の運動は作用量という物理量に最小値をとらえるように動く。かんたんにいえば、これだけのことを聞いて、ドゥ・ブロイは光学と力学の統合に走ったのだ。

一九一一年のことだというのだから、ちょうどソルベー会議が開かれた年である。ぼくのような者が五十年以上もたってソルベー会議の記念写真を見ても、ぞくぞくするほど興奮したのだから、当時の若きドゥ・ブロイが世界の物理学者を集めた会議が開かれているというニュースだけで、気分を加速させていったとしてもおかしくはない。

ドゥ・ブロイを有名にし、ノーベル賞の受賞を決定づけたのは「物質波」という考え方である。「物質は波動である」という前代未聞の推理がもたらした画期的な結論だ。これは「粒子は波のようにふるまう」と言っているようなものだったので、周囲が騒然となった。

そんな評判にはおかまいなく、本人は光量子に付与すべき質量の値を正確に計算しようとしていた。二つの法則が目の前にあった。プランクの法則E＝hνと、アインシュタインの法則E＝mc^2である。これを関連づけて振動数をもとに質量を定義づけるのがいいと思えた。それとともに、この推理のうちで光量子に特有な局面は、その質量を導き出すために光の振動数を与えていることだということにも着目した。ついで自分の推理をあらゆる物質粒子に広げることを思いつく。アインシュタインの法則によるエネルギーEを決定するような質量をア・プリオリに想定し、このエネルギーによってE＝hνとなるような振動数νが粒子に結合されると考えたのだ。

これで、物質と光を統合する法則の可能性が発見された。一九二三年のことだった。もっとも、ここにはまだ波動が入ってはいない。波動関数も生まれていない。この段階では、ドゥ・ブロイは干渉をふくめたすべての動きを粒子のふるまいで説明しようとしていたのである。

が、その過剰な発想がかえってよかったのだろうと思う。ドゥ・ブロイのアタマのなかでは、厳密に粒子的な物質と純粋に波動的な光を隔てる距離がどんどん減ってきていて、そのおかげで物質と波動をアナロジーで一挙につなげるロジックを探すことがすこぶる容易になっていたからだ。

ここで次の飛躍と転換がおこる。〝科学の貴公子〟は最初、こう考えた。一個の電子が原子核のまわりで軌道をえがくとき、その内部位相は軌道を一周するごとに整数周期ぶんだけ変化する。さもなければ軌道は不安定になるはずだ。このような共鳴現象を想定すれば、ボーアの量子化された軌道も、量子論がすでに措定していた整数の問題も、すんなり説明できるだろう。

この見方は誤っていた。そのように工夫しても、ボーアの量子状態をふたたび見いだすことはできなかったのである。そこで、ひらりと身をかわした。相対論に飛び移ったのだ。

ある速度で通りすぎる電子を見ているような観測者にとっての、振動数と質量のあいだの相対論的関係に注目してみた。これも当時としては、そうとう鋭い着眼だった。ただし、ふつうにこれを計算したのでは観測者が見る運動質量が静止質量より大きくなってしまうし、内部の振動数は粒子に関連づけられて、時計の振動数と同様のふるまいを見せて減少してしまう。いわゆる相対論にいう「時計の遅れ」だ。この問題を抜けきる必要がある。

では、どうするか。おそらく「時計の遅れ」は粒子にふくまれた振動の特徴であるにちがいない。それなら、同じ振動数をもちながらも空間全体に拡がるような振動と「時計の遅れ」の関係を説明できる何かがそこにひそんでいると考えてもいいだろう。そのひそんでいるもののあらわれとは何なのか。「そのとき大いなる光が頭のなかで突然に輝きわたった」と、ドゥ・ブロイは書いている。

ドゥ・ブロイは、もし観測者が運動する粒子を見るなら、その空間的な振動は粒子より速く、光よりも速く伝播する波動としてたちあらわれてくるにちがいない、と考えたのである。その振動数は、内部の振動数のように速度が増すとともに減少するのではなくて、おそらくは質量と同様に速度が増すとともに増大するにちがいない！　こうしてドゥ・ブロイ波（物質波）が予告され、ガリレオ以来最大の波動力学が誕生し、のちにマックス・ボルンが提唱する確率解釈さえ予知されたのである。

その後のドゥ・ブロイの天才的な功績はシュレーディンガーの波動関数とハイゼンベルクの行列力学のあいだに挟まって、ちょっと息苦しくなってくる。

そのことを説明すると一九二〇年代後半からの量子力学の発展全体におよぶので、ここでは省くけれど、ごくかんたんにいうと、シュレーディンガーはハミルトン＝ヤコービのスタイルを好んで物質波から粒子性と相対論を抜き、ハイゼンベルクはドゥ・ブロイ理論を呑みこんでもっと大きな力学を構想した。ざっとはそんなふうな図になるだろう。

こうして一九二七年の第五回ソルベー会議において、ドゥ・ブロイはボーア、ハイゼンベルクらの依拠するコペンハーゲン解釈に屈することになる。

量子力学では粒子の位置や運動をいくつかの異なる状態の重ねあわせで表示する。このことを「どちらの状態であるとも言及できない」というふうに解釈するのをコペンハーゲン解釈という。ボーアの研究所がコペンハーゲンにあったからだ。この解釈では、その状態を観測すると、観測値に対応する状態しか示せないというふうになる。ボーアらは、それを「波束の収縮がおこる」からだとみなした。

ボーアらとの論争に疲れたドゥ・ブロイはノーベル賞を受賞し、まるでそれを合図にしたかのように何も発表しなくなったと言われている。が、そんなことはなかった。あいかわらずの高速思考は衰えてはいなかった。

たとえば電子のスピンがディラック方程式に導入されるしくみとマックスウェル方程式の相似性に気がつき、ディラック粒子からなる小さな二重性に結びつけられた波動がどのような方程式に従うかを発見したり、最近になってやっと確証されそうになってきたのだが、ニュートリノに質量があるはずだということを予測していたりした。もっとも、これらは本書『物質と光』のずっとあとのことである。

天才ドゥ・ブロイが生涯にわたって何を考えていたかは、『物質と光』の次の文章にあらわれている。ぼくが好きな一文だ。仁科芳雄の旧訳のままにする。

量子物理学に於《お》いては、体系は一種の有機体で、その統一の中にこれを構成する要素的単元が殆《ほとん》ど摂取されてゐるのである。物理的単元が体系の中に入ると、その個別性は大部分消失して体系そのものの一段大きい個別性に融《と》け込む。

一つの体系に属する物理的単元を個別化するには、その単元を体系から捥《も》ぎ取って、それを全有機体に結びつけてゐる紐を断ち切らなければならない。さう考へれば、粒子が体系の中に入り込んでゐる時には観測することが出来ず、粒子を把握した時には体系が破壊してゐるといふやうな関係にある個別的単元及び体系の概念が、どういふ意味に於いて補足的であるかといふことがわかつて来る。

第三四九夜　二〇〇一年八月三日

参照千夜

二二〇夜：ハイゼンベルク『部分と全体』　一〇四三夜：シュレーディンガー『生命とは何か』　一〇七四夜・デヴィッド・ボーム『全体性と内蔵秩序』　六七夜：朝永振一郎『物理学とは何だろうか』　一八夜：ポアンカレ『科学と方法』　五七〇夜：アインシュタイン『わが相対性理論』　一七三四夜：ガリレオ・ガリレイ『星界の報告』

世界は「明在系」と「暗在系」をもっている。
そのことをレオモードであらわしたい。

デヴィッド・ボーム

全体性と内蔵秩序

井上忠・伊藤笏康・佐野正博訳　青土社　一九九六

David Bohm: Wholeness and the Implicate Order 1980

デヴィッド・ボウイもいいが、デヴィッド・ボームは同じくらい衝撃的だった。『現代物理学における因果性と偶然性』(東京図書)を読んだころ、ちょうどハイゼンベルクの『部分と全体』(みすず書房)の翻案に夢中になっていたふんどし一丁の稲垣足穂翁から、「いま、松岡さんは物理学では何を読んでるんや」と訊《き》かれたことがある。

ふんどしから零《こぼ》れる萎《しな》びた一物に呆《あき》れながら(べつだん困りはしなかったが)、「以前はシュレーディンガーでしたけど、いまはボームですね」と答えた。足穂翁は「ふーん、ボーア(ニールス・ボーア)ともボルン(マックス・ボルン)ともちごうて、ボームなんか。ややこしいな」と笑った。ボームを御存知ではなかったようだ。まさにデヴィッド・ボウイが《ジギー・スターダスト》で乗りまくっているときだった。

ボームは量子力学の大成者ではない。新たな数式の確立や物質運動の発見にも寄与していない。どちらかといえば異端に属する。量子力学の渦中にいて量子力学に注文を出し、量子力学と意識の関係に注目しつつあった。

いまなら「量子脳」とか「量子コンピュータ」という概念も流通しつつあるが、当時は「量子と意識」などという組み合わせを科学者が言い出すなんて異端もいいところだった。そういう意味では最初の量子哲学者といったほうがいい。だから、そういうボームに注目するのはそのころニューエイジ・サイエンティストとよばれたベイトソン派の連中が多かった。カリフォルニア大学バークレー校のフリッチョフ・カプラなどがその代表的な一人だった。

そういうボームに、カリフォルニア派に劣らずおっちょこちょいのぼくもいっかな惹《ひ》かれたのではあるけれど、その一方でちょっぴりだが、ボームに対しては重要な注文もあった。今夜はその注文を書きたいために、ボームの思想をさらっと案内する。注文は最後に一言加えるだけにするけれど、ぼくが何を言いたいかはそれで十分に伝わるだろう。


相対性理論と量子力学は世界の描像に対する接近方法は異なるが、世界を分割不可能な全体として見ようとしていることでは一致している。物質と時間と空間が分かちがたいだけでなく、その光景を見ている観測者も世界の一部にくみこまれていると見る。ボームはこのことを「流動運動する分割不可能な全体性」とよんだ。

ボームは部分と全体を分けたくない。断片的記述と世界的記述を分けたくない。断片化は世界観を中断するもので、ときに固定化に陥りかねない。だから部分と全体を分けたくない。分けたくないだけではなくて、そのあいだに間断なき「流動」(flowing)があると考えたかった。そこには分断がない。この流動は物質の運動であって、時間の流れであって、空間の継続でもあるが、ボームにとっては思考そのものの様式の問題で、かつまた言語の様式の問題でもあったのである。

もともとボームはボーアのコペンハーゲン解釈にいくつかの疑問をもっていた量子力学者である。物質が「宇宙↓天体↓重力↓気象↓物体↓分子↓原子↓原子核↓粒子↓素粒子↓……」というふうに、どこまでも分割されて「質的無限性」をもつことに名状しがたい疑問をもっていた。つまりボームは量子力学の現状に不満があったのだ。

ぼくが『現代物理学における因果性と偶然性』とともに関心を寄せた一冊にテッド・バスティンが構成して柳瀬睦男さんらが訳した『量子力学は越えられるか』(東京図書)があった。一九六八年にケンブリッジでおこなわれたコロッキウムの記録なのだが、まとめ役のバスティン、論客のヴァイツゼッカー、ブーツストラップ理論のチューらとともにボームも参画していて、それぞれがなんとか量子力学の新しいパラダイムに向かおうという姿勢を見せていた。

その姿勢の根底には、物質が流動しつづけて変化をしているその状態を、「電子」「電流」「抵抗」といった概念で分割したくないという見方があった。分割不可能な流れを想定したいという見方だ。この見方はボームに一貫している。しかしそれには、ボーム自身が新たに挑戦しなければならない問題もあった。ボームは量子力学の限界を考えていたのではなく、量子力学を語る「言葉」に限界を感じていたからだ。

たとえばラテン語やギリシア語では、健康（health）と全体（hale）は同じ語源になる。神聖（holy）と全体（whole）も同じ語源だ。それなら神聖と健康を分断してはいけないはずだった。また、理論（theory）と劇場（theater）も同じ語源で（テオリアから派生した）、どちらも世界を見るためにある。

これらは「世界の見方」においてつながっている。ここまではいい。ようするに名詞はうまく選びさえすれば、そしてその語源の連鎖を看過しないようにしさえすれば、なんとかつながっていく。

けれども世界中の言語がほぼ採用している「主語―述語―目的語」という言述の様式

(mode) となると、どうか。この構文の様式で語られていることは何でも正しいとされすぎてはいないのか。その意味は受け取るほうがちゃんと理解すればいいと考えられすぎてはいないだろうか。とくに他動詞をつかうときは、空間を隔てた客体に行為や作用を及ぼすことになる。これは思考を言語の様式が縛ってはいまいか。

たとえば英語で"It is raining."というばあい、雨を降らせているのは主語の"it"ということになる。この"it"は何なのか。これでは雨と主語とをいったん分離してしまったのではないか。どうしても「主語—述語—目的語」にしたいなら、"Rain is going on."だろう。天気の話程度ならこれでもいいかもしれないけれど、科学者が物理現象を語るときにもそうなっていることが少なくない。「素粒子は相互に作用をおよぼしあっている」というときも、科学はこの問題に立ち会っている。

素粒子という存在は、宇宙の全体的な場の運動における相対的に不変な形式をあらわしている。だから「素粒子は相互作用している」のではなく、「素粒子は互いに混じり合って相互浸透している継続的な運動である」と言ったほうがまだしも正確なのだ。もうすこし厳密にいえば、「素粒子は互いに混じり合って……継続的な運動で……そのような運動を見ている観測者にとってもそう見えるもの」と付け加えたほうがいいにちがいない。

ただし、こんなことでは理科の言葉を厳密につなげようとして、いたずらに複雑でまわりくどい表現を強いることになるだけだ。ボームは物質の運動の全体と主客を分けないでもっと「流動」として捉《とら》えたい。それならそのような「流動」をあらわす物理的な言葉の様式があればいいはずだ。

ぼくはこのボームの気持ちをとてもよく理解できたけれど、物理学者のボームが「流動」のための言葉の様式の開発に挑戦するなどとは予想だにしていなかった。ところがこの科学者はあるときそれに挑んだのだ。それを「レオモード」（流態）という。

ボームが「レオモード」という言葉の様式に挑戦していたらしいことは、一九七九年にコルドバで開かれた「科学と意識」というコロッキウムから伝わってきた。このコロッキウムは『科学と意識』シリーズ（たま出版）として竹本忠雄さんが監修して全五巻に翻訳刊行された。

このコロッキウムはフランス語で"Science et Conscience"というタイトルがついている。「シィアンス・エ・コンシィアンス」は「知」をあらわすラテン語"scientia"を両含みしていてちょっと洒落《しゃれ》ていた。ボームのほかにブライアン・ジョセフソン、ユベール・リーヴズ、ポール・ショシャール、カール・プリブラム、エミリオ・ガルシア＝ゴメス、井筒俊彦、ジャン＝ピエール・シュニッツラー、フリッチョフ・カプラ、キャスリーン・レインほか総勢一〇〇名近くのハイパージャンルの研究者たちが結集した。「科学がついに意識をとりこもうとした」と騒がれて有名になったコロッキウムだった。

ボームのレオモード（rheomode）は、「主語―述語―目的語」の支配がおこす思考の断片化と分断化を脱するために、動詞変化を主要なモードとして記述できる方法を試みようとしたものだった。

レオモードというアイディアについては『断片と全体』（工作舎）にも、本書『全体性と内蔵秩序』にも自己解説している。どういうものかというと、物理学に必要なレオモードという〝分割しにくい思考言語系〟をつくろうというものだった。

そのごく一部を紹介すれば、たとえば〝relevant〟（妥当）という言葉がある。科学ではしょっちゅう使う重要な用語だ。AとBの現象や状態が互いにレリバントであるかどうかは、ときに決定的な科学の成立を左右する。

この言葉は〝relevate〟（妥当する）という動詞から派生しているので、〝elevate〟（上げる）と同様に「そこに注意を引き上げる」という意味をもつことができるだろう。それならそこには〝levate〟（持ち上げる）という言葉が近接していい。そうすると〝relevate〟はきっと、思考や言語によって示された特定の文脈に「ふたたび注意を入れこむ」という意味をもつだろう。ということは〝relevation〟といえば何かの現象が再帰的思考のモードになったことを示し、〝ir-relevation〟はそこから逸脱していくことを意味するはずだ。

こんなふうに、ボームはもっぱら動詞を語根とする一連の流態的《レオモード》な言語構造そのものをつくっていけば、科学にとってかなり重大な、たとえば〝relevant〟に関する言述や議論を分断することなく進められると考えたのである。

もうひとつ、例を紹介する。いまは誰もが知っているビデオ(video)はラテン語の動詞〝vidēre〟から派生した言葉である。映像になったものを見るという意味がある。そこでここに試みに〝vidate〟という動詞をつくってみる。これはさきほどの〝levate〟(持ち上げる)の〝-ate〟に準じて、たんに見るというよりも、注意を持ち上げながら見ること、すなわち認識を喚起して見るという意味をもつ。

そこでここから〝revidate〟を派生させて再認識や再試験する行為を流態言語にあらわしてみると、たとえば〝revidant〟などという言葉がつくれる。〝relevant〟に共鳴して、「再認識・再試験してみると適合していた」という一連の行為を切れ目なくあらわすことになろう。そうであるなら〝revidation〟はそうした認識の継続状態に対応する物質運動状態であろうし、〝ir-revidation〟はその注意が逸《そ》れるような状態なのである。そして、ここは詳細を省略するが、たとえば〝divide〟(分割する)はこれら〝video〟群の認識を対象としても分断するということになるはずなのだ……。

認識や認知の分割をすることなく、数式を使うこともなく、対象についての思考を一貫した適切な言語によって進めたいという願望は、哲学者や認知科学者なら一度は抱くものだろう。しかしそれを量子力学者が試みるという例はあまりない。ボームはそれを試みた。本書には不十分ながらも、そのことに挑戦した計画の一端が書いてある。

　こうしてボームは本書の表題ともなった「内蔵秩序」というものに向かっていったのだ。本書の骨法にあたるところだ。


内蔵秩序という日本語訳が妥当かどうかはわからない。原文ではインプリケート・オーダー（implicate order）が元の用語で、これはエクスプリケート・オーダー（explicate order）に対比させられている。本書の訳者の井上忠はこちらには「顕前秩序」をあてた。内蔵秩序も顕前秩序もややわかりにくい。『科学と意識』を訳した竹本忠雄はインプリケート・オーダーを「暗在系」として、エクスプリケート・オーダーを「明在系」と訳した。こちらのほうがレオモードふうにはずっと洒落ているが、その後の日本での議論を見ているかぎり、まだ定着していないようだ。

　訳語はさておき、インプリケート・オーダーとは本来の流動的全体性が“implicit”に“enfold”されている秩序ならぬ秩序のことを示す。包みこまれているため秩序が隠れたままになっている。これに対してエクスプリケート・オーダーは“unfold”されて、いわば外部に巻き上がっている。

たとえばテレビの電波は空気中ではインプリケート・オーダーとして伝播して、受像機で“unfold”されてエクスプリケート・オーダーになる。コンピュータのデジタル信号も、脳における電気化学信号システムもおおむねそうなっている。ボームはもっと適切なメタファーとしてホログラフィを選んだ。レーザーによる結像ホログラムにはまったく明示的な像がなく、その情報のいっさいが隠されているのだが、そこにふたたびコヒーレントなレーザーが照射されることによって、それまで包みこまれていた情報が巻き上がってホログラフィとして顕在してくるという例だ。

このようなメタファーをボームが選んだため、ボームの内蔵秩序論はしばしば「ホログラフィック・パラダイム」とよばれた。これはそのころ脳科学者のカール・プリブラムが『脳の言語』（誠信書房）で仮説したホログラフィ仮説とも対応していた。

問題は世界を記述するにあたって、何をエクスプリケート・オーダーにして、何をインプリケート・オーダーにするかということである。

デカルトはすべてを明在系にするために、直交座標（デカルト座標）という思考方法と表示方法の直結を好んだ。ニュートンも同じ立場に立った。量子力学にはこれはあてはまらない。量子のふるまいはエンフォールドされた確率的な潜在性のうちにある。そもそもものの動きはインプリケートされている。それをエクスプリケートさせると、アンフォールドされて波になったり粒子になったりする。さらに量子力学は、インプリケートされた量子のふるまいを観測しようとすると、本来のふるまいが記述できないことをあきらかにした。これがハイゼンベルクの不確定性原理である。

ボームはそうした量子力学をもっと充実して語ろうとしているうちに、「物質と意識の分断できない関係」を記述することこそが重要で、そのためには何をすればいいのかというほうへ問題を発展させていったのだった。物質と意識の分断できない関係を記述するとは、不確定性原理や観測の理論が要請する「観測者を含んだ物質の運動の全体性」を記述するということにあたる。

ここに一個の種子があるとして、これを土に蒔《ま》いたときに、科学者はこの種子がもつ将来的全体像をどのように語ればいいのか。物理学というものはラプラスの魔をこえて、一個の粒子の過去・現在・未来を次々に記述できるようにすることを目標にしてきた。また、それがニュートン力学においてはたせると確認してきた。しかし量子力学と相対性理論はこれをゆさぶって壊してしまったのである。

これからの科学者は、おそらく素粒子には包みこまれたインプリケート・オーダーがあって、それが内部の動向を表出させてエクスプリケート・オーダーになっていくと説明するしかないのではないか。そのことを連続的に表現できる一連の数式と一連の言葉を用意するしかないのではないか。だとしたらそのような暗在系と明在系を連続的に語れるような物理学にとりくむべきである。これがボームの立場なのだ。

もっとわかりやすくボームの考え方を集約しよう。ボームは、物理学が電子とか素粒子とかと名付けているものは、インプリケート・オーダーとエクスプリケート・オーダーの交点の産物だと言いたいのである。量子力学が証《あか》したことはそのことだったと言いたいのだ。

ボーム自身はこう書いた、「量子の文脈では、われわれに知覚できる世界の諸相を支配する秩序は、さらに包括的なインプリケート・オーダーから生じるものでなければならない」。そしてすぐにこう付け加えた、「そのインプリケート・オーダーの中ではあらゆる現象を定義してはいけないのである」と。

これをぼくなりに補足するのなら、インプリケート・オーダーはそれ自身において自律的に情報を編集しているコンティンジェント（偶有的）な自己編集体なのだということだろう。そして、その自己編集体から何かを〝explicit〟に取り出そうとしたとたん、それはインプリケート・オーダーではなくてエクスプリケート・オーダーになるということなのだ。では、それは断片を嫌って思考を連続的な「流動」にしたことによって生じた考え方なのか、それはボームにしてはちょっと慌てすぎた結論だったのではないのか――というのが、ぼくが冒頭に書いておいたボームに対する注文である。

ぼくは量子力学にふさわしい自然言語というものがあるとしても、それによってすべての部分や断片を全体の秩序にくみこんだものとしてあらわそうとするのは無理があると思っている。むしろ部分や断片のための言語をのこしたままに現象の文脈を記述するほうが、量子力学らしいと思うのだ。

科学は言語になりつづけられないが、言語と無縁でありつづけるわけにもいかない。科学者が言語の様式に挑戦することは、今後も必要なことである。それはゲーデルの不完全性定理やヴィトゲンシュタインの後期哲学でもあきらかになったことだった。そこに挑戦したボームの勇気は稀有《けう》だった。

しかしながら、言語はそれ自体がきわめて不備なものでもある。言語の出来ぐあいに過度な期待をしてはいけない。科学の不備をそういう不出来な言語で補うにはそもそも限界がある。逆に、言語にはその成り立ちと機能性において、科学とは異なる有効なところもある。それは、「言語は言語で埋め尽くせないようになっている」ということだ。言語の本質には断片と全体に整合性をもたないという不思議が隠れているということなのだ。

言語はその内側に、全体に連ならない断片性をかかえもっているというところが言語のおもしろさなのである。そこがボームにはわからなかったようだ。

それゆえ、科学の譜面《スコア》はすべてが言語の歌にはならないし、すべてを歌にすることがかえって科学の誤りになることもあるわけなのだ。デヴィッド・ボウイになぞらえていえば、そこは歌にまかせないで、ギターやドラムや衣裳《いしょう》にまかせるべきこともあったということになる。

第一〇七四夜　二〇〇五年十一月七日

参照千夜

二二〇夜：ハイゼンベルク『部分と全体』　八七九夜：稲垣足穂『一千一秒物語』　一〇四三夜：シュレーディンガー『生命とは何か』　七五六夜：フォン・ヴァイツゼッカー『ゲシュタルトクライス』　三九二夜：竹本忠雄『マルローとの対話』　一〇〇九夜：ラプラス『確率の哲学的試論』　八三三夜：ヴィトゲンシュタイン『論理哲学論考』

「自発的対称性の破れ」がおこって、宇宙物質に「質量」があてがわれたのである。

浅井祥仁
ヒッグス粒子の謎
祥伝社新書　二〇一二

ときどきこういうことを考える。科学では「あてがう」という考え方や、「あてがって見る」という見方がとても重要だったということだ。たんに補うのではない。補助線を引くのでもない。付加でもない。ひとつのレイヤーの中での組み換えでもない。

そこに欠如しているもの、あるいはそこに見えていなかったものを、あえて別の仮想の「はたらきぐあい」として導入する。レイヤーをこえたりまたいだりして導入する。ときには考え方を「誂《あつら》える」といってもいい。

こうした誂えには設計仕様や仕立てがデザインされ、その「はたらきぐあい」も編集されているはずだから、このような見方をとることが、ときに次の時代のまったく新しい科学をつくりだすことがおこりうる。科学史というもの、そのように先行モデルに後行モデルをあてがい、誂えてきたのだったろう。

われわれは文明発祥このかた、さまざまな観念像や社会像をもってきた。たとえば国家とか真空とか良心とか、アトムとか疲労とか無意識とか、原理とか市民とか気温とか病気とか。これらは概念化もおこしてしまうので、いったん使いはじめるとなかなか拭《ぬぐ》えない。とくに自由なんて、いちばん厄介だ。

概念像と概念は、歴史のなかで「ことば」や「価値感覚」として定着し、ときには社会作用として常用され、それなりの使い勝手をもってきた。そこには、自然界に属するものもいっぱいまじっている。運動、重力、常緑樹、サル、マグロ、お天気、海流、アルカリ、花《か》崗岩《こうがん》、腐食、カビ等々。

しかし、科学がこれらの「ことば」をもった自然界の観念像や社会像に入りこむと、その構造やメカニズムやふるまいを決定しなければならなくなる。それらはやがて確定的にもなる。

科学では概念や運動像の多くを「数学の言葉」で説明し、その再現立証性を求められる。けれども真空も疲労も、重力もカビも、その構造や機能や属性なんていくらもありそうなので、いったい数式の部品のどこがそれらにあてはまるのか、決めがたいことも少なくない。さらにその現象の「それ以前」と「それ以降」を記述するともなると（運動や変化を勘定に入れようとすると）、因果関係の説明の困難さは並大抵ではない。

こういうとき、すぐれた科学者たちは思い切って発想を切り替える。仮の概念を導入して、その仕様を想定し、その部品は数式のどこそこをあらわしていると考える。

特殊相対性理論と量子力学を合わせたディラック方程式には「反粒子」という概念が想定されている。このような仮の概念からは、われわれが歴史のなかで培《つちか》ってきた観念像ではつかめないものがむにょむにょ、むにょむにょと入ってくる。反粒子からは「反物質」という数学的な概念が派生するのだが、そんなものは見たこともないし、何かの比喩《ひゆ》にもなりにくい。「仮り」は「借り」なのだ。

しかしながら、必要な「借り」だと思って導入すれば、その「借り先」を考える気にもなってくる。ここが重要だ。概念の「借り」は「借り先」の相手や場を想起させるのだ。そしてそこに「あてがい」や「誂え」をおこしていくことにもなる。この作業仮説こそが、それまでの科学理論や既存の観念像にまったく新たなフィジカルイメージを躍如させるのだ。それは、誰も見たことがない洋服や大工道具や工業部品のようなものでもある。

ぼくはこのような見方を援用して編集工学の基本を考えてきた。また、これを十年ほど前から「見方のサイエンス」と名付けてきた。そこには、ときに強烈な「ないものねだり」が必要になる。そこにはまた「欠如の実在」がリアリティ・ダンスを踊るときもある。今夜はその話をしてみたい。

去年の二〇一二年七月四日、世界の新聞やテレビでトップ扱いの科学ニュースが駆けめぐった。ヒッグス粒子とおぼしい新たな素粒子の〝発見〟が発表されたのだ。

エディンバラ大学のピーター・ヒッグスが一九六四年の論文で予言した素粒子だった。正確には〝発見〟ではなくて、装置の中で〝作り出された〟のだけれど、その年の内にヒッグス粒子と同定された。

創出と発見と同定をやってのけたのはＣＥＲＮ（ヨーロッパ合同原子核研究機構）である。そのセルンのＬＨＣ（ラージ・ハドロン・コライダー）という陽子衝突型の大型加速器が、この快挙を仕出かした。ＬＨＣはフランスとスイスにまたがるジュネーブ郊外にある地下一〇〇メートル、円周二七キロの世界最大の加速器で、研究機構ＣＥＲＮの中にある。十五年以上の歳月と八〇億ドル以上の資金をかけて開発されたコライダーである。

光速に近いスピードまで加速した陽子と陽子を衝突させて、ビッグバン直後に似た高エネルギー状態をつくりだし、そのとき出てくる粒子を次々に検出器にかけて精密に測定する。ＬＨＣは10のマイナス12乗秒後のエネルギーに相当する状態を人工的につくりだすことができる。温度でいえば摂氏1京《けい》度、10の16乗度にあたる。

発見されたヒッグス粒子そのものの質量は126GeV前後だった。GeVはジェブと読んで、ギガ電子ボルトの単位になっている。ギガは10の9乗である。GeVはエネルギーの単位だが、質量を示してもいる。これはアインシュタインの$E=mc^2$にもとづくもので、エネルギーがわかれば質量がわかるという式によっている。

こういう怪物のような装置をぶんぶん使って、素粒子物理学者たちは本気であらまほしき「ないものねだり」をつくったのだ。

おっつけヒッグス粒子は見つかるだろうと以前から言われてはいたのだが、それがやっと的中したわけだ。ギョーカイ挙げての「よし、よし」で、ぼくにとっては実は「しめ、しめ」だった。「よし、よし」はやったぞ、すごいぞという意味だが、「しめ、しめ」はこれで南部陽一郎このかた提唱されてきた「自発的対称性の破れ」をふくむスーパーシンメトリー仮説（超対称性理論）とエクストラ・ディメンション仮説（余剰次元理論）を組み合わせた〝新たな物理法則〟がいよいよ全面的に脚光を浴びることになるだろうという意味だ。

〝新たな物理法則〟というのは、素粒子物理学で長らく「標準モデル」あるいは「標準理論」とも言われてきた物理法則のことで、この程度の物理法則が成立するくらいでなきゃ、とうてい「見方のサイエンス」の最もおもしろいところなんて説明できないじゃないかと思ってきたものだ。

予言されていたヒッグス粒子には、素粒子の標準モデルで設定されているものと、ワインバーグとサラムが電弱理論の枠組にあうように誂えた粒子があるのだけれど、どちらにせよ、それは欠如の実在を導入したものだった。その欠如の実在が発見されただなんて、すばらしい。それが大手をふって説明できるようになって、よかった、よかった、「しめ、しめ」なのである。

こういう気分は、その消息がやってきたところを話そうとすると、いささかぼくの個人史的な事情の話になってしまう。

この事情は三五年前の一九七八年に、工作舎の「土星の間」で、高エネルギー物理学の国際会議で来日中の南部陽一郎さんとデイヴィッド・ポリツァーと「素粒子の宴」という対話をしたときから始まっていた。このときの対話は十川治江のみごとなナビとともに同名（工作舎）の本になっている。南部さんの本が初めて一般書になった例だ。

ついではそれから二十年ほどたったころ、レオン・レーダーマンの大著『神がつくった究極の素粒子』（草思社）を寝ころびながら読んだあたりから、あらためて「素粒子の行方」についてのむらむらした気分が疼《うず》いていた。

こういうふうになったのは、ぼくがもともと湯川秀樹さんに私淑して、三十代前半にその「非局所場」や「素領域」の考え方にやたらにインスパイアーされていたからだった。ゲージ理論がよくできていたので「素領域」の仮説は挫折《ざせつ》したのだが、それがかえってぼくに何かを気付かせたのだった。

さらにあれこれを考えたり、あれこれを読みつまんだりするうちに、こう言うのはお笑い草だろうけれど、どうしてもヒッグス粒子とその周辺の議論が立証されてもらわなければ困るぞ、そのとき南部理論が忘れられてはもっと困るぞと思うようになっていたのである。というわけで、ごくごく概観をなぞるだけだが、南部さんについて少し話しておく。

南部陽一郎は、戦中は陸軍の短波レーダー研究所に、戦後まもなくは東大の研究所に寝泊まりしながら研究者としてスタートし、プリンストン高等研究所からシカゴ大学に移るに及んで、その特異な発想力を発揮しはじめた日本が誇る理論物理学者である。

シカゴ大学に移った翌年のこと、超伝導のしくみを仮説するBCS理論というものが発表された。BCSはアメリカの物理学者バーディーン、クーパー、シュリーファーの頭文字をとったものだ。

これはかんたんにいうと、超伝導の状態では、電子どうしがペア（クーパーペア）をつくって凝縮し、素粒子間を媒介する粒子（ボソン）のような作用をするため、伝導体の内部の格子構造を失わせた超流動のように見えるのではないかというものだった。

南部さんはこの理論の波動関数で電子数が保存されていないことを訝《いぶか》り、超伝導流体が電子などの素粒子数を保存していないのは、自然界の基本的な対称性に違反しているのではないか、それはどうしてか、そこには何かまだ見えてこないしくみがはたらいているのではないか、ということを考え始めた。そしてそこには、「質量のない集団モード（collective mode）」がおこっていると結論づけた。一九六〇年のことだった。

超伝導におけるクーパーペアというのは、超伝導物質が超低温になるとき、内部を移動する電子が近くのプラスイオンを引き寄せ（ペアになって）、後続の別の電子を通過しやすくする現象をいう。集団モードとは、ある系をつくる粒子の大半の低エネルギーが励《れい》起《き》状態にあるとき、そこに集合運動がおこることをいう。


南部さんはBCS理論から見えてくるものには、見えてこないものが含まれるのではないかと考えたようだ。電子のクーパーペアがボソンに凝縮すると説明されるのは、そこに粒子間にひそんでいた対称性が破られたからではないのか。その破れがボソンという新粒子として出現してきたと考えたほうがいいのではないか。そのように見た。

こうして生まれたボソンには質量がない。そこで南部さんは集団モードによって励起状態（エクサイテーション）のようなものがおこっているのではないかという仮説を提唱し、さらにはそこで引き金を引かれた対称性の破れが、宇宙における大半の粒子に質量を与えたのではないかという、画期的な仮説を提起したのだった。

これが「自発的対称性の破れ」(spontaneous symmetry breaking) という発想が出来《しゅったい》した瞬間だ。まさに「ないものねだり」が、原初の宇宙の粒子たちに「質量」というこれまで人類が漠然と抱いてきた観念像に対して、フィジカルな根拠をもたらしたのだ。

翌年、イギリスの理論物理学者ピーター・ヒッグスがエディンバラ大学の研究室で南部論文を読み、フェルミ粒子が質量をもつのは対称性の破れによるものかもしれないという展望をもった。一九六四年、ヒッグスは二本の論文を書いた。一本目は受理されたが、二本目は物理学の可能性が示されていないということで戻ってきた。

このときの論文の査読者だったのが南部さんだった。南部さんはヒントを出し、ヒッグスはそのヒントにもとづいて、「場の励起が海の波のように新しい粒子を生み出している」という、つまりは「ないものねだり」の一文を二本目の論文にくっつけた。論文は通った。そして、これこそがのちに「ヒッグス機構」(ヒッグス・メカニズム) とよばれ、それをヒッグス場とみなし、そのヒッグス場からヒッグス粒子を予言することになった論文になったのである。

ヒッグスはノーベル賞授賞後のインタビューで、「ヒッグス粒子は南部が予言したようなものだ」と言った。南部陽一郎がヒッグスをエクサイテーション（励起）させたのである。ヒッグス粒子を予言したのは、ヒッグスに重大なヒントを与えた南部陽一郎その人だったのだ。

しかし、ヒッグス粒子が〝実在〟するかどうかという問題は、こうした仮説だけでは証《あか》されない。大型加速器をぶんまわさなければならなかった。

レオン・レーダーマンはアメリカのフェルミ国立加速器研究所の所長だった名うての研究者で、大型加速器を世界で最初にぶんぶんまわした男だ。ミューニュートリノの発見で一九八八年のノーベル賞をとった。〝笑う所長〟の異名をとるほど愉快な素粒子物理学者でもある。

だから『神がつくった究極の素粒子』（草思社）もおおいに読ませた。上下二冊ぶんの上巻には、素粒子物理学の基礎や大型加速器のしくみをどのように工夫したかということが書いてあって、下巻の後半にヒッグス粒子が出てくる。いったん出てくると、高らかに「神の素粒子」として崇《あが》められる。これさえあれば標準モデル仮説は完成する、そう書いていた。しかし、レーダーマンは理論の奥にはあまり関心がなかったようだ。素粒子の標準モデルが実証されればよかったようだ。

標準モデル仮説はゲージ対称性をもとにしている。ワインバーグとサラムが稠密《ちゅうみつ》につくりあげたゲージ理論にもとづいている。ゲージ対称性は粒子の質量がゼロであることを要求する。

素粒子の大半は質量をもっている。それゆえ標準モデル仮説がちゃんと成立するには、ゲージ対称性を満たしながら、かつ素粒子の質量を説明できる何かが必要だった。レーダーマンはヒッグス粒子という実体があることで、その何かに決着がつくなら、これは「神の素粒子」として崇め奉られるべきだろうと意気揚々になった。残念ながらレーダーマンはヒッグス粒子発見のニュースを知ることはできなかったけれど。

ちなみに、アメリカでＬＨＣに似たＳＳＣという大型コライダーを作る計画をたてたことがある。レーガン政権時代だった。とびきりの頭脳集団が集められた。それがクリントン政権になって資金上の都合でお蔵入りになった。このときこの頭脳集団が大量に解雇され、当時の金融機関やそのシンクタンクに雇用された。これが、ウォール街で高度な統計確率論をふりまわす金融クォンツになった連中の前身なのである。ＳＳＣの中止がＩＴ金融バブルの役者たちを用意したのだった。

南部、ヒッグス、レーダーマンが依拠したくなった素粒子の標準モデルには、どんな考え方が生きているのだろうか。以下、その話に入ってみたい。

そもそも宇宙というもの、光とその光から生まれた物質でできている。知られているように、光には質量がない。ということは、もしも当初の宇宙がそのまま発展していたら、あらゆる基本物質(素粒子)は光速で飛びつづけることになり、質量をもつことがないままになっていた。しかし実際にはそうならなかった。およそ一三七、八億年を経過する宇宙は、そのどこかで多様な物質をつくりだしたのだ。質量がなかった素粒子に質量が生まれたのだ。あるいは「あてがわれた」のだ。では、なぜ、どのようにして質量は生まれたのか。

この謎を解く鍵《かぎ》になっているのが「対称性の破れ」と「ヒッグス機構」だった。ヒッグス粒子は「質量の起源」なのである。いいかえればヒッグス粒子は自然界に「重さ」がそなわったのはなぜかという根本問題にかかわっていたわけだ。

どう、根本問題にかかわっていたのか。その経緯を仮説したのがゲージ理論を下敷きにした「標準モデル」論である。素粒子に関するスタンダードモデルだ。

この標準モデルは、アップ・チャーム・ダウン・ボトムなどの六種類のクォーク、電子やニュートリノなどの六種類のレプトン(軽粒子)、光子やZ粒子やグルーオンなどの四種類のゲージ粒子、そしてヒッグス粒子で構成される。ヒッグス粒子以外はフェルミ粒子(フェルミオン)と総称される。

標準モデルがいかによくできていようと、素粒子のファミリーにそんなきっちりした構成表があるだなんて誰も信じなかったのだが、一九七四年十一月にチャームクォークが発見されると（これも大ニュースだった）、それからはゲージ粒子のW粒子とZ粒子が、トップクォークが、さらにはタウニュートリノがというふうに次々に発見されて、標準モデルの有効力がにわかにキラキラ輝く説得力をもちはじめた。

ちなみにチャームクォークの発見が十一月だったので、素粒子ギョーカイではロシア革命に倣って、この事件を「十一月革命」などと言っている。

念のため、ごくごく基本的なことを書いておくが、われわれの世界は大きい物質のサイズで見えている。その物質は分子でできていて、その分子は原子の組み合わせでできている。水は水素原子二個と酸素原子一個でできている。原子の大きさがだいたい10のマイナス10乗メートルである。

原子は原子核とそのまわりを回る電子でできている。原子核は10のマイナス15乗メートルだから、野球場を原子だとすると、ピッチャーマウンドにある一円玉ぐらいが原子核にあたる。そのちっぽけな原子核の中に陽子や中性子があり、それらをクォークたちが構成している。陽子はアップクォーク二個とダウンクォーク一個で、中性子はアップクォーク一個とダウンクォーク二個でできている。これらが素粒子だ。

素粒子には大きさはない。大きさがあればその〝中〟があるのだが、そういうものはない。こういう素粒子のファミリーをあらかた想定したのが標準モデルというものになる。標準モデルは一七種類の素粒子を想定し、そのうち一六種類を次々に見つけていったのだが（加速器でつくりだしていった）、最後のヒッグス粒子だけが発見できなかった。

こうした標準モデル仮説が宇宙の当初に向かって告げているだろうことは、次のようなことだ。

今日の宇宙が誕生する以前、その原初の〝前宇宙〟ともいうべきところは真空になっていて、しかしながらたくさんの〝宇宙の種〟のようなものがうごめいていたとおぼしい。ずっと真空のままなら何もおこらなかったのだろうが、何かがおきて宇宙ができたのだから、真空とはそういう何かの前状態のことだったのだ。つまり真空は何かのクセを隠していた。そう考えるしかないだろう。

この〝宇宙の種〟は10のマイナス30乗メートルという、プランクスケールとよばれるほどの超極微のもので、それゆえに〝種〟たちはちょっと生まれては消え、ちょっと消えては生まれていただろう。そこは真空の中のゆらぎのようなものだったろう。

それがある時点で、それらの〝種〟のどれかが加速度的に膨張し（その理由はまだわからないのだが）、だいたい一〇メートルほどの大きさになった。なんだ、その程度でと思うかもしれないが、ところが、これがすでにしてたいへん高いエネルギー状態だった。どんな物質状態も、実はごくごくちょっとした差異やアノマリー（異常）な動向によって、とんでもない現象に変化するものなのだ。相転移もおこる。これは結晶のおこり方を見てみればすぐわかる。宇宙論では、これを「インフレーション」という。

けれどもあまりに高エネルギーだったので、また急速の出来事だったので、水が低いほうに流れるように、エネルギーは今度は低いほうをめざし、このときそれまでの「潜熱」が急激に放出された。これが「ビッグバン」だ。インフレーションが先におこって、ついでビッグバンが惹起《じゃっき》された。

このビッグバン直後の、10のマイナス10乗秒後、きわめて大きな変化がおきて、ここに今日の宇宙マザーができた。しばしば「宇宙は三分間でできた」というのは、この三分間である。このとき質量も生じた。

質量が生じたメカニズムのことを、いまではまとめてヒッグス機構と言っている。対称性の破れもここにおこる。最近のヒッグス機構についての説明はまことに巧妙だ。あらためて紹介しておくと、こうなる。

真空はあるとき「ヒッグスの海」とでもいうべきものになっていただろう。その「ヒッグスの海」にちょっとした素粒子が動こうとして、海の中のヒッグス粒子となんらかの相互作用をおこした。これは見方を変えていえば、真空からの抵抗力をうけたことに相当する。これで素粒子は動きにくくなった。動きにくくなったということは、つまりは質量のカケラをもった。それがくっついたということになる。

　真空中にヒッグス粒子が充満していて、質量ゼロだった粒子は「ヒッグスの海」に隠れていたヒッグス粒子と作用して抵抗をうけ、質量を獲得した。こういうシナリオだ。この海のことを物理学では「ヒッグス場」とよんでいる。

　ここで、あらためて質量とは何かというと、二つの見方で説明できる。ひとつの見方は、光のスピードからどのくらい遅くなるかを示しているという見方だ。慣性質量とよばれる。もうひとつは「重さ」をあらわしている質量で、重力質量とよばれる。

　この二つの質量は高い精度で一致しているというのが、マッハが提唱し、アインシュタインが相対性理論に導入した「等価原理」というものだ。見方は異なるが、慣性質量と重力質量は等価なのである。

　この原理からすると、素粒子は宇宙誕生直後、光と同じスピードをもっていて、当初の質量はゼロになっている。しかしあらゆる素粒子が光のスピードで動いていると、宇宙には何も形成されっこない。宇宙が多様な物質を生じるためには、素粒子が動きにくくなったと考えるしかない。それなら、動きにくいということを「質量がある」というふうに考えるべきなのである。そういう「ないものねだり」をするべきなのだ。

　このような考え方を発展させると、そもそも素粒子は真空でも隠れた属性のようなものをもっていたというふうに見ることができる。それをさらに見方を変えていえば、真空の状態がちょっと〝変〟になってきたことがヒッグス場の変質となり（真空が好みやクセをもったと見たってかまわない）、そこにさしかかった素粒子たちを動きにくくさせ、それをのちのち「質量」とみなすとようになったと、そう、説明してもいいだろう。

このいろいろに説明できそうなことを、南部陽一郎はもっとエレガントに「対称性の自発的な破れ」と説明してみせたのである。何度も強調するようだけれど、ヒッグス粒子の研究は、この南部さんの格別きわまりないフィジカル・エレガンスに導かれて発展してきたわけだった。

南部さんとポリツァーに会い、レーダーマンを読んでから、ずいぶんたった。いろいろな本も渉猟した。最近はドイツのクラウス・グルーペンのよくできた教科書『宇宙素粒子物理学』（丸善出版）をブック・ステーションにして、ポール・ハルパーンの『神の素粒子』（日経ナショナル ジオグラフィック社）、相原博昭の『素粒子の物理』（東京大学出版会）、井上研三の『素粒子物理学』（共立出版）などをちらちら読んだ。

そこへ、去年七月のヒッグス粒子発見のニュースがとびこんできたわけだ。すぐに千夜千冊したくなっていたが、それには南部さんの本を書いてからにしなければいけないなという、そんな律義がはたらいていた。あるいは対称性についての本、たとえば広瀬立成の『対称性から見た物質・素粒子・宇宙』（講談社ブルーバックス）のようなものを先に案内しておいたほうがいいかなとか、また、いやいや、いまなら標準理論の本を紹介するのを先行させたほうがいいなとか、変な順序にこだわっていた。

結局、その余裕もなくずるずるきてしまったのだが、先だって千夜千冊の『ピーター・パンとウェンディ』（偕成社文庫）の紹介で「ほんと」と「つもり」の話を書いたとき、この話を気分の問題ではなく科学の問題にもしておかなきゃならない、それにはやっぱり南部さんやヒッグスや標準理論の本をとりあげておこうと思ったのだ。

こうして数週間ほどは、ブルース・シュームの『標準模型の宇宙』（日経BP社）や藤本順平『小さい宇宙をつくる』（幻冬舎）、ハンツ・ホライスと矢沢潔の『ヒッグス粒子とはなにか』（ソフトバンク クリエイティブ）などにも目を通しながら、自分の甘い腋《わき》をかためていたと思われたい。が、どの本でいくかが定まらない。ともかくはまずはわかりやすいものので、いま述べたような配慮をうまく書いてくれているものを紹介しようと決め、本書『ヒッグス粒子の謎』を選んだのである。

読者諸君もぜひ目を通すといい。ぼくが「あてがい」だとか「誂え」だとか「つもり」だとかを重視した理由についても、いろいろピンとくるだろう本なのだ。

著者の浅井祥仁《しょうじ》は東大大学院の物理学専攻准教授であるとともに、ＬＨＣの実験に参加する日本人グループの物理解析責任者である。まだ四十代だから研究者としては若いけれど、ヒッグス粒子の仮説が生まれた背景から、その発見と同定をめぐっておおまかに一部始終を書いた新書にすぎないようでいて、けっこうよく書けていた。きっと気楽に書いたか、講演で話したものを再構成したのだろうけれど、ヒッグス粒子をとりかこむ理論的な脈絡についての考え方や見方を、とてもうまく説明している。

とくに「超対称性」（スーパーシンメトリー）の考え方と「余剰次元」（エクストラ・ディメンション）の考え方を、南部さんの「自発的対称性の破れ」の見方からつなげて、そこにヒッグス粒子の可能的動向を嚙《か》ませる説明の仕方が、ぼくとしては律義をちゃんと発揮してくれていて、気持ちよかった。フィジカル・センスもいいのではないか。いつかこの著者に会いたくもなった。できればゴートクジISIS「本楼」に呼んで、みんなの前で宇宙の話をしてもらいたい。

では、本書の第三章と第四章から、今夜のぼくの話しっぷりを応援してくれるようなフィジカル・コンテキストをいくつか紹介しておきたい。できれば五月の連休のための鯉のぼりにしたかったのだが、身のまわりの処置をすることが多すぎて、こんな日付になった。あしからず。ちなみに第三章は［真空は「空っぽ」ではない］、第四章は［「粒」の科学から「容れ物」の科学へ］という章タイトルになっている。

今日の理論物理学では、真空は何もない空っぽの状態のものではなく、ヒッグス場になっていると説明される。なぜ真空は空っぽだと都合が悪いのか。なぜヒッグス場という考え方を導入する必要があるのか。

このことを有効な見方だと実感できるには、真空には「好み」があると見たり、真空は「クセ」を隠していると見たり、あるいは「何かがこっそりはたらいている」とみなすといい。

さいわい量子力学にはハイゼンベルクの不確定性原理というものが作用していて、とても短い時間の現象ならエネルギー上の問題についての記述でウソをついてもいいことになっている。位置を示そうとすると運動量はおあずけになり、運動を追いかけると位置がわからない。たとえば、光は10のマイナス34乗のレベルでは、電子と陽電子になるけれど、これはウソで、また元に戻る。量子レベルではそういうことがしょっちゅうおこりうるのだ。

著者の浅井は、このことを説明するのに巧みに「ウソ」という言い方をしているが、これは光が電子や陽電子になる「つもり」をもっているというふうに言い換えてもいいと、ぼくは思う。「ウソ」も「つもり」も複雑な構想にはどうしても必要な思考なのだ。そこで、この「つもり」をいろいろ集めていくと、真空にはこうした「つもり」ばかりが潜伏しているのだと思えるようになる。これが「場」というものなのである。

大きな真空の全体から、ある粒子が変化する周囲だけを「場」というふうにみなすのは、これもまたウソといえばウソなのであるが、痛快なことに、ここからはいろいろな〝見立て〟がつくれる。たとえば、このような極限的な現象を、場とその場の中の〝何か〟の励起だとみなして、これで数式をつくっていくと、空っぽではない「真空の偏極」をあらわすことができたりもする。

さらには、この数式を量子論的に解いていくと「発散」というめんどうがおこって、いったんはこれは失敗したかなと思えるのだが、これも工夫次第で解決できることがわかってくる。それがまさに朝永振一郎とジュリアン・シュウィンガーの有名な「くりこみ」理論というものだった。発散する量を数式の中からピーター・パンの魔法のように消すことができるのだ。

が、これは魔法なのではない。ティンカー・ベルの光の粉をまぶしたのでもない。これこそは自然をどのように見るかという「見方のサイエンス」というもので、実は科学の大半はそのような見方の導入でのみ成り立ってきたというべきなのである。

こうして真空には、すでになんらかの「つもり」が生じていて、その重要な「つもり」のひとつが、ヒッグス場における対称性が破れようとする動向だろうと見立てたのが、南部陽一郎の仮説だったのである。

真空が根本的な対称性の破れにかかわっているらしいということは、自然界の奥の奥にはたんに物質や粒子の〝種〟があるだけではなくて、対称性にかかわる特性もひそんでいるということを推測させる。

すべての粒子はスピンという回転性をもっている。スピンは角運動量ではかる。フェルミ粒子はスピン1／2で、こちらは主に物質を形づくっている。ボーズ粒子（ボソン）はスピン1で、光やヒッグス粒子がそうなっている。

粒子はこうしたスピンだけではなく、向きももっている。右巻き・左巻きという向きだ。これが自然界が対称性をもつという起源にある特徴だ。右巻きと左巻きは鏡に映せばわかるように、ふつうなら鏡像関係になる。これを物理学では「パリティ」という。物質や粒子に右巻きと左巻きがあっても、そこにはパリティが保存されているはずなのだ。自然界では物質によって、なぜか右巻きか左巻きかが決まっている。アミノ酸はすべて左巻きなのだ。これを勝手に変えてはいけない。これをカイラル対称性を守るという。

ところが、素粒子の弱い相互作用ではパリティは保存されないということがわかってきた。リーとヤンが発見したことだ。ある条件下では、対称性が変わるのだ。

かくて弱い力はスピンが左巻きの粒子にしかはたらかないことになり、ニュートリノなどが左巻きにしかくっつかないことがわかってきた。けれども粒子が質量をもつと、光のスピードより必ず遅くなる。そうすると、光のスピードで運動しているものから見ると、ニュートリノを追い越す前と追い越した後では、スピンの向きは変わらないが、運動の方向が逆になる。ということは光のスピードで追い越すと、左巻きだったニュートリノのスピンが右巻きになってしまうのだ。

このように「光のスピードで追い越す」ことをあらわすには、物理学の数学では「ローレンツ変換」という手続きをつかうのだが、粒子に質量があると、このローレンツ変換が左巻きになったり右巻きになったりするという、説明のつかない不都合がおこった。不都合というのは、従来の説明のままではどうも不都合なことになる、説明がつかないということだ。

そこでここに、「真空にはいままで見えなかった役割がひそんでいた」という考え方を持ち出すのである。真空が左巻きの粒子から弱い相互作用の電荷をもらい、弱い相互作用を感じない右巻きの粒子に変えている、真空は選《よ》り好みをしているにちがいない、そう、みなすのだ。そしてこういう見方こそが、総じてはヒッグス場がフェルミ粒子と相互作用をおこしているという上等な説明に昇格するわけだった。

以上のように見ていくと、ヒッグス粒子は粒子という名をもっているとはいえ、他の標準モデルの素粒子とは異なって、ヒッグス場としてはむしろ「容《い》れ物」のような役割を担っていて、その容れ物ごと質量を与えるヒッグス粒子がマネージメントされているのだろうというふうに、解釈できる。

これはおおざっぱにいえば、さまざまな対称性（スピンや向き）があったとしても、これらを包む「超対称性」（スーパーシンメトリー）のような、もうひとつ大きな見方を導入してもいいだろうということなのである。この見方は、スピンの概念にも変更を加えてくれる。スピンとは空間の見え方を示していたというふうになるからだ。

超対称性の理論は、いま急速に組み立てられ、検証されている最中だ。まだ充分なものになってはいないのだが、ここには「素粒子を時空と結びつける」という新たな展望も生まれうる。

ふりかえってみれば、もともと空間や時間の並進対称性がエネルギーと運動量の保存則をつくってきたのである。空間の等方対称性が角運動量の保存則を支えてきたのだ。だったら、時空という容れ物にそなわっている超対称性があったっていいはずだ。ここではふれないが、この考え方から仮説できる超対称性粒子（超対称性物質）とでもいうものが想定できると、ひょっとすると、これまでうまく説明がつかなかった宇宙の四分の一を占めるといわれるダークマターの〝正体〟についても、なんらかの有力な仮説が生まれうるとも思われる。

最後に、余剰次元の話をしておかなければならない。

われわれは、ついつい三次元プラス一次元（時間）という四次元の世界に生きていると思っているのだが、この世界にはもっといくつもの次元があったっていい。それは「隠れた次元」というもので、どこかに折り畳まれているか、あるいは何かにへばりついているのではないかと想定できる。

こういう見方をするのが余剰次元の考え方だ。スーパーストリング理論でおなじみだ。これらの理論のなかでは余剰次元は十一次元ほどになる。こういう発想は、重力についてその根本的な特性を考えていくにつれて浮上した。重力があまりに弱い力しか示さない理由の説明がつかないからだった。

われわれはロケットの発射場面を見たりすると、重力をとても強いものに感じる。月が地球のまわりをまわっていることからも重力（あるいは重力場）の大きさを感じる。しかし、一〇〇円ショップで買った磁石を床に落ちているクリップに近づけると、すぐにクリップは磁石のほうにつく。重力よりも電磁力のほうがずっと大きいわけだ。重力がこんなに弱いのはおかしい。重力は本来はもっと強い力なのではないか。そう感じて、ここから新たな発想をしようという一群があらわれた。

こうして「重力は実は弱くない、たまたま弱いように見えているだけだ」という見方が導入されるのである。そのためには重力子（グラビトン）というような、いまだ見つかっていない素粒子にも活躍してもらう。その後、あれこれの仮説と見立てがまじりあい、数学に強い者たちも加わって、やがて組み立てられていったのが、「ひも理論」や「スーパーストリング理論」(超弦理論)だった。そのあらましは、ぼくが胃癌で手術した前後をまたぐ一〇〇一夜に書いておいた。

ひも理論では、スピン1、スピン1／2、スピン0の素粒子はひも状になっているとみなす。だから、これらの素粒子にはひもとしての端っこがある。端っこのある素粒子たちは三次元の膜に貼り付いている。この膜が膜理論や超弦理論が仮想した「ブレーン」というものだ。われわれもこのブレーンが貼り付いた日々をおくっている。

ところがスピン2の重力子だけは輪っかになっている。そう、みなすのである。そうすると輪っかなのだから、端っこもないということになる。ブレーンに貼り付かないで(貼り付けないで)、全空間をループ状になったまま自在に動いているということになる。とくに重力子がどこかの余剰次元のほうに出掛けていると、その姿も見えないというふうになる。逆に、そういう重力子がたまたまブレーンを横切ると、そこに重力が生ずるように観測できる。

余剰次元はおそらくは時空の各点にとても小さく畳まれている。仮に世界に十次元があったとすれば、そのうちの四次元をわれわれは知覚しているのだが、残りの六次元は畳まれているため(コンパクティフィケーションという)、その力に気がつかない。どのくらい小さく畳まれているかはまだ算定されていないのだが、暫定的には一〇のマイナス一九乗メートルくらいのスケールではないかと予想されている。

以上の超対称性の仮説と余剰次元の仮説をうまく組み合わせると、スーパーストリング理論のモデルができる。ブライアン・グリーンが何冊も刺戟《しげき》的な本で解説した。

ここまでくるとヒッグス粒子の議論からだいぶん離れるようであるが、この理論モデルでは、一般相対性理論とゲージ理論が予測する四つの力（重力相互作用と三つのゲージ相互作用）が正確にとりこまれていることが確かめられ、そこには自発的対称性の破れも取り出すことができることが見えてくるわけである。けっこう出来がいいのだ。

南部さんは『クォーク　第二版』（講談社ブルーバックス）の最後の最後で、こんなふうに書いている。なんともいえない実感が伝わってくる。

「物理学は究極的にはスーパーストリングというひもに帰着してしまう。くりこみを必要とするような無限大の量はあらわれず、あらゆる素粒子の質量や結合定数は原理的に計算可能となり、十次元、二六次元などの多次元空間が、カルツァ・クライン的に四次元の時空と内部空間に分かれることも説明がつくだろう。こんな話は半ば夢の段階であって、いままでに得られた結果を楽観的に延長した期待なのだが、まじめにこんな期待がもてるというだけでも、驚くべきことである」。

明日は五月の節句だ。宇宙の彼方に見え隠れする素粒子宇宙には、ずっと前から何本もの鯉のぼりが翻っていたわけである。

第一五〇六夜　二〇一三年五月四日

参照千夜

八二八夜：湯川秀樹『創造的人間』　一五七夜：マッハ『マッハ力学』　五七〇夜：アインシュタイン『わが相対性理論』　一五〇三夜：ジェームズ・バリ『ピーター・パンとウェンディ』　二二〇夜：ハイゼンベルク『部分と全体』　一七三九夜：ヤン・チェンニン『素粒子の発見』　六八七夜：リオーダン&シュラム『宇宙創造とダークマター』　六七夜：朝永振一郎『物理学とは何だろうか』　一〇〇一夜：ブライアン・グリーン『エレガントな宇宙』

波動関数が見せる「もやもや」が、
量子宇宙を覆ったままでいいのだろうかという疑問について。

佐藤文隆
量子力学のイデオロギー
量子力学は世界を記述できるか
青土社　一九九七・二〇一一

人間は可視光にしか反応しない。その理由は太陽光の波長域と目の感応波長域が一致しているからである。視覚ばかりではない。われわれの体にくっついている知覚器官は太陽系惑星としての地球の環境条件に即してつくられている。

科学はこうした人間の知覚領域を拡張することで発達してきた学問である。それゆえ近代科学は「原因としての宇宙」を探求するよりも、むしろ拡張検出することで得られた「結果としての宇宙」のほうを探求してきた。宇宙を「自律系」から「制御系」に転換してしまったのである。そうすることで人間の自由意思と居場所を確保した。

量子力学が扱ってきた対象も、ほとんどが拡張検出で得られたデータや理論にもとづいてきた。だからそこにみだりに身体感覚や五感的知覚の見識を加えるべきではないのだが、しかしその量子力学の解釈はわれわれの知覚が対応するのである。当然、ここには「溝《みぞ》」があると思ったほうがいい。

それなら「溝」は埋まるのかといえば、そう容易には埋まらない。なぜなら、科学は「測る」ということをもってスタートし、そこに「比」（比例）を認知してその「数」の動向を記録し、それをもって「合理」（ratio）とみなしてきたのだが、その「測る」はもともとは人間の知覚の延長から始まっていたからである。

問題は溝を埋めるか放っておくか、埋めるにはどうするかということだけにあるのではない。測ったことで描いた世界像が実在しているかどうか、それはどうやって確かめられるのかという問題がある。

量子力学の発見は「実在するものは波動でもあって粒子でもある」というところから出発した。そのことをあらわらすシュレーディンガーの波動方程式ももった。しかしでは、それでニュートン力学であらわせない実在するものがすべて把握されたのかというと、それが確かめられない。

波動関数は状態ベクトルにはなったけれど、それは新しい物理量であって、世界が世界をあらわすための物理量であるかどうかは、確証がない。つまり量子力学は実在についての古代ギリシアや古代インド哲学以来の疑問を、別の物理量やゲージ座標でおきなおしてしまったのである。とくにすべてを量子定数hを通して見えるものにしてしまった。それはいったい、人類史の中の何をあらわしていたことになるのだろうか。

量子力学には「わからない」ところが多いと思われているくせに、かなりの科学技術領域でその理論と技術は使われている。「わからなく」とも「使える」のは世の常で、べつだん怪しいことでもなんでもないが、その量子力学を相手に、できるかぎりの世界解釈を試みてみようという科学者は、日本にはなかなかいない。そういうなかで佐藤文隆はきわめて特異で、ありがたい。

理論物理学者が理論を考えるのは当たり前だろうと思うかもしれないが、そんなことはない。一昔前の湯川、坂田、武谷時代、その次の南部・伏見時代がピークで、失礼ながらそのあとは理論にとっくんでいる物理学者はあんまりいない。そういうなかで佐藤さんは稀有《けう》な存在で、本書のような発言をしているというだけでも、たいへんありがたいのである。

今夜は二冊を一緒にして、とりあげる。二冊はいずれも「現代思想」「理想」などの雑誌連載後にまとめられたもので、『量子力学のイデオロギー』と『量子力学は世界を記述できるか』のあいだには十四年くらいの時が流れているが、かえって佐藤文隆の突っ込みぐあい、捌《さば》き方、思想としてマッピングしておく様子、そのほか最近の日本の物理学感覚が伝わってきて、それなりに愉《たの》しめたし、刺激をうけた。ぼくがそれらをうまく紹介できるとは思わないが、後進のために感想を言っておきたい。

佐藤さんは相対性理論と宇宙物理学の渦中を歩んできた科学者である。一九三八年の山形県鮎貝村《あゆかい》（現・白鷹町《しらたか》）の生まれで、小学校六年のときに湯川さんがノーベル賞をもらって、物理学の夢を抱いた。京大に入って統計力学を学び、大学院で林忠四郎さんの研究室で天体核物理学にとりくんだ。

ぼくが「遊」の三号を編集制作しているとき、アインシュタイン方程式の特別解を富松彰とともに解いたというニュースがとびこんできた。一九七三年だ。トミマツ・サトウ解は「裸の特異点」を示唆していた。

以来、ずっと気になって佐藤さんを読んできた。たくさんの著書がある。一九八七年の『宇宙論と統一理論の展開』（岩波書店）、一九九二～三年の『アインシュタインの宇宙』『宇宙のしくみとエネルギー』（朝日文庫）、二〇〇九年の『アインシュタインの反乱と量子コンピュータ』（京都大学学術出版会）と『破られた対称性』（PHP研究所）など、一般向けの解説書にはない「深み」と「抉《えぐ》り」を感じた。

しかし今夜とりあげた二冊では、かなりギリギリの表現をつかって、量子力学の可能性と限界のせめぎあいに立ち会おうとしている。ぼくのようなドシロートが出る幕はないのだけれど、ほってはおけない。

佐藤さんは、量子力学にはいまだ「落としどころ」が見えていないということを何度も言う。相対論は「十九世紀難問」へのきれいな回答だったので、ニュートン理論の権威崩壊という知的衝撃の歴史として完結したけれど、量子力学ではそういう知的な痛快が完結していないのである。

だからいろいろな不思議発見物語を集めても、本気で驚けない。たとえば「クォークが六種類」といっても、「同時刻は相対的」というような知的衝撃はない。それでも量子力学を学びはじめたときは、誰もが興奮する。魔性も感じる。それがだんだん色褪《あ》せてしまうのだ。これはひょっとすると「ボーアの思想善導策」にはめられたのかもしれないという気もする。そんなふうな感想を洩《も》らす。

なぜ量子力学は「落としどころ」を実感しないまま、前へ前へと進んできたのだろうか。佐藤さんが読んだ大森荘蔵の『時は流れず』（青土社）に、「過去の制作（ポイエーシス）」が奨《すす》められていた。

大森は、過去は歴史の物語として制作されるまでは実在しないというのである。過去を制作して初めて「想起の一致」と「整合的な手続き」が見合いになって、過去が実在する。大森はおそらくは哲学のことを言っているのだろうが、佐藤はこれは量子力学にもあてはまると感じた。

ニュートン以来の物理学は、世界をモデルとして外側に構成するという方法をとってきた。古典力学ではこの「世界」を実在させるための観測と実験をくりかえして、たとえばニュートンの法則を実証する天王星や海王星が発見されると、この世界モデルは正しかったというふうにしてきた。

世界についての意味付けはモデルのほうにくっついたのだ。それが古典力学というものだった。世界についてのモデルやその部品の組み立てぐあいが、意味をのっける唯一のメディア（媒体）となったからである。物理学はそのメディアを数学的変数にひたすら局限することによって〝成功〟してきた。数学によって確定的な演算可能性を提供し、世界のモデルが誰にでも操作できるようにした。そうすることで、古典力学は過去を見せたのである。ただそこにはニュートンの絶対時間と絶対空間が必要だった。

量子力学も世界をモデルにして発展してきたが、そこには量子定数hと波動関数が関与したので、状態ベクトルでしか世界の意味付けは説明できなかった。それによって、何がおこったかというと「過去」が曖昧《あいまい》になった。シュレーディンガーの猫の「次の瞬間」が確定できないということは、そういう操作からは過去は制作できないということなのだ。

どちらがいいということはない。古典力学も量子力学も、モデルとした世界が実在しているかどうかについては、自己言及できないように進んできたわけである。両者の力学とも「実在」ではなく「情報」を選んだのかもしれないし、世界が「こちら」のものか「あちら」のものか、いまだ決着がつけられないままなのだ。

仮に波動関数が「こちら」の量だとすると、「こちら」には系を気にする認識者（観測者）はいなくていいことになる。「あちら」を構成する変数とハミルトニアン（エネルギーをあらわす関数）やラグランジアン（場をあらわす関数）の関係性がありさえすれば、あとは波動関数が計算してくれるからだ。けれどもそれだけで「こちら」の何が説明できて、それが「あちら」の何を説得しているのかは、いちがいにはわからない。

量子力学にはとっつきにくいところが、いくつもある。一番有名なのは物質の究極の姿が粒子だったり波動だったりするところだろうが、もっととっつきにくいのは、そのような二重性あるいはデュアリティをもつことを量子力学がなんら新たな概念をもって定義しないところである。

なぜ定義しないかというと、そういう物質の究極の姿は統計的なアンサンブルとして確率解釈できるからなのだ。それで答えになっているだろうというのだ。これでは、波動関数には何かが欠落しているのではないかという反論の答えにはならない。それを答えられなくても当然だとしたのが、ボーアのコペンハーゲン解釈であり、ハイゼンベルクの不確定性関係による申し合わせだったのだが、それは波動関数が収縮したというだけのことであって、どうもすっきりしない。

つまり量子力学には、測定と過程、対象系と測定器の境界、認識と実在の分離が配慮されなすぎたのだ。そこを突いたのが「シュレーディンガーの猫」の譬《たと》えになったのだけれど、さあ、その先をどうするということには誰も責任をとらなかった。

EPRパラドックスという、アインシュタインが量子力学に対しての不満を表明した議論がある。アインシュタイン、ポドルスキー、ローゼンの三人の頭文字をとった挑戦である。

電子のスピンや光子の偏りのような、二つの電子や光子のふるまいを観測するとき、スピンの和がゼロの二つの電子が生成され、左右反対方向に飛び去るプロセスがあったとすると、左側の検出器がスピン上向きを検出すれば、右側に進んだ電子のスピンは下向きになるはずである。電子の飛行中に左右どちらかが上向きかどうかは決定されているとみなせる。ところが量子力学は検出がおこなわれるまでは二つのスピン状態の重ね合わせとして記述する。そこでEPRは「決定されていることを記述できない物理学はおかしい」と言ったのである。

ＥＰＲの非難に対しては、量子力学には「隠れた変数」があるのかもしれないという弁護がありうるのだが、いまのところそんなものは提出されていない。それよりも佐藤さんは、電子が飛行中にスピンを決めているところは、たんなる確率記述をするところではなく、そこは全空間が拡がった世界図そのものなのだから、検出はこの世界図の選択にかかわるはずだと文句をつけたのだった。

どうやら量子力学は、存在を局所的に自立した実態（実体）とは捉《とら》えたくなかったのである。この「もやもや」はすべて解釈問題として貯められていく。これまで量子力学は従来の科学的な合法則性に終止符を打ったとされてきたのだが、これは正確な言い方ではなかった。むしろ交感不可能な世界にまで合法則性を拡張してしまったのである。

本書二冊を読んでいると、物質の状態を状態量として見るだけでなく、しばしば「情報」として扱いたくなっているんだろうなと感じる。

佐藤さんはブラックホールの研究家としても知られているので、その話を例にするが、ブラックホールは質量・角運動量・電荷しかもっていない特異な天体で、それ以外はすべて飲み込まれるとみなされてきた。そのため「ブラックホールは毛がない」「無毛」「ハゲてる」「蟻地獄」などと比喩《ひゆ》もされた。では、なにもかもが吸い込まれてどうなったのか。すべてが消えたのか、消えていないのに出てこられないのか。そういう横丁議論が騒がしかった。

消えたとすれば物質が消えたのである。しかし、天体としてのブラックホールの物質が消えたというのは、どこかがおかしい。ブラックホール自体が物質なのである。それならむしろ物質がもっていた情報が消えたと考えたほうが当たっている。ブラックホールはシュレッダーだったのである。

シュレッダーは紙を究極の細切りにして、そこに載っている情報を読めなくするかぐちゃぐちゃにするのだが、紙は細切りながら残っている。ブラックホールもそういう情報シュレッダーとみてもかまわない。

物理学では、情報の消去や摩滅ということをめぐっては、熱エンジンサイクルの「戻しゲート」、熱力学第二法則によるエントロピーの増大、マックスウェルのデーモンの活躍、ランダウアーの情報消去、制御NOTゲートなど、さまざまな情報の排除や制御不能が語られてきた。けれども、これらで何が納得できたかというと、どうもすっきりしない。

それなら物理学にとっての情報とは何のことだったのか。たんなる信号ということなのか、それとも報知のしくみということなのか。そこで問題にしたくなるのは、情報は情報量として操作されるのではないかもしれないということだ。無知の度合いや「でたらめさ」の度合いとしての情報量ではなく、対象そのものがかかえている何かが情報量になっている可能性があるかもしれないということだ。

もっと端的にいえば（佐藤さんはそこまで言ってないかもしれないが）、そういう情報量というものがあったとしたら、それはどんな物理においても消去などできないのではないかというこことである。ブラックホールも情報消去をしていないと見るべきで、どこかに情報量がのこっていることになる。

佐藤さんは、こうした考えが量子力学にあってもいいのではないか、とくに波動関数にあっていいのではないかと言いたいのだ。

このあたりのこと、本書二冊の中では「生《なま》もの」と「乾きもの」という比喩でも語られている。「生もの」はモノであってコトをもっている。「乾きもの」は記号や計算だけになっている。コトはない。コトについてモノの数学であらわしているだけだ。はたして、それでいいのか。「乾きもの」の方程式から、どのように「生もの」を感じられるのか、モノの科学をコトの科学にするにはどうしたらいいのか、これからの科学はこのへんのことを再考してはどうかというのだ。

急に話がとぶようだが、ぼくはゲージ理論について佐藤さんがどのような見方をするのか、ずっと気になっていた。ゲージ理論というのは、対称性が局所的に成立していることの要請から構築されたもので、世界の物理変化をあらわす表現空間が対称性をもちうるように考えることをいう。

たとえば強い相互作用という視点から見ると、陽子と中性子は同じ実体の異なる状態とみなされるから、そこに抽象的な空間を想定してその中のベクトルの方向によって陽子状態、中性子状態を指定する。こういう表現空間が対称性をもつとは、その空間での座標系の設定は任意でよく、その空間には特別の方向が存在していないということになる。こうした個別の要請にあらかた応《こた》えるように、さまざまな状態が記述できるようにするのがゲージ理論である。

ゲージ理論が動くためには、ある点での内部空間の状態量を他の点での内部空間の状態量に平行に移せる操作が必要になる。数学ではこのような量を接続係数にするのだが、物理学ではこれを移せるゲージ場を用意する。ヘルマン・ワイルの構想、ヤンとミルズの理論、グラショウ、ワインバーグ、サラムの理論、さらには量子色《いろ》力学などが、この条件を満たすためのモデルを提唱してきた。

それでは、自然界のさまざまな相互作用がゲージ場にことごとくうまく乗るかというと、そうはいかない。重力、電磁気力、強い力、弱い力のそれぞれの相互作用力を統合する視点が必要になる。いわゆる統一理論の目が必要だ。内部空間の局所対称性から導入されたゲージ場は、理論的には質量ゼロの粒子がふるまうところなのである。たとえば光子は質量ゼロではあるが、弱い力の場ではそうであっては困る。こういうことをあらかじめ解決しておかなければならない。こういうとき、何を考えればいいのか。何に注目すればいいのか。

ここに浮上したのが「対称性の破れ」というものだった。天才南部陽一郎が先駆的に提唱した考え方だ。宇宙最初期には真空状態で、この対称性が自発的な破れをもったとされた。この考え方をいかせば、今後の統一理論を推進できるようなゲージ場を考えることも可能になる。ただし、そうなることを推進するなら、われわれは自分たちが知っている宇宙だけではなく、対称性が破れている真空にもいるんだという覚悟をもつ必要があると、佐藤さんは書いている。

ところで『量子力学のイデオロギー』には、しばしばデヴィッド・ボームの話が出てくる。とくに『全体性と内蔵秩序』(青土社)にふれているところが印象的だった。ボームが「科学の概念は観測機器がつくっている」と言っていること、また「相対論も量子論も分割できない秩序を内包している」と言っていることにも反応している。ボームの言っていることはもっともで、まさにそういうところが現代物理学の問題なのだが、そのことをボームのようなホーリズムではなく言いあらわせないだろうかという感想なのである。

その感じ、ぼくもよくわかるのだが、ぼくはそのようなボームの言説について物理学界が議論しなかったことのほうが問題ではなかったかと思う。ボームをニューサイエンスのブームの中に追いやってはならなかったのである。

もう一言、付け加えておく。それがどういうものかはわからないのだが、歳をとってからの佐藤さんは「hのない量子力学」を考えたかったそうである。おおざっぱには「hのない量子力学」というのは、時空的存在をめぐる実在的法則でつくる理論と、推論のための情報処理からなる理論との、二つの理論から構成されるようなものであるらしい。前者はオペレータで表現される変数が従う理論で、後者は状態ベクトルが使える情報処理の理論である。前者は次元量hを含み、後者は無次元量でいく。そういうものであるようだ。

『量子力学は世界を記述できるか』の「あとがき」には、おおむねこういう主旨のことが書かれている。「熱力学もhのない量子力学の半分も、行動のための情報理論なのである。それが科学がもたらす人間社会の中での価値になってほしい。私はそのことに努力してみたい」というふうに。

こうした感想を読むと、これからの素粒子宇宙には「情報」を主人公にするような進展が待っているのだろうと思えてくる。そうだとするなら、そのときこそは情報編集工学がまじってみたいものである。

第一七四〇夜　二〇二〇年四月二八日

参照千夜

一〇四三夜：シュレーディンガー『生命とは何か』　八二八夜：湯川秀樹『創造的人間』　五七〇夜：アインシュタイン『わが相対性理論』　二二〇夜：ハイゼンベルク『部分と全体』　六七〇夜：ヘルマン・ワイル『数学と自然科学の哲学』　一七三九夜：ヤン・チェンニン『素粒子の発見』　一〇七四夜：デヴィッド・ボーム『全体性と内蔵秩序』

地球上空の軌道上を飛び続けるハッブル宇宙望遠鏡（写真提供・NASA）

欧州原子核研究機構（CERN）の大型ハドロン衝突型加速器（写真提供：CERN）

ハッブル宇宙望遠鏡は1990年の打ち上げ以来、宇宙の膨張速度の加速や、ブラックホールや暗黒物質の存在を示す決定的画像を捉えてきた。CERNの大型加速器(LHC)は2008年の稼働以来、ヒッグス粒子の発見など素粒子物理学の標準モデルの検証を担っている。極大の宇宙と極小の素粒子をつなぐ謎解きでは、これらの観測・検証装置の活躍が欠かせなくなっている。

追伸

宇宙と素粒子は一緒くた

ぼくは「科学を読む」のであって、科学に従事してきたわけではない。大学の専攻はフランス文学だ。けれども科学者たちが自然の大局や細部にひそむ構造や法則をどう書くか、とても愉《たの》しみにしてきた。どこに研究の苦労や転換があるのかを知るのも、科学者の思想にふれるのも興味津々だった。

そうなったのはすでに『理科の教室』に集めた本の中でふれたことだが、虫や鉱物や月やタングステンおじさんが好きだったからで、ついでは寺田寅彦の随筆とガモフの『不思議の国のトムキンス』に夢中になったからだ。

本書は、ぼくが五十年にわたって読んできた科学書の中から宇宙論と素粒子論をめぐる代表的な本たちを、いささか俯瞰《ふかん》しやすいように並べなおしたものだ。ガリレオ、ケプラー、ハッブルから始まって、いったん時間の矢とエントロピーにこだわり、そこからぼくが絶大な影響をうけたヘルマン・ワイルの展望台に立って、一三七億年の宇宙史を相対性理論やインフレーション理論やダークマターの謎を覗きながらかいつまむというようになっている。最後は量子力学の頭目たちの代表作が並んでいる。パリティの問題、部分と全体の関係の問題、ゲージ理論のこと、ヒッグス粒子のことなどは、ここを読んでもらうといい。

第四章「千一夜目の宇宙論」についてはちょっと説明がいる。千夜千冊の連載サイトが千冊になった直後に「千夜一尾」としてスーパーストリング理論の紹介を兼ねて書き始めたものだったのが、途中に胃癌を宣告されて入院することになり、そのあと回復を待ってまた続きを執筆したので、いささかイレギュラーなのである。千夜千冊のなかで一番長い夜になった。

宇宙と素粒子は極大と極小のことのようでいて、ほとんど重なっている。宇宙には重力、電磁力、強い力、弱い力という四つの力がはたらいていて、それらがさまざまに絡みあって「この世」をつくっているのだが、その大半は過去の出来事が届いているだけなのである。いわば「あの世」と「この世」が一緒くたになっているのが宇宙というもので、その構成要素が素粒子やクォークやヒッグス粒子としてモデル化されてきたわけなのだ。

これらのことは、ニュートン力学から始まって長きにわたって別々の研究対象になってきた。それを四つの力を組み合わせ、うまいゲージ変換をしくみながらなんとか理論統一しようというのが物理学者たちの悲願である。この悲願はたくさんのリクツの組み合わせでできているのだが、どんなリクツを組み合わせたのかということは、第二章のジョン・バロー『万物理論』のところで説明しておいた。最近は悲願の先でスーパーストリング仮説（超弦理論）がやっと脚光を浴びるようになって、最小の輪ゴムのように振動するブレーン像が語られるようになった。そのあらましは第四章に書いておいたけれど、この先、どうなるかはわからない。宇宙像に安心は禁物なのである。

なおプラトンやアリストテレスの古代的な宇宙観についてはエディション『神と理性』に、ポアンカレ、ガモフ、寺田、野尻、湯川、朝永の本は『理科の教室』に、シュレーディンガー、非線形科学、複雑系科学の一部の本は『情報生命』に、ペンローズは『心とトラウマ』のほうに収録した。併せて読んでいただけると嬉《うれ》しい。

松岡正剛

千夜千冊
EDITION

「千夜千冊エディション」は、2000年からスタートした
松岡正剛のブックナビゲーションサイト「千夜千冊」を大幅に加筆修正のうえ、
テーマ別の「見方」と「読み方」で独自に構成・設計する文庫オリジナルのシリーズです。

執筆構成：松岡正剛
編集制作：太田香保、寺平賢司、西村俊克、大音美弥子
造本設計：町口覚
意匠作図：浅田農
口絵協力：前川淳
口絵撮影：熊谷聖司
編集協力：編集工学研究所、イシス編集学校
制作設営：和泉佳奈子

松岡正剛の千夜千冊　https://1000ya.isis.ne.jp/

折り紙作品　前川淳

樹状分岐円錐

折り目の展開図

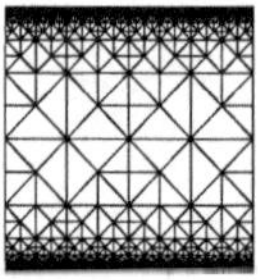

正方形一枚に、切れ目を加えず、折るだけで造形したものである。木の枝のように分岐していく構造が、全体として円錐の形状をかたちづくる。フラクタル的な再帰構造となっており、細菌のコロニーや、結晶の成長における拡散律速凝集、分岐放電におけるリヒテンベルク図形などと似たかたちになっている。

（カバー掲載）

幾何級数的つなぎ折鶴

切れ目の図

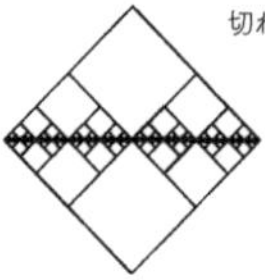

一枚の紙に切れ目をいれ、連続した折鶴を造形する江戸時代からの伝承技法に、現代的な発想を加えた。繊維の長い和紙なので、ちぎれずに折ることができる。繰り返しの階層構造は、三段階までとしたが、原理的には無限に繰り返すことができる。

（口絵掲載）

千《せん》夜《や》千冊《せんさつ》エディション
宇《う》宙《ちゅう》と素《そ》粒《りゅう》子《し》
松《まつ》岡《おか》正《せい》剛《ごう》

令和2年 6月25日 初版発行
令和6年 11月25日 4版発行

発行者●山下直久

発行●株式会社KADOKAWA
〒102-8177 東京都千代田区富士見2-13-3
電話 0570-002-301(ナビダイヤル)

角川文庫 22225

印刷所●株式会社KADOKAWA
製本所●株式会社KADOKAWA

表紙画●和田三造

●お問い合わせ
https://www.kadokawa.co.jp/（「お問い合わせ」へお進みください）
※内容によっては、お答えできない場合があります。
※サポートは日本国内のみとさせていただきます。
※Japanese text only

ISBN 978-4-04-400506-1 C0195

角川文庫発刊に際して

角川源義

第二次世界大戦の敗北は、軍事力の敗北であった以上に、私たちの若い文化力の敗退であった。私たちの文化が戦争に対して如何に無力であり、単なるあだ花に過ぎなかったかを、私たちは身を以て体験し痛感した。西洋近代文化の摂取にとって、明治以後八十年の歳月は決して短かすぎたとは言えない。にもかかわらず、近代文化の伝統を確立し、自由な批判と柔軟な良識に富む文化層として自らを形成することに私たちは失敗して来た。そしてこれは、各層への文化の普及滲透を任務とする出版人の責任でもあった。

一九四五年以来、私たちは再び振出しに戻り、第一歩から踏み出すことを余儀なくされた。これは大きな不幸ではあるが、反面、これまでの混沌・未熟・歪曲の中にあった我が国の文化に秩序と確たる基礎を齎らすためには絶好の機会でもある。角川書店は、このような祖国の文化的危機にあたり、微力をも顧みず再建の礎石たるべき抱負と決意とをもって出発したが、ここに創立以来の念願を果すべく角川文庫を発刊する。これまで刊行されたあらゆる全集叢書文庫類の長所と短所とを検討し、古今東西の不朽の典籍を、良心的編集のもとに、廉価に、そして書架にふさわしい美本として、多くのひとびとに提供しようとする。しかし私たちは徒らに百科全書的な知識のジレッタントを作ることを目的とせず、あくまで祖国の文化に秩序と再建への道を示し、この文庫を角川書店の栄ある事業として、今後永久に継続発展せしめ、学芸と教養との殿堂として大成せんことを期したい。多くの読書子の愛情ある忠言と支持とによって、この希望と抱負とを完遂せしめられんことを願う。

一九四九年五月三日

角川ソフィア文庫ベストセラー

面影日本
千夜千冊エディション
松岡正剛

『枕草子』、西行、定家、心敬などの日本を代表する文筆・詩歌や、浦島太郎や桃太郎などの昔話の不思議、枕詞や連歌のスキルなどから、日本の内外にうつろう面影を堪能する。キーワードは「常世、鳥居、正月、翁、稜威」。

理科の教室
千夜千冊エディション
松岡正剛

蝶、カブトムシ、化石、三葉虫、恐竜、電気。こどものときは大好きだった理科。いつのまに物理は苦手、とか言うようになったのか。かつて理科室でわくわくしていた文系人間がすらすら読める愉快な一冊！

感ビジネス
千夜千冊エディション
松岡正剛

グローバルな仕事のしくみを論じてから、感覚的にビジネスをとらえた本を厳選。仕事とはそもそもどういうものか。かつての合理主義を切り捨て、センスを重視した、仕事人すべてにとって気になる話題が満載。

芸と道
千夜千冊エディション
松岡正剛

日本の芸事は琵琶法師や世阿弥や説経節から始まった。そこから踊りも役者も落語も浪曲も派生した。世阿弥、円朝、森繁、山崎努……この一冊に、それぞれの道を極めた芸道名人たちの「間」が躍る。

ことば漬
千夜千冊エディション
松岡正剛

ことばは言い回しによって標語にも逆説にも反論にも暴力にもなる。和歌、俳句、辞典、国語、言語、レトリック……あらゆる角度から「ことば」に取り組んだ先人たちの足跡から、ことばの魔力に迫る。